500만 독자 여러분께 감사드립니다!

세상이 아무리 바쁘게 돌아가더라도
책까지 아무렇게나 빨리 만들 수는 없습니다.

길벗은 독자 여러분이
가장 쉽게, 가장 빨리 배울 수 있는 책을
한 권 한 권 정성을 다해 만들겠습니다.

독자의 1초를 아껴주는
정성을 만나보세요.

미리 책을 읽고 따라해 본 2만 베타테스터 여러분과
무따기 체험단, 길벗스쿨 엄마 2% 기획단,
시나공 평가단, 토익 배틀, 대학생 기자단까지!
믿을 수 있는 책을 함께 만들어주신 독자 여러분께 감사드립니다.

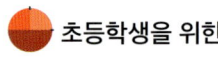 초등학생을 위한

파워포인트 무작정 따라하기
The Cakewalk Series-PowerPoint for Elementary School Students

초판 발행 · 2024년 2월 8일
초판 2쇄 발행 · 2025년 1월 20일

지은이 · 이상권, 권동균
발행인 · 이종원
발행처 · ㈜도서출판 길벗
출판사 등록일 · 1990년 12월 24일
주소 · 서울시 마포구 월드컵로 10길 56(서교동)
대표 전화 · 02)332-0931 | **팩스** · 02)322-0586
홈페이지 · www.gilbut.co.kr | **이메일** · gilbut@gilbut.co.kr

기획 · 박슬기(sul3560@gilbut.co.kr) | **담당 편집** · 연정모(yeon333718@gilbut.co.kr)
표지 및 본문 디자인 · 박상희 | **제작** · 이준호, 손일순, 이진혁, 김우식
영업마케팅 · 전선하, 박민영 | **유통혁신** · 한준희 | **영업관리** · 김명자 | **독자지원** · 윤정아

전산편집 · 김정미 | **CTP 출력 및 인쇄** · 상지사피앤비 | **제본** · 경문제책사

- 잘못된 책은 구입한 서점에서 바꿔 드립니다.
- 이 책은 저작권법에 따라 보호받는 저작물이므로 무단전재와 무단복제를 금합니다.
  이 책의 전부 또는 일부를 이용하려면 반드시 사전에 저작권자와 (주)도서출판 길벗의 서면 동의를 받아야 합니다.

© 이상권, 권동균, 2024

ISBN 979-11-407-0830-7 73000
(길벗 도서번호 007187)

정가 18,000원

> 사용하는 컴퓨터의 사양과 파워포인트의 업데이트 상황에 따라 화면의 모양이 다를 수 있으나 학습에는 무리가 없습니다.
> 이 책은 파워포인트 2016 및 오피스 365를 이용해 캡처했습니다.

독자의 1초를 아껴주는 정성 길벗출판사

(주)도서출판 길벗 · IT교육서, IT단행본, 경제경영, 교양, 성인어학, 자녀교육, 취미실용 www.gilbut.co.kr
길벗스쿨 · 국어학습, 수학학습, 어린이교양, 주니어 어학학습, 학습단행본 www.gilbutschool.co.kr

페이스북 ▶ www.facebook.com/gilbutzigy
네이버 포스트 ▶ post.naver.com/gilbutzigy

머리말

파워포인트로 컴퓨터 실력도 키우고 수행 평가도 대비해요!

여러분은 스마트폰, 태블릿 PC 등의 스마트 기기를 이용해 영상을 보거나, SNS로 친구와 대화하는 일에 익숙할 거예요. 스마트 기기를 보물 1호로 꼽는 친구들도 많을 거고요. 'Z세대'라고 불리는 여러분은 디지털 세대로서 신기술과 변화에 민감하게 반응하곤 해요.

그런데 스마트 기기를 다루는 데는 익숙한 반면, 컴퓨터는 낯선 친구들도 있지 않나요?

요즘의 어린이들은 스마트 기기는 능숙하게 활용하지만 컴퓨터 사용에는 어려움을 겪는 경우가 많다고 해요. 스마트 기기를 더 많이 사용하다 보니 컴퓨터를 다룰 기회가 적기 때문이에요. 이전 세대가 컴퓨터를 익숙하게 활용했던 것과 대조적이라고 할 수 있죠.

그런데 이런 '컴퓨터 문맹'인 경우, 앞으로 학교 생활에서 큰 어려움을 겪을 수 있어요. 왜 그럴까요? 바로 학교 수업 시간에 컴퓨터를 통해 문제를 해결해야 하는 활동이 많아졌기 때문이에요.

국어, 사회 등 여러 과목에서 컴퓨터를 활용하는데, 특히 '파워포인트' 프로그램으로 발표 자료를 만드는 일이 많아요. 파워포인트를 활용하여 모둠 발표 준비를 할 때 여러분의 모습은 어땠는지 떠올려 보세요.

파워포인트를 할 줄 몰라 발표 자료 제작을 포기하거나, 잘 만드는 친구에게 미뤘던 경험은 없나요? 중·고등학교에 가면 수행평가의 중요성이 더 커진다는데 걱정이 되진 않나요?

하지만 걱정하지 마세요! 이 책과 함께라면 차근차근 파워포인트와 친해질 수 있어요.

파워포인트를 한 번도 써보지 않은 친구, 파워포인트를 어떻게 활용하는지 모르는 친구, 파워포인트를 더 잘 활용해 발표 왕이 되고 싶은 친구!

《초등학생을 위한 파워포인트 무작정 따라하기》와 함께 파워포인트를 익혀 봅시다. 여러분을 재미나고 알찬 파워포인트의 세계로 초대합니다!

글쓴이 소개

학생, 학부모, 그리고 선생님 모두에게 긍정적인 영향을 전하려 노력하는 에듀 콘텐츠 크리에이터이자 초등학교 교사입니다. 현재 교육부 교육용 콘텐츠 개발육성 사업 검토위원으로 활동하며, KERIS ICT 연계교육서비스 지원단으로 공식 채널을 운영하고 있습니다. 그리고 서울, 경기, 인천교육청 교육연수원 강사로도 활동하고 있습니다. 학생들이 ICT 능력을 쉽고 재미있게 기를 수 있는 교육 방법을 연구합니다. **이상권 선생님**

파워포인트로 교육 자료를 만들고 공유하는 것을 좋아하는 초등학교 교사입니다. 수년 동안 파워포인트를 활용해 콘텐츠를 제작해 왔으며, 이 경험을 바탕으로 한국교육학술정보원, 각 시도 교육청 및 단위학교에서 파워포인트 자료 제작 강의를 진행하고 있습니다. 어떻게 하면 쉽고 재미있게 학생들과 수업할 수 있을지 고민하며 파워포인트로 그 해답을 찾고 있습니다. **권동균 선생님**

학습 도움말

이렇게 공부하세요!

《초등학생을 위한 파워포인트 무작정 따라하기》는 파워포인트 프로그램 활용을 위한 기초 지식을 다진 후 초등학교 교과과정에서 요구되는 자료 제작 능력을 쉽게 익힐 수 있도록 안내합니다.

가장 먼저 파워포인트 프로그램을 능숙하게 다룰 수 있도록 기본기를 다집니다. 파워포인트 화면 구성을 살펴보고 저작권의 중요성, 파워포인트 활용까지 알기 쉽게 소개합니다. 다음으로, 실제 초등학교 교과과정에서 만드는 발표 자료를 만들며 파워포인트의 기능을 익힙니다.

초등학교 국어, 사회, 미술 시간에 배운 내용을 다루므로 흥미롭게 접근할 수 있으며, 수행평가 등 실제 학습에 적극적으로 활용할 수 있습니다. 파워포인트를 처음 접하는 학생들도 쉽게 따라하며 배울 수 있도록 단계별로 내용을 구성했기 때문에 부담 없이 프로그램을 익힐 수 있습니다. 발표 자료에 전달하고 싶은 내용을 담을 수 있도록 기획, 조사 단계부터 꼼꼼히 다루고 있어, 자기 주도 학습이 가능합니다. 책 속 QR 코드를 통해 영상 강의를 시청하며 막히는 부분은 그때그때 해결해 보세요. 또한 제공되는 완성 파일 템플릿을 응용해 학교 숙제를 간편하게 해결할 수도 있습니다. 마지막으로 파워포인트를 무궁무진하게 활용할 수 있도록 도와줍니다. 영상을 만들거나 간단한 그림을 그릴 수도 있고, 나만의 유튜브 썸네일을 만들 수도 있습니다. 파워포인트의 유용한 기능에 자신만의 색깔을 입혀서 독창적으로 디자인하는 능력까지 키워 봅시다.

미래의 주역으로 성장할 학생들에게는 자신의 아이디어를 많은 사람 앞에서 효과적으로 전달하는 능력이 필요합니다. 그리고 그 과정에서 발표 자료를 제작하는 능력이 필수적으로 요구됩니다. 《초등학생을 위한 파워포인트 무작정 따라하기》로 공부하다 보면 정보를 처리하고, 자신의 시각을 담은 새롭게 자료를 만들어내는 능력을 쑥쑥 키울 수 있을 거예요.

발표 왕이 되는 그날까지! 아이들의 파워포인트 실력이 무럭무럭 자라나기를 응원합니다.

QR 코드로 영상 강의를 시청해요

WEEK 12~16의 예제는 영상 강의를 보며 쉽게 익힐 수 있어요.
선생님의 친절한 설명을 따라하며 파워포인트 마스터가 되어 봅시다.

1 WEEK 12~16의 첫 장 <미리보기> 오른쪽에서 QR 코드를 찾습니다.

2 스마트폰 카메라를 실행해 QR 코드를 비춰 보세요.

3 링크가 나타나면 터치해 영상 강의를 시청합니다.

학습 도움말

우리가 먼저 따라해 봤어요!

파워포인트의 기초부터!
파워포인트를 처음 다뤄 봤는데 이 책 덕분에 발표 자료를 쉽게 만들 수 있었어요. 사진 설명이 많아 이해하기 쉽고 금방 따라할 수 있어요. 혼자서도 파워포인트를 완벽하게 익혀서, 학교에서 내주는 발표 과제도 더 잘 할 수 있을 것 같아요.

헷갈리는 부분을 쏙쏙 알려줘요
이 책을 보면서 발표 자료를 만들어 봤는데 전과 비교했을 때 훨씬 멋진 자료를 만들 수 있었어요! 중학교에 가도 파워포인트는 문제없을 것 같아요. 설명이 자세해 헷갈리는 부분까지 놓치지 않을 수 있어요. 파워포인트의 기초부터 차근차근 배워 보고 싶은 친구들에게 추천해요.

중학교 과제도 걱정 없어요
중학교에 가게 되면 파워포인트를 많이 사용한다고 해서 걱정했는데, 자세하고 친절하게 설명되어 있어 기억에 잘 남아요. 중간중간 나와 있는 추가 설명을 읽으면 몰랐던 내용도 알 수 있고 집중도 잘 되어서 좋아요. 파워포인트를 처음 다루는 친구들에게 추천하고 싶어요.

학교 숙제를 해결해요
학교에서 배우고 있는 내용을 예시로 따라 만들 수 있어서 좋아요. 흥미로운 내용으로 구성되어 있어 따라하는 동안 재미있었어요. 갈수록 개인 혹은 모둠별로 발표 자료를 만드는 일이 많아질 텐데 이 책 하나만 있으면 고민 해결이에요.

혼자서도 할 수 있어요
요즘 파워포인트를 배우고 싶었는데 마침 이 책을 만나게 되었어요! 처음부터 끝까지 친절한 선생님을 만난 느낌이었습니다. 혼자서도 쉽게 따라서 만들 수 있다는 게 가장 큰 장점이라고 생각합니다. 예전에는 숙제가 부담스러웠는데 이제는 자신감 뿜뿜이랍니다.

빠르고 쉽게 배울 수 있어요
재미있고 쉽게 설명되어 있고 어려운 말이 이해하기 쉽게 쓰여 있어 좋았어요. 기초부터 차근차근 잘 소개되어 있어서 빨리, 쉽게 '일석이조'로 익힐 수 있어요. 저보다 어린 동생들도 파워포인트를 쉽게 배울 수 있을 것 같아요.

THANK★YOU!

《초등학생을 위한 파워포인트 무작정 따라하기》
베타테스터로 참여해 준 친구들 고마워요!

안골포초등학교 6학년
곽동혁, 김나현, 김민승, 김수빈, 신서연, 이나경, 임송현, 장지승, 정가람, 최예은

인천발산초등학교 6학년
권서윤, 김서우, 문다연, 박민준, 박영진, 신웅섭, 신지우, 유지원, 장수빈, 정민교

☆ 베타테스팅은 도서가 출간되기 전 원고를 먼저 읽어보고 오류나 개선 사항 등을 알려주는 활동을 말해요.

한눈에 펼쳐보는 학습 구성

이번 주에 배울 내용

이번 시간에 배울 내용을 살펴봐요.

교과과정과 연계된 예제를 따라하며 수행평가에 대비해요.

QR 코드를 통해 영상 강의를 시청할 수 있어요.

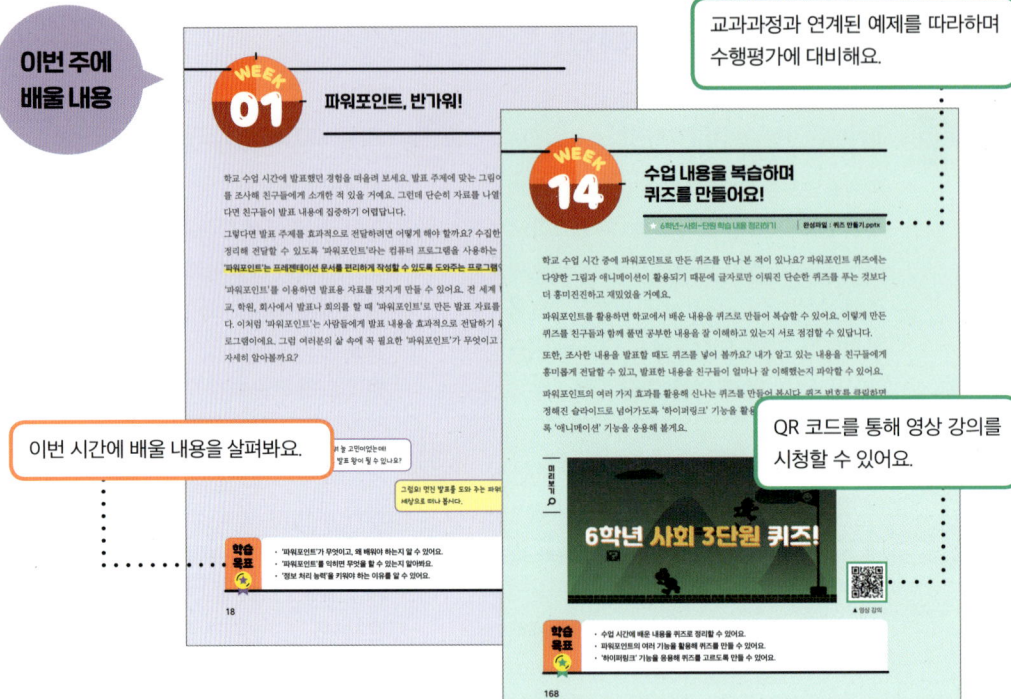

개념 쏙! 이해 쏙!

필수 개념을 이해하며 파워포인트의 기초를 다져요.

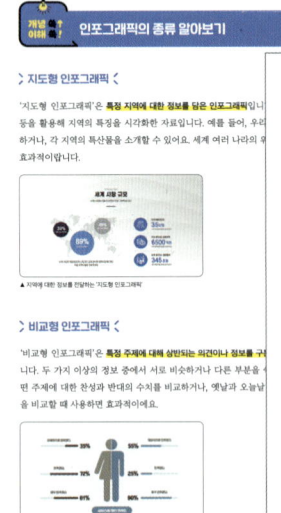

<잠깐만요>를 통해 더 알아 두면 좋은 심화 내용을 익혀요.

발표 준비 READY!

기획·조사 단계부터 탄탄히 다지며 발표 자료를 만드는 힘을 길러요.

무작정 따라하기

한 단계씩 차근차근 따라하다 보면 나만의 발표 자료를 만들 수 있어요.

초등학교 선생님이 선별한 예제를 따라 하며 파워포인트의 기능을 익혀요.

예제를 따라하는 동안 놓칠 수 있는 부분을 <Tip Talk>으로 확인해요.

목차

- 머리말 ... 3
- 글쓴이 소개 ... 3
- 학습 도움말 ... 4
- 베타테스터 학습 후기 ... 5
- 한 눈에 펼쳐 보는 학습 구성 ... 6
- 부록 자료 다운로드하기 ... 14
- 무엇이든 물어보세요 ... 14
- 기적의 공부방에서 함께 공부해요! ... 15

첫째마당 핵심 쏙쏙! 파워포인트와 친해지기

WEEK 01 파워포인트, 반가워!

[개념 쑥↑ 이해 쏙!] 파워포인트란 무엇인가요? ... 19
[개념 쑥↑ 이해 쏙!] 파워포인트를 배워야 하는 이유 ... 20

WEEK 02 파워포인트, 반가워!

[개념 쑥↑ 이해 쏙!] 파워포인트의 메뉴 구성 살펴보기 ... 23
[무작정 따라하기] 여러 가지 탭 살펴보기 ... 24
[······ STEP 01] [파일] 탭 살펴보기 ... 24
[······ STEP 02] [홈] 탭 살펴보기 ... 25
[······ STEP 03] [삽입] 탭 살펴보기 ... 26
[······ STEP 04] [디자인] 탭 살펴보기 ... 28
[······ STEP 05] [전환] 탭 살펴보기 ... 29
[······ STEP 06] [애니메이션] 탭 살펴보기 ... 30
[······ STEP 05] [슬라이드 쇼] 탭 살펴보기 ... 31

WEEK 03 파워포인트, 반가워!

[개념 쑥↑ 이해 쏙!] '텍스트'와 '도형'의 중요성 알아보기 · · · · · · · · · · · · · · · · 33
[무작정 따라하기] '텍스트'와 '도형' 활용하기 · 34
[····· STEP 01] 텍스트 삽입하고 꾸미기 · 34
[····· STEP 02] 텍스트 정렬하기 · 36
[····· STEP 03] 도형 삽입하고 살펴보기 · 37
[····· STEP 04] 도형에 텍스트 입력하기 · 40

WEEK 04 그림과 비디오를 넣어 생생하게 발표해요!

[개념 쑥↑ 이해 쏙!] 수집한 자료 적절하게 활용하기 · · · · · · · · · · · · · · · · 43
[무작정 따라하기] '그림'과 '비디오' 활용하기 · 44
[····· STEP 01] 그림 불러오기 · 44
[····· STEP 02] 그림 꾸미기 · 46
[····· STEP 03] 비디오 불러오기 · 50
[····· STEP 04] 비디오 꾸미기 · 51

WEEK 05 슬라이드 효과를 적용해 근사하게 발표해요!

[개념 쑥↑ 이해 쏙!] '애니메이션'과 '전환' 효과 알아보기 · · · · · · · · · · · · 55
[무작정 따라하기] '애니메이션'과 '전환' 효과 활용하기 · · · · · · · · · · · · · 56
[····· STEP 01] 애니메이션 삽입하기 · 56
[····· STEP 02] 애니메이션 설정 변경하기 · 58
[····· STEP 03] 전환 효과 삽입하기 · 62

둘째마당 - 실력 쑥쑥! 수행평가 자료 만들기

WEEK 06 새로 만난 친구들에게 나를 소개해요!

- [발표 준비 READY!] 자기소개 내용 정하기 · · · 67
- [무작정 따라하기] 새 학기 자기소개 자료 만들기 · · · 68
- [······ STEP 01] 제목 슬라이드 구성하기 · · · 68
- [······ STEP 02] 내용 슬라이드 구성하기 · · · 70
- [······ STEP 03] 마무리 슬라이드 구성하기 · · · 74
- [······ STEP 04] 파워포인트 파일 저장하기 · · · 75

WEEK 07 조사한 내용을 정리해 멋지게 발표해요!

- [발표 준비 READY!] 여행지 조사 내용 정리하기 · · · 77
- [무작정 따라하기] 여행지 소개 안내장 만들기 · · · 78
- [······ STEP 01] 여행지 소개 안내장 첫 슬라이드 만들기 · · · 78
- [······ STEP 02] 여행지 지도 링크 삽입하기 · · · 82
- [······ STEP 03] 애니메이션을 활용해 여행지 그림 삽입하기 · · · 85
- [······ STEP 04] 슬라이드 복제해 내용 추가하기 · · · 87
- [······ STEP 05] 작업 내용 저장하기 · · · 89

WEEK 08 파워포인트로 캐릭터를 그려요!

- [발표 준비 READY!] 그리고 싶은 캐릭터 정하기 · · · 91
- [무작정 따라하기] 나만의 캐릭터 그리기 · · · 92
- [······ STEP 01] 캐릭터 외형 만들기 · · · 92

[······ STEP 02]	복사 기능 이용해 캐릭터 꾸미기 ········· 95
[······ STEP 03]	'점 편집' 기능 이용해 캐릭터 꾸미기 74
[······ STEP 04]	배경색 넣고 저장하기 ················· 75

WEEK 09 카드뉴스로 조사 결과를 간결하게 전달해요!

[발표 준비 READY!]	카드뉴스 주제 정하기 ················· 103
[무작정 따라하기]	조사 결과를 카드뉴스로 만들기 105
[······ STEP 01]	조사한 내용 입력하기 ················· 105
[······ STEP 02]	카드뉴스 제목 슬라이드 꾸미기 108
[······ STEP 03]	카드뉴스 내용 슬라이드 꾸미기 ① 111
[······ STEP 04]	카드뉴스 내용 슬라이드 꾸미기 ② 112

WEEK 10 한눈에 쏙! 차트를 만들어요!

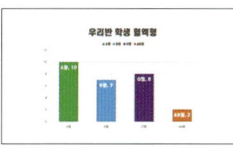

[발표 준비 READY!]	조사 결과 표로 정리하기 117
[무작정 따라하기]	조사 결과를 차트로 나타내기 118
[······ STEP 01]	차트 삽입하기 ······················ 118
[······ STEP 02]	차트 꾸미기 ························ 120
[······ STEP 03]	차트 종류 변경하기 ·················· 122

WEEK 11 유튜브 썸네일을 만들어요!

[발표 준비 READY!]	썸네일 내용 정하기 ·················· 125
[무작정 따라하기]	나만의 썸네일 만들기 126
[······ STEP 01]	썸네일 내용 구성하기 ················· 126
[······ STEP 02]	썸네일 텍스트 예쁘게 꾸미기 128
[······ STEP 03]	썸네일 배경 구성하기 ················· 131
[······ STEP 04]	썸네일에 그림 넣기 ·················· 132

WEEK 12 나만의 템플릿을 만들어요!

[발표 준비 READY!]	슬라이드 레이아웃 살펴보기	137
[무작정 따라하기]	나만의 템플릿 만들기	138
[······ STEP 01]	슬라이드 마스터 알아보기	138
[······ STEP 02]	슬라이드 마스터 만들기	141
[······ STEP 03]	슬라이드 마스터로 나만의 템플릿 제작하기	
	- 제목 슬라이드	144
[······ STEP 04]	슬라이드 마스터로 나만의 템플릿 제작하기	
	- 내용 슬라이드	147
[······ STEP 05]	템플릿 작업 결과 확인하기	151

셋째 마당 - 한 걸음 더! 파워포인트 마스터

WEEK 13 애니메이션을 활용해 롤 모델을 소개해요!

[발표 준비 READY!]	롤 모델 떠올리며 내용 구성하기	157
[무작정 따라하기]	롤 모델 소개 자료 만들기	158
[······ STEP 01]	'글자 등장' 애니메이션 넣기	158
[······ STEP 02]	'타이핑' 애니메이션 넣기	161
[······ STEP 03]	'사라지기' 애니메이션 넣기	163
[······ STEP 04]	'선 잇기' 애니메이션 넣기	166

WEEK 14 수업 내용을 복습하며 퀴즈를 만들어요!

[발표 준비 READY!]	퀴즈 내용과 유형 정하기	169
[무작정 따라하기]	배운 내용 퀴즈로 만들기	170
[······ STEP 01]	제목 슬라이드 구성하기	170
[······ STEP 02]	점수 슬라이드 구성하기	172
[······ STEP 03]	퀴즈 슬라이드 구성하기	174
[······ STEP 04]	애니메이션 효과 넣기	179
[······ STEP 05]	하이퍼링크 넣기	181

WEEK 15 인포그래픽을 만들어 정보를 전달해요!

[개념 쏙↑ 이해 쏙↓]	인포그래픽의 종류 알아보기	185
[발표 준비 READY!]	인포그래픽 내용 정하기	187
[무작정 따라하기]	그림형 인포그래픽 만들기	188
[······ STEP 01]	기본 인포그래픽 만들기	188
[······ STEP 02]	응용 인포그래픽 만들기	192

WEEK 16 파워포인트로 간단하게 영상을 만들어요!

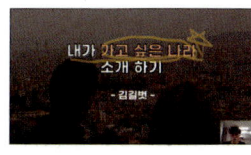

[발표 준비 READY!]	영상 내용 정하기	197
[무작정 따라하기]	나만의 영상 만들기	198
[······ STEP 01]	쉽고 빠른 영상 만들기	198
[······ STEP 02]	응용 영상 만들기 - 비디오 삽입	203
[······ STEP 03]	응용 영상 만들기 - 녹화 기능 활용	206

부록 자료 다운로드하기

길벗출판사 홈페이지(www.gilbut.co.kr)에서는 《초등학생을 위한 파워포인트 무작정 따라하기》의 실습에 필요한 파일과 완성 템플릿을 제공하고 있어요.

❶ 길벗출판사 홈페이지(www.gilbut.co.kr)에 접속하고 검색창에 《초등학생을 위한 파워포인트 무작정 따라하기》를 입력하세요.

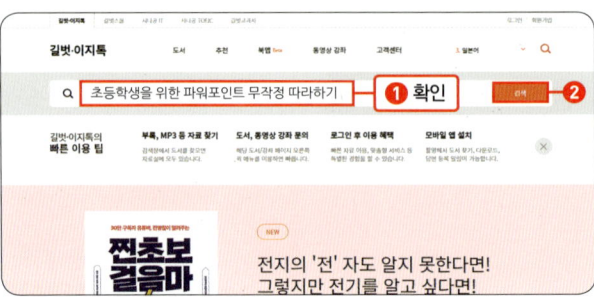

❷ 도서 페이지가 열리면 [자료실]을 클릭해 학습 자료를 다운로드하세요. 길벗출판사 홈페이지 회원으로 가입하지 않아도 부록 파일을 다운로드 받을 수 있어요.

※ 부록 PPT 자료에는 '에스코어 드림', '레시피코리아', '여기어때 잘난', 'G마켓 산스', '나눔스퀘어', '나눔고딕' 글꼴이 사용되었습니다. '눈누' 사이트와 '네이버'에서 무료로 다운로드해 사용해 보세요.

무엇이든 물어보세요

《초등학생을 위한 파워포인트 무작정 따라하기》를 따라하다가 헷갈리는 부분이 나오면 길벗출판사 홈페이지의 [고객센터]-[1:1 문의] 게시판에 질문을 등록해 보세요. 지은이와 길벗 독자지원팀에서 친절하게 답변해 드립니다.

[문의 방법]

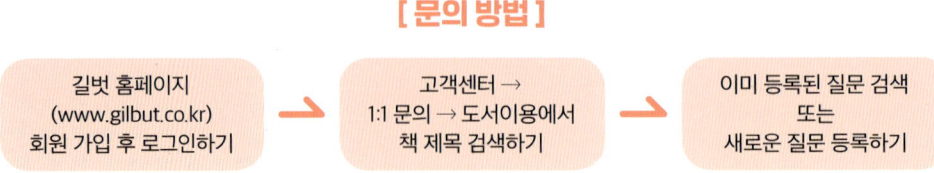

기적의 공부방에서 함께 공부해요!

길벗스쿨 공식 카페 《기적의 공부방》에 방문해 보세요. 책 기획 과정 참여부터 꾸준한 학습 관리까지 엄마표 학습을 위한 다양한 노하우와 학습 자료를 제공합니다.

길벗스쿨 공식 카페
기적의 공부방 ▶ http://cafe.naver.com/gilbutschool

지금 가입하면 누릴 수 있는 3가지!

1. 꾸준한 학습이 가능해요!

스케줄 관리를 통해 책 한 권을 끝낼 수 있는 **학습단**에 참여해 보세요!

도서 관련 **학습 자료**와 **선배 엄마들의 노하우**를 확인할 수 있어요!

궁금한 것이 있다면 **Q&A 서비스**를 통해 카페지기와 선배 엄마들의 답변을 들을 수 있어요!

2. 책 기획 과정에 참여해요!

독자기획단을 통해 전문 편집자와 함께 아이템 선정부터 책의 목차, 책의 구성 등을 함께 만들어가요!

출간 전 도서를 체험해 보는 **베타테스트**를 통해 도서의 장/단점을 파악하여 더 나은 도서를 만드는 데 기여해요!

3. 재미와 선물이 팡팡 터져요!

매일 새로운 주제로 엄마들과 **댓글 이야기**를 나누고 간식도 받아요!

매주 카페 **활동왕**을 선정하여 푸짐한 상품을 드려요!

사진 콘테스트 등 매번 색다른 **친목 이벤트**로 재미와 선물을 동시에 잡아요!

기적의 공부방은 엄마표 학습을 응원합니다!

첫째마당

핵심 쏙쏙! 파워포인트와 친해지기

파워포인트를 활용해 발표 자료를 만들면
친구들에게 발표 내용을 효과적으로 전달할 수 있어요.
선생님의 친절한 설명과 함께
파워포인트의 기초를 탄탄히 다져 봅시다.

WEEK 01 ··· 파워포인트, 반가워!
WEEK 02 ··· 파워포인트 메뉴를 살펴봐요!
WEEK 03 ··· 슬라이드의 필수 구성! '텍스트'와 '도형'
WEEK 04 ··· 그림과 비디오를 넣어 생생하게 발표해요!
WEEK 05 ··· 슬라이드 효과를 적용해 근사하게 발표해요!

파워포인트, 반가워!

학교 수업 시간에 발표했던 경험을 떠올려 보세요. 발표 주제에 맞는 그림이나 영상, 표 자료를 조사해 친구들에게 소개한 적 있을 거예요. 그런데 단순히 자료를 나열해 보여주기만 한다면 친구들이 발표 내용에 집중하기 어렵답니다.

그렇다면 발표 주제를 효과적으로 전달하려면 어떻게 해야 할까요? 수집한 자료를 깔끔하게 정리해 전달할 수 있도록 '파워포인트'라는 컴퓨터 프로그램을 사용하는 것을 추천합니다. **'파워포인트'는 프레젠테이션 문서를 편리하게 작성할 수 있도록 도와주는 프로그램**입니다.

'파워포인트'를 이용하면 발표용 자료를 멋지게 만들 수 있어요. 전 세계 많은 사람들이 학교, 학원, 회사에서 발표나 회의를 할 때 '파워포인트'로 만든 발표 자료를 사용하고 있답니다. 이처럼 '파워포인트'는 사람들에게 발표 내용을 효과적으로 전달하기 위해 꼭 필요한 프로그램이에요. 그럼 여러분의 삶 속에 꼭 필요한 '파워포인트'가 무엇이고 왜 배워야 하는지 자세히 알아볼까요?

발표 자료를 만들기 어려워 늘 고민이었는데! 파워포인트를 익히면 저도 발표 왕이 될 수 있나요?

그럼요! 멋진 발표를 도와 주는 파워포인트의 세상으로 떠나 봅시다.

- '파워포인트'가 무엇이고, 왜 배워야 하는지 알 수 있어요.
- '파워포인트'를 익히면 무엇을 할 수 있는지 알아봐요.
- '정보 처리 능력'을 키워야 하는 이유를 알 수 있어요.

파워포인트란 무엇인가요?

프레젠테이션을 위한 파워포인트

'마이크로소프트(Microsoft)'라는 회사에 대해 들어본 적 있나요? 미국의 유명한 기업인인 '빌 게이츠'가 설립한 회사로, 컴퓨터 기기에 사용되는 소프트웨어를 만들어요. 컴퓨터를 편리하게 쓸 수 있도록 도와주는 '윈도우(Windows)'라는 컴퓨터 운영 체제도 이 회사에서 만든 것이랍니다!

우리가 지금부터 배워 나갈 '파워포인트'는 '마이크로소프트'에서 **'프레젠테이션' 문서 작성**을 목적으로 개발한 소프트웨어입니다. 쉽게 말해, 발표 자료를 제작할 때 사용하는 프로그램이랍니다.

친구들 앞에서 방학 동안 있었던 일을 발표한다고 상상해 봅시다. 발표 자료 없이 말로만 소식을 전달하면 어떨까요? 내용이 잘 전달되지 않으므로 친구들의 집중력이 뚝뚝 떨어질 거예요. 그렇다면 글씨로만 이루어진 자료를 칠판에 붙여놓고 발표한다고 생각해 봅시다. 전달하려는 내용이 눈에 잘 띄지 않겠죠?

> **TipTalk** '프레젠테이션'은 시청각 자료를 활용해 사람들에게 정보를 전달하는 것을 말해요. 예를 들어, 모둠에서 조사한 내용을 발표할 때 컴퓨터를 이용해 영상, 사진 자료 등을 보여주는 것도 프레젠테이션이랍니다.

파워포인트를 활용하면 이런 문제점을 해결할 수 있어요. **예쁜 디자인을 활용**하거나, **그림이나 비디오를 첨부**하는 기능을 이용해 정보를 효과적으로 전달할 수 있어요. 편리한 기능을 가지고 있어 발표 자료를 손쉽게 제작할 수도 있고요. 이처럼 파워포인트는 **다른 사람에게 내 의견을 잘 전달하고, 설득할 수 있도록 도와주는 유용한 도구**예요.

▲ 마이크로소프트와 파워포인트 로고

파워포인트의 다양한 기능

'파워포인트' 프로그램으로 어떤 것을 할 수 있을까요?

> ❶ 글자를 다양하게 꾸밀 수 있어요.
> ❷ 도형이나 표, 그래프를 만들 수 있어요.
> ❸ 그림, 사진, 동영상을 넣을 수 있어요.
> ❹ 애니메이션 효과를 넣을 수 있어요.
> ❺ 슬라이드 쇼 기능을 사용할 수 있어요.

이렇게 많은 기능을 활용할 수 있다니 기대되지 않나요? '파워포인트'의 여러 가지 기능을 익혀 자료를 멋지게 정리하고 효과적으로 전달해 봅시다.

파워포인트를 배워야 하는 이유

Z세대와 디지털 시대

여러분은 심심할 때 무엇을 하나요? 만약 가장 먼저 떠오르는 것 중 하나가 '스마트폰'이라면 여러분이 'Z세대'라는 증거예요! **'Z세대'란 태어날 때부터 디지털 환경에서 자라와, 스마트폰 등 디지털 기기를 익숙하게 다루는 세대**를 말해요. '디지털 네이티브(원주민)'라고도 불리는 이 세대는 책보다 인터넷 검색을 통해 정보를 찾는 것이 더 편하고, 컴퓨터보다도 스마트폰이나 태블릿 PC 등을 더 잘 다룬다는 특징이 있답니다.

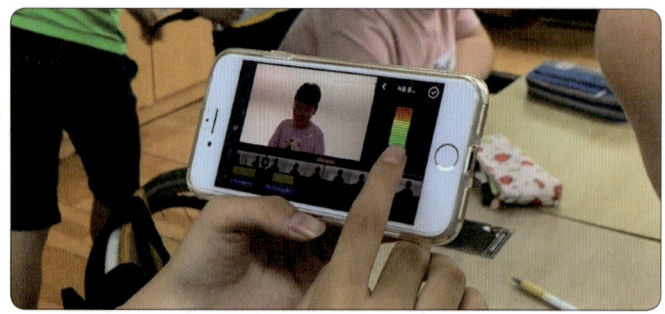

▲ 스마트폰 활용에 익숙한 Z세대

Z세대가 살고 있는 현재를 '디지털 시대'라고 부르곤 해요. '디지털 시대'인 요즘, 일상 속에서 다양한 매체를 통해 많은 자료를 접합니다. 주변을 한 번 살펴볼까요? 수업 시간에 TV 화

년으로 보는 그림 자료, 뉴스에 나오는 도표 자료, 유튜브에서 만나 볼 수 있는 동영상 자료 등 ……. 우와! 정말 다양한 자료를 접하여 살아가고 있네요.

▲ 수업 시간에 만나는 발표 자료

〉 Z세대에게 필요한 정보 처리 능력 〈

디지털 시대를 살아가는 사람들에게는 **자료를 정리하고 그 내용을 바탕으로 자신의 생각을 전달하는 능력이 꼭 필요**합니다. 특히 Z세대는 스마트 기기를 다루는 데 익숙한 반면 컴퓨터를 활용하는 능력은 부족한 경우가 많아요. 스마트폰으로는 무엇이든 뚝딱 쉽게 처리하지만, 컴퓨터를 이용해 정보를 찾고 자료를 정리하는 일에는 어려움을 겪곤 합니다.

디지털 시대에는 **수많은 정보 중에 자신이 필요로 하는 것이 무엇인지 정확하게 고르고, 일목요연하게 정리**할 줄 알아야 해요. 모둠 발표를 위해 인터넷에서 찾은 많은 정보 중 어떤 것을 사용할지 고민하거나, 컴퓨터로 자료를 정리하는 것이 어려워 다른 친구에게 부탁했던 경험이 있지는 않나요?

이때 '파워포인트'를 자유자재로 다룰 줄 안다면 아주 편리할 거예요. 자료를 정리하는 '**정보 처리 능력**'은 디지털 시대에 꼭 필요한 자질 중 하나입니다. '정보 처리 능력'이란 주제에 알맞은 자료를 찾는 것, 발표할 때 여러 가지 매체를 활용하는 것, 다양한 멀티미디어 기기를 이용해 각종 정보를 효율적인 형태로 전달하는 것을 포함합니다.

이 책을 통해 '파워포인트'를 차근차근 연습한다면 다음과 같은 능력이 자라날 거예요.

> ❶ 수집한 자료를 체계적으로 정리하는 능력
> ❷ 말하고 싶은 주제를 효과적으로 전달하는 능력
> ❸ 컴퓨터 프로그램을 자유자재로 다루는 능력

이제 파워포인트를 제대로 익혀 디지털 시대에 필수적인 '정보 처리 능력'을 길러봅시다.

파워포인트 메뉴를 살펴봐요!

식당에서 음식을 고를 때 우리는 메뉴판부터 확인해야 해요. 메뉴판에는 다양한 음식의 이름과 재료, 가격 등의 정보가 나타나 있기 때문이죠.

우리가 사용하는 컴퓨터 프로그램에도 '메뉴'가 표시되어 있답니다. 파워포인트에도 삽입, 편집, 저장 등 각각의 기능을 실행하는 메뉴가 있습니다. 메뉴 버튼을 클릭하면 해당 기능이 실행되죠. 파워포인트의 메뉴는 여러분이 **쉽게 찾아볼 수 있도록 도와주기 위해 '탭'과 '그룹'으로 분류**되어 있어요.

파워포인트를 잘 다루기 위해서는 **각각의 메뉴가 어떠한 기능**을 하는지 제대로 알아 둬야 합니다. 파워포인트의 '탭'을 하나씩 살펴보며 '그룹'마다 어떤 메뉴가 있는지 알아보고, 어떤 역할을 하는지 익혀 보도록 합시다.

이제 파워포인트를 실행하고 화면을 살펴볼까요?

메뉴가 너무 많아서 어떤 것을 클릭해야 할지 모르겠어요!

그래서 비슷한 메뉴끼리 모아 '탭'으로 묶어 두었답니다.
선생님과 함께 차근차근 살펴보면 전혀 어렵지 않으니 걱정 마세요!

- 파워포인트의 '탭' 메뉴가 무엇인지 알 수 있어요.
- 각각의 메뉴가 어떤 기능을 하는지 알 수 있어요.

파워포인트의 메뉴 구성 살펴보기

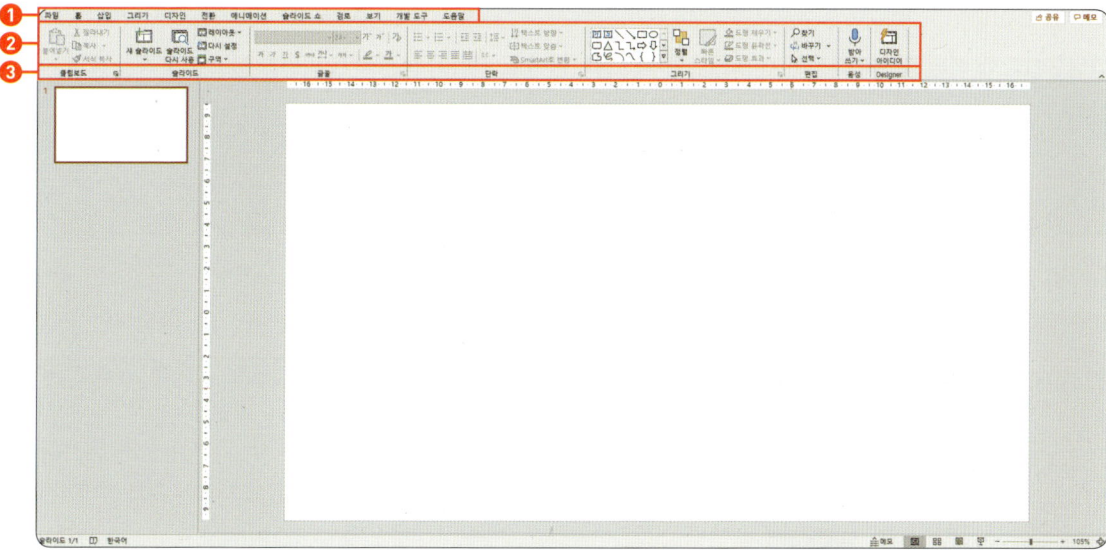

❶ **탭**: 파워포인트 화면의 가장 위에 있는 부분을 말합니다. 왼쪽부터 [파일], [홈], [삽입], [디자인], [전환], [애니메이션], [슬라이드 쇼], [검토, 보기], [도움말] 탭을 확인할 수 있습니다. 각각의 탭을 클릭하면 하위 메뉴가 나타납니다.

❷ **그룹**: 탭 아래에는 여러 가지 메뉴가 있고, 각각의 메뉴는 그룹으로 묶여 있습니다. 예를 들어 [홈] 탭에는 왼쪽부터 '클립보드', '슬라이드', '글꼴', '단락', '그리기', '편집' 등의 그룹이 있고, 각 그룹에는 해당 기능을 실행하는 메뉴가 있습니다.

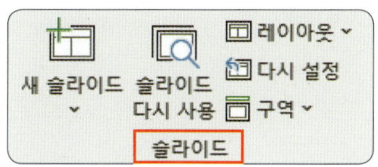

▲ '슬라이드' 그룹과 메뉴

❸ **메뉴**: 각각의 기능을 실행합니다. 필요한 메뉴를 찾아 클릭해 보세요.

> 아하! 각각의 '탭' 메뉴가 어떤 성격을 갖고 있는지 파악하고 나면 그 아래에 어떤 메뉴가 있는지 쉽게 알 수 있겠어요.

여러 가지 탭 살펴보기

STEP 01 [파일] 탭 살펴보기

파워포인트 탭 메뉴 중에서 가장 먼저 [파일] 탭부터 살펴볼까요? [파일] 탭은 주로 파일을 열고 저장하는 경우 사용합니다. 자주 사용하는 기능 위주로 알아보겠습니다.

01 [새로 만들기]를 클릭하면 새로운 프레젠테이션을 만들 수 있는 화면이 나타납니다. 이때, 파워포인트에서 기본으로 제공하는 서식을 선택하면 해당 서식을 적용해 새로운 프레젠테이션을 만들 수 있답니다.

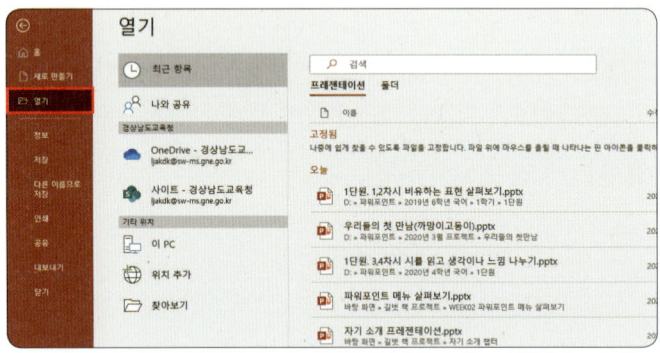

02 [열기]를 클릭하면 최근에 파워포인트를 이용해 만들었던 파일을 확인할 수 있습니다. 컴퓨터에 저장된 파일을 불러오려면 [찾아보기]를 클릭하세요.

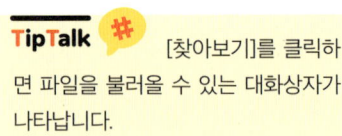

TipTalk [찾아보기]를 클릭하면 파일을 불러올 수 있는 대화상자가 나타납니다.

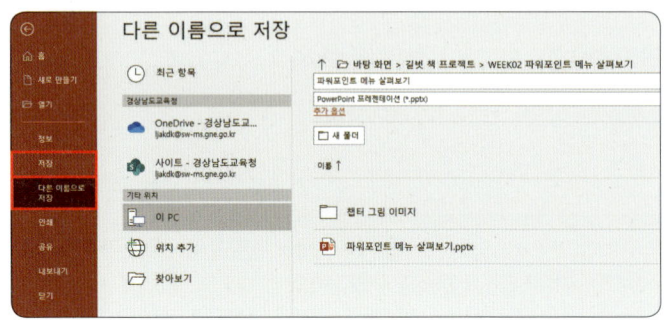

03 [저장]을 클릭하면 작업 중인 파워포인트 파일을 저장할 수 있습니다.

TipTalk [다른 이름으로 저장]을 클릭하면 현재 파일을 새로운 이름으로 변경해 저장하거나, 다른 폴더에 저장할 수 있어요.

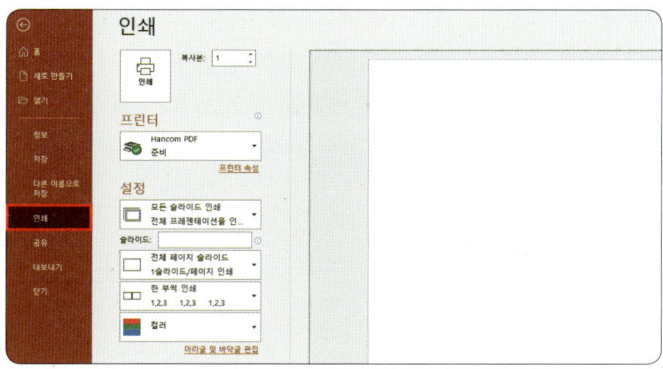

04 [인쇄]를 클릭하면 현재 파워포인트 파일의 슬라이드를 인쇄할 수 있습니다. '설정'을 통해 모든 슬라이드를 한번에 인쇄할 수도 있고, 특정 슬라이드를 선택해 인쇄할 수도 있답니다.

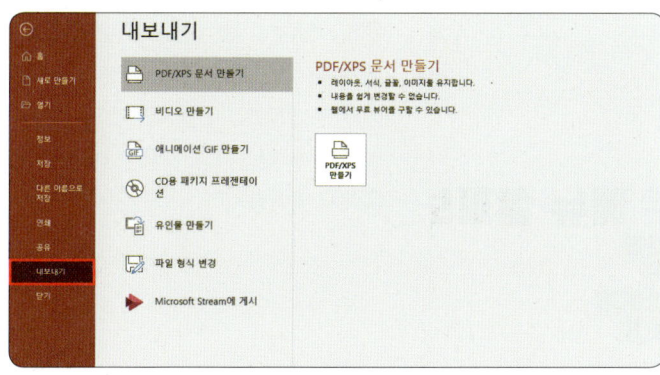

05 [내보내기]는 파워포인트 파일을 다른 파일 형식으로 만들고 싶을 때 이용하는 메뉴입니다. PDF파일, 비디오 파일, 그림 파일 등 다양한 형식으로 변환할 수 있답니다.

STEP 02 [홈] 탭 살펴보기

이번에는 [홈] 탭에 대해 알아보겠습니다. [홈] 탭은 '클립보드', '슬라이드', '글꼴', '단락', '그리기', '편집', '음성', 'Designer' 그룹으로 분류되어 있어요.

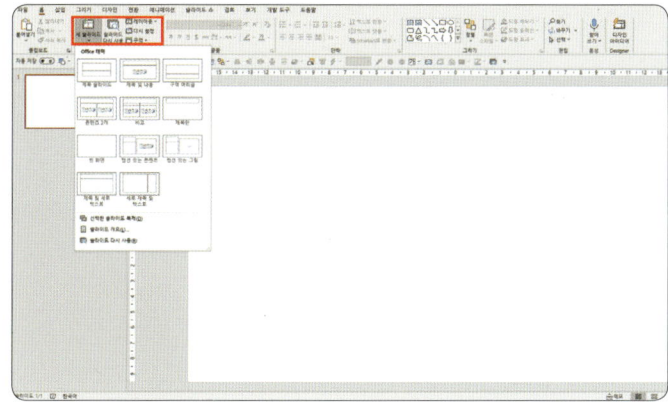

01 '슬라이드' 그룹을 살펴볼까요? [새 슬라이드]를 클릭하면 슬라이드를 추가할 수 있습니다.

빈 슬라이드를 추가할 수도 있고, 파워포인트에서 제공하는 다양한 레이아웃을 선택할 수도 있어요.

02 '글꼴' 그룹에서는 슬라이드에 삽입한 텍스트의 글꼴, 크기, 굵기, 색깔 등을 변경할 수 있습니다. 글꼴을 바꾸는 방법은 34쪽에서 자세히 알아봅시다.

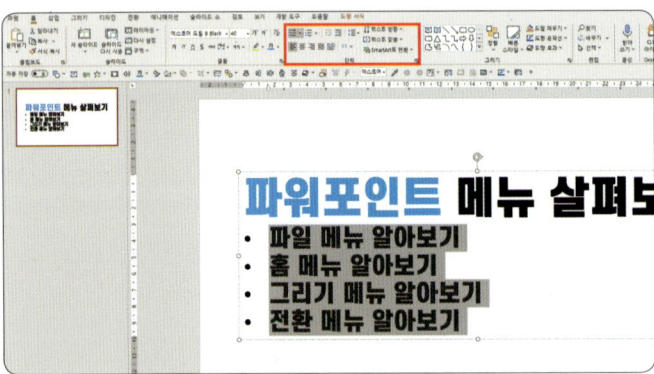

03 '단락' 그룹에서는 삽입한 텍스트에 글머리 기호를 추가하거나 번호를 매길 수 있어요. 또한 텍스트의 정렬을 설정할 수 있습니다. 자세한 내용은 36쪽에서 알아봅시다.

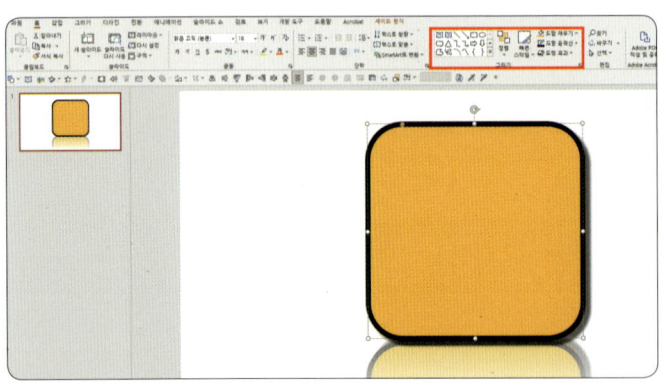

04 '그리기' 그룹에서는 텍스트 상자와 도형을 삽입하고, 순서나 위치를 바꿀 수 있어요. 도형을 색으로 채우거나, 윤곽선을 넣을 수 있고, 그림자, 반사 효과를 주는 등 꾸밀 수도 있답니다.

STEP 03 [삽입] 탭 살펴보기

[삽입] 탭에서는 그림, 텍스트 상자 등 다양한 개체를 삽입할 수 있어요. '슬라이드', '표', '이미지', '일러스트레이션', '양식', '링크', '텍스트', '기호', '미디어' 그룹으로 분류되어 있습니다.

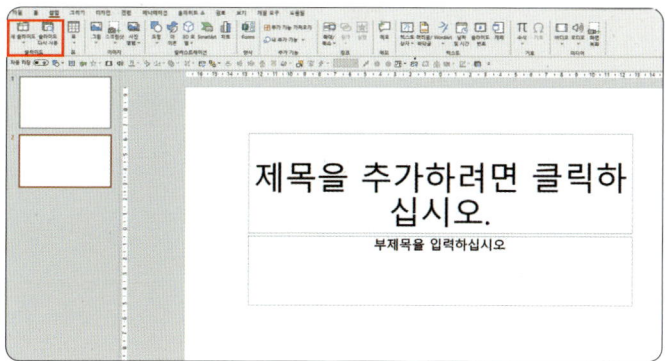

01 '슬라이드' 그룹에는 [홈] 탭의 '슬라이드' 그룹과 유사한 메뉴들이 모여 있습니다. 마찬가지로 [새 슬라이드]를 클릭하면 프레젠테이션에 새로운 슬라이드를 추가할 수 있답니다.

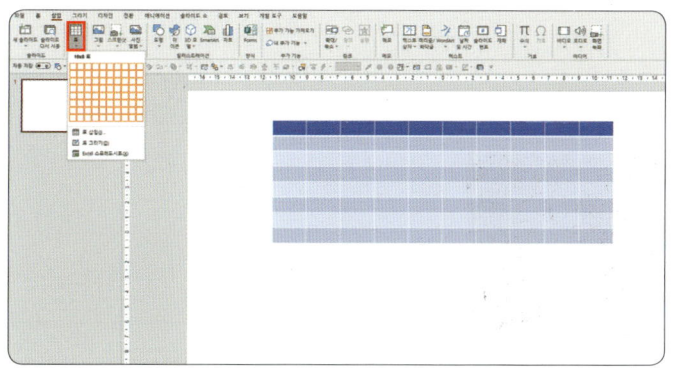

02 '표' 그룹의 [표]를 클릭하면 슬라이드에 새로운 표를 삽입할 수 있습니다. 행과 열 개수를 원하는 만큼 드래그하면 쉽게 표를 만들 수 있어요.

03 '이미지' 그룹의 [그림]을 클릭하면 컴퓨터에 저장된 그림을 불러오거나 파워포인트에서 제공하는 스톡 이미지를 삽입할 수 있습니다.

04 '일러스트레이션' 그룹에서는 도형, 아이콘을 삽입할 수 있습니다. 3D모델, 차트 등도 넣을 수 있답니다.

05 '텍스트' 그룹에서는 기본적인 텍스트 상자와 텍스트를 예쁘게 꾸미는 'WordArt'를 삽입할 수 있습니다.

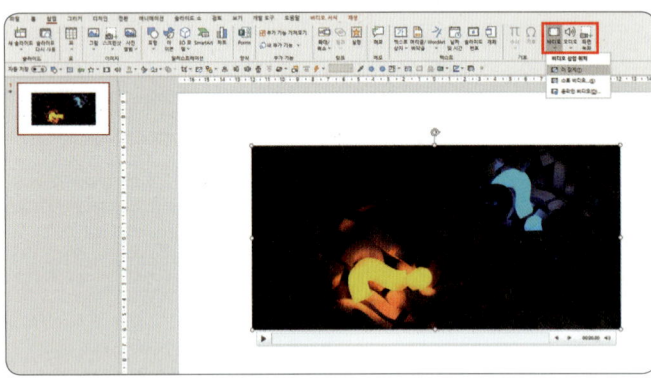

06 '미디어' 그룹에서는 비디오나 오디오 콘텐츠를 삽입할 수 있습니다. 화면을 녹화하는 기능도 있답니다.

STEP 04 [디자인] 탭 살펴보기

[디자인] 탭에서는 슬라이드의 테마와 슬라이드 크기 등을 지정하고 변경할 수 있습니다. '테마', '적용', '사용자 지정', 'Designer' 그룹으로 분류되어 있습니다.

01 '테마' 그룹에서는 파워포인트에서 제공하는 다양한 테마 서식을 적용할 수 있습니다. 각 테마를 고르면 설정된 슬라이드 배경, 글꼴 등을 적용해 슬라이드를 만들 수 있습니다.

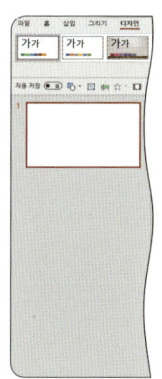 

02 '적용' 그룹에서는 사용자가 미리 지정해 둔 테마를 적용할 수 있습니다. 글꼴, 배경, 효과 등을 설정해 둘 수 있습니다.

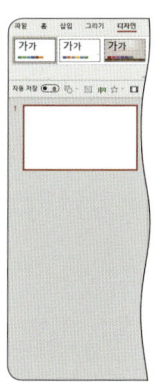 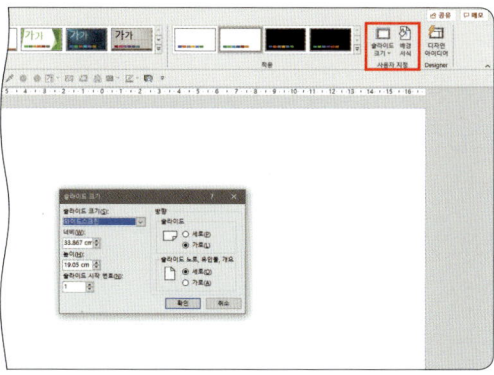

03 '사용자 지정' 그룹에서는 슬라이드의 크기와 비율을 바꾸거나 배경을 설정할 수 있습니다.

> **TipTalk** 슬라이드 비율을 '4:3', '16:9'로 바꿀 수 있고, 슬라이드 방향을 가로 또는 세로로, 슬라이드 크기를 A3, A4 등으로 설정할 수도 있습니다.

STEP 05 [전환] 탭 살펴보기

[전환] 탭에서는 한 슬라이드에서 다음 슬라이드로 넘어갈 때 효과를 줄 수 있습니다. 슬라이드 화면 전환의 종류에는 크게 '미리 보기', '슬라이드 화면 전환', '타이밍'이 있습니다.

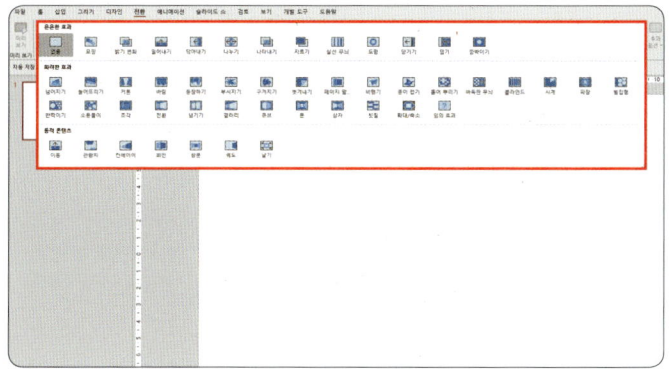

01 '슬라이드 화면 전환' 그룹에서는 슬라이드와 슬라이드 사이에 적용할 전환 효과를 선택할 수 있습니다.

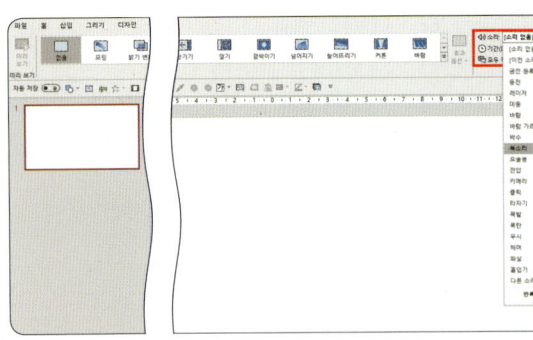

02 '타이밍' 그룹에서는 화면이 전환되면서 소리가 함께 나오도록 효과음을 추가할 수 있고, 전환되는 시간을 설정할 수도 있습니다.

STEP 06 [애니메이션] 탭 살펴보기

[애니메이션] 탭에서는 슬라이드에 삽입한 그림이나 텍스트 등에 다양한 애니메이션 효과를 적용할 수 있습니다. 크게 '미리 보기', '애니메이션', '고급 애니메이션'. '타이밍' 그룹으로 분류되어 있습니다.

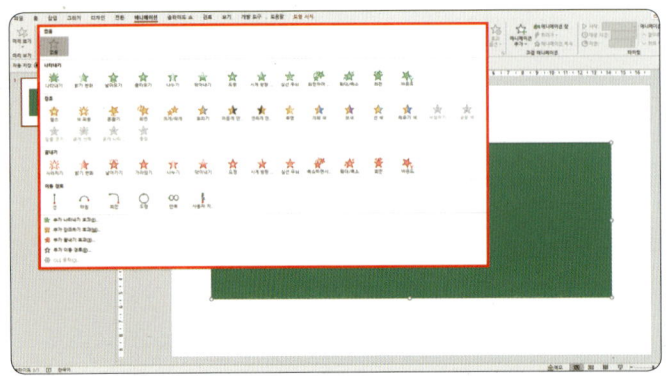

01 그림, 도형, 텍스트 등 개체를 선택하고 '애니메이션' 그룹의 효과 중 원하는 항목을 클릭하면 개체가 움직이는 효과를 줄 수 있습니다.

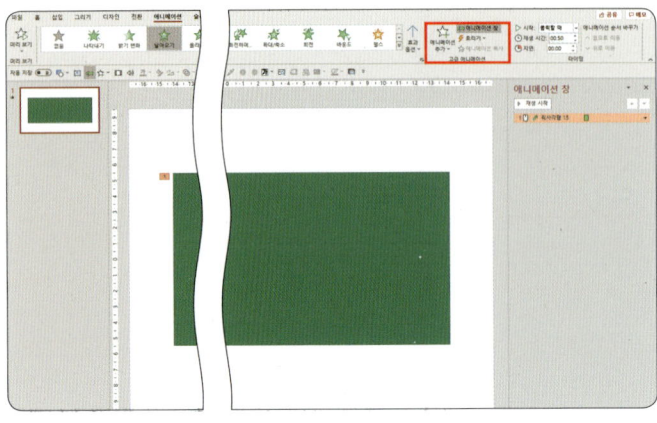

02 '고급 애니메이션' 그룹에서는 이미 애니메이션을 적용한 개체에 새로운 애니메이션을 추가하거나 애니메이션을 관리하는 [애니메이션 창]을 열 수 있습니다.

> **TipTalk** 한 개체에 너무 많은 애니메이션을 넣으면 오히려 산만해 보일 수 있으니 적당히 사용하는 것이 좋아요.

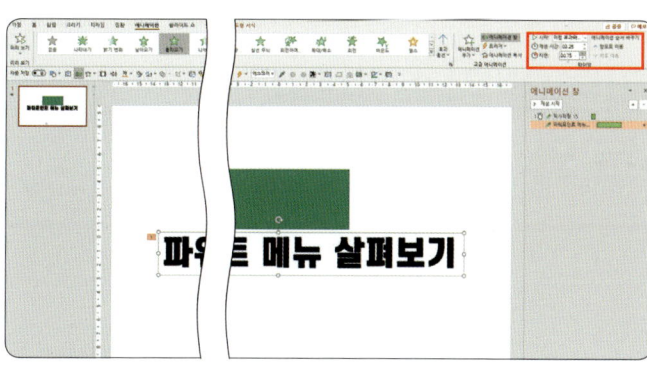

03 '타이밍' 그룹에서는 삽입한 애니메이션의 시작 조건을 설정하고, 재생 시간, 지연 정도를 변경할 수 있습니다.

STEP 07 ▶ [슬라이드 쇼] 탭 살펴보기

[슬라이드 쇼] 탭에서는 만든 프레젠테이션을 슬라이드 쇼로 재생하거나 여러 가지 설정을 변경할 수 있습니다. 크게 '슬라이드 쇼 시작', '설정', '모니터', '캡션 및 자막' 그룹으로 분류되어 있습니다.

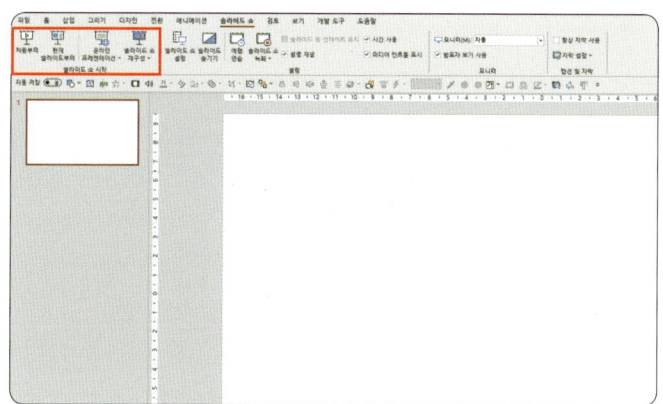

01 '슬라이드 쇼 시작' 그룹에서는 슬라이드 쇼를 첫 장부터 시작할 것인지 선택한 슬라이드부터 시작할 것인지 선택할 수 있습니다.

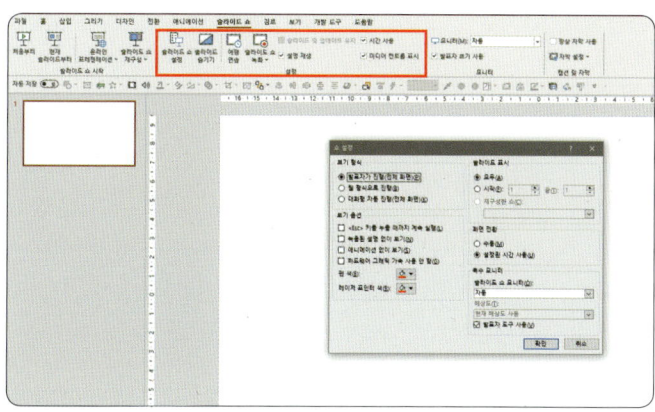

02 '설정' 그룹에서는 슬라이드 쇼에 대한 세부적인 설정을 변할 수 있습니다. 또한 [예행 연습]을 클릭해 슬라이드 쇼를 진행하며 발표 연습을 해 볼 수 있고, 자동으로 시간이 기록됩니다. [녹화]를 누르면 슬라이드 쇼 화면과 함께 발표자의 목소리도 녹음할 수 있습니다.

슬라이드의 필수 구성!
'텍스트'와 '도형'

파워포인트 슬라이드에는 텍스트, 도형, 그림, 비디오 등을 넣을 수 있어요. 그중 '텍스트'는 파워포인트에 삽입된 글자를 말합니다. 만약 슬라이드에 텍스트 없이 그림만 넣는다고 생각해 보세요. 친구들에게 발표 내용을 말로 전부 설명해야 한다면 내용을 전달하기도 어렵고, 친구들도 발표에 집중하기 힘들 거예요.

따라서, 친구들에게 정보를 효과적으로 전달하려면 슬라이드에 텍스트를 반드시 삽입해야 합니다. 텍스트의 글꼴, 크기, 색깔, 위치 등을 적절하게 선택한다면 파워포인트를 훨씬 돋보이게 만들 수 있습니다.

또한 '도형'은 파워포인트에서 아주 다양하게 활용되고 있습니다. **도형을 넣어 텍스트를 강조하기도 하고 슬라이드를 꾸미기도 해요**. 도형을 슬라이드에 꽉 차게 만들어 배경 화면으로 활용하기도 해요. '인포그래픽'을 제작할 수도 있고요.

텍스트와 도형을 잘 활용한다면 여러분의 발표 자료를 더욱 더 빛나게 만들 수 있을 거예요! 텍스트와 도형의 기초부터 차근차근 알아봅시다.

내용을 알차게 전달하고 싶어서 텍스트를 많이 넣었는데… 친구들이 집중하지 못 하는 것 같아요.

발표 자료를 만들 때는 텍스트와 도형, 그림 등을 적절한 비중으로 넣는 것이 중요해요! 발표 자료를 업그레이드하는 방법을 알아봅시다.

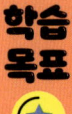
- 슬라이드에 '텍스트'를 삽입하고 속성을 변경할 수 있어요.
- 슬라이드에 '도형'을 삽입하고 속성을 변경할 수 있어요.
- 도형 안에 텍스트를 삽입해 활용할 수 있어요.

'텍스트'와 '도형'의 중요성 알아보기

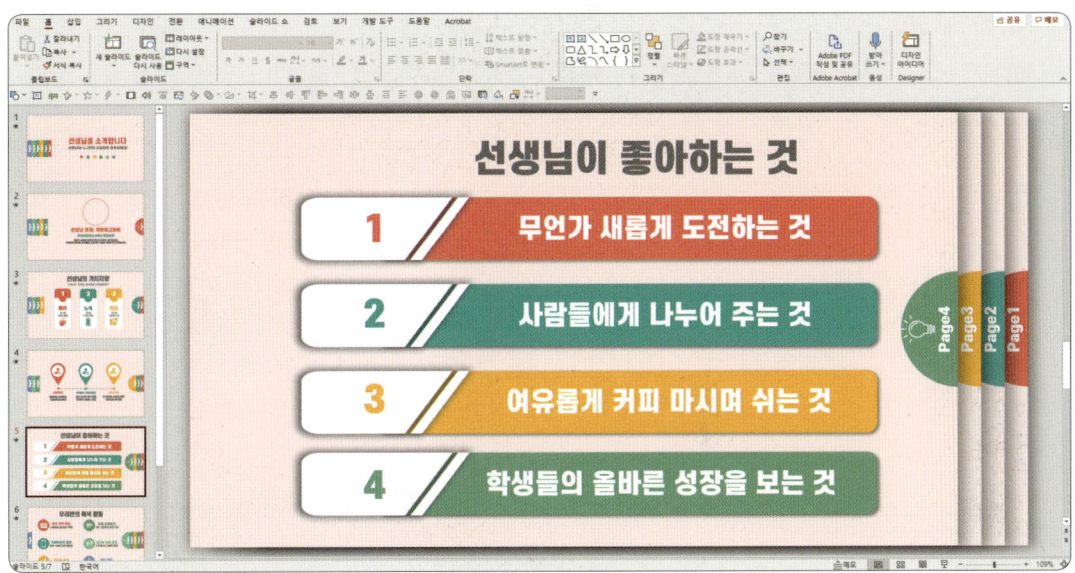

▲ 슬라이드에 꼭 필요한 '텍스트'와 '도형'

'텍스트'는 프레젠테이션 자료에서 꼭 필요한 요소입니다. 텍스트는 중심 내용을 직접적으로 보여주므로 청중의 이해를 돕습니다. 따라서 글자가 전혀 들어가지 않는다면 발표하고자 하는 내용을 정확하게 전달할 수 없을 거예요.

하지만 슬라이드에 삽입된 텍스트가 너무 길면 정리가 안 된 것처럼 느껴질 수 있어요. 보는 사람이 집중하기 어렵기도 하고요. 따라서 **발표의 중심 내용을 요약해 텍스트로 간결하게 정리**하는 것이 중요해요.

또한 파워포인트에서는 여러 가지 모양의 '도형'을 삽입할 수 있어요. 자료의 제작 의도를 생각하며 도형을 다양한 형태로 삽입해 봅시다. **슬라이드를 예쁘게 꾸미거나**, 텍스트와 함께 사용해 **중요한 부분을 강조**하는 요소로 사용하면 좋겠죠?

'텍스트'와 '도형'은 모두 [삽입] 탭에서 넣을 수 있습니다. 파워포인트로 발표 자료를 만들 때 필수적인 요소이므로 잘 익혀서 파워포인트 전문가가 되는 길에 한 걸음씩 다가가 봅시다.

'텍스트'와 '도형' 활용하기

STEP 01 ▶ 텍스트 삽입하고 꾸미기

친구들에게 발표 내용을 효과적으로 전달하기 위해서는 설명이 필요하겠죠? 슬라이드에 텍스트를 넣는 방법을 알아보겠습니다. 내가 원하는 글꼴, 크기와 색으로 변경하고 그림자까지 추가할 수 있어요!

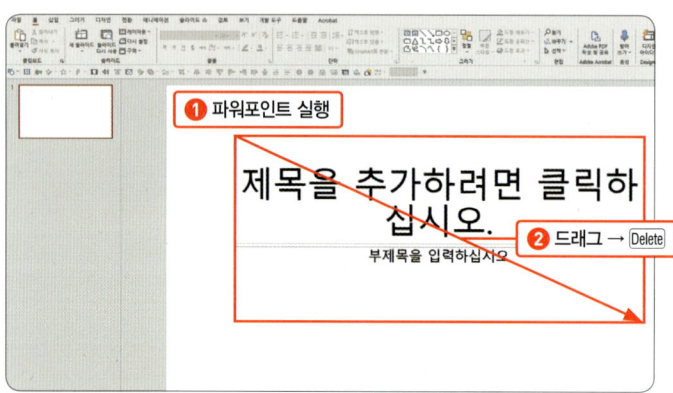

01 파워포인트를 실행하면 첫 슬라이드에 기본 레이아웃이 포함되어 있습니다. 그렇지만 이번 시간에는 필요하지 않으므로 지우도록 할게요. 마우스를 드래그해 레이아웃 상자를 선택하고 키보드의 Delete를 눌러 삭제하세요.

> **TipTalk** '레이아웃'이란 슬라이드에 삽입할 수 있는 모든 콘텐츠에 대한 서식 및 위치 지정 상자를 말합니다.

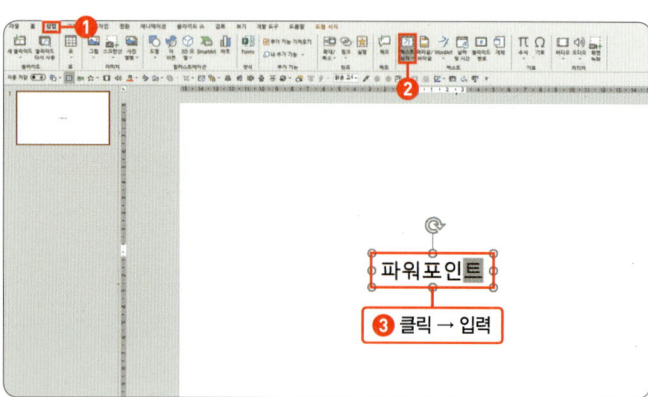

02 [삽입] 탭의 '텍스트' 그룹에서 [텍스트 상자]를 선택하세요. 빈 공간을 클릭해 텍스트를 입력할 수 있는 상자가 나타나면 '파워포인트'라고 입력해 봅시다.

> **TipTalk** [텍스트 상자]를 선택한 후, 텍스트를 입력할 영역을 드래그로 지정해도 됩니다.

잠깐만요 텍스트를 세로로 입력하고 싶어요

[텍스트 상자] 아래의 화살표(▼)를 클릭하면 [가로 텍스트 상자 그리기]와 [세로 텍스트 상자] 중 선택할 수 있습니다. 세로로 쓰고 싶다면 [세로 텍스트 상자]를 선택하면 됩니다.

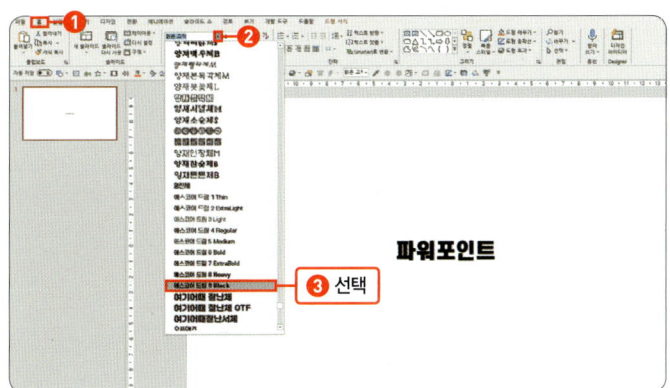

03 텍스트를 마우스로 드래그해 선택하고 글꼴을 변경해 봅시다. [홈] 탭 - '글꼴' 그룹에서 원하는 글꼴로 바꿔 봅시다. 여기서는 '에스코어 드림 9 Black'을 선택했어요.

TipTalk '에스코어' 서체 대신 다른 글꼴을 선택해도 됩니다. 마음에 드는 글꼴을 적용해 보세요.

잠깐만요 글꼴에도 저작권이 있어요!

파워포인트나 한글 문서를 편집하다 보면 다양한 글꼴을 사용하곤 해요. 그런데 글꼴에도 저작권이 있다는 사실을 알고 있나요? '저작권'이란 저작자가 창작물에 대해 갖는 권리입니다. 창작물을 만든 노력을 인정하고, 저작자의 권리를 보호해야 하므로 저작물을 허락 없이 함부로 사용해서는 안 됩니다. 따라서 글꼴을 선택할 때도 저작권을 침해하지 않는 글꼴을 사용하는 것이 중요합니다.

▲ 저작권 침해 걱정 없이 무료 글꼴을 다운로드할 수 있는 '눈누' 사이트

'눈누(noonnu.cc)' 사이트에 접속하면 저작권 걱정 없이 사용할 수 있는 폰트를 다운로드할 수 있답니다!
이 책에서는 '에스코어 드림', '레시피코리아', '여기어때 잘난', 'G마켓 산스', '나눔스퀘어', '나눔고딕' 글꼴이 사용되었습니다. 앞의 글꼴 4개는 '눈누' 사이트에서, 뒤의 글꼴 2개는 '네이버'에서 무료로 다운로드할 수 있습니다.

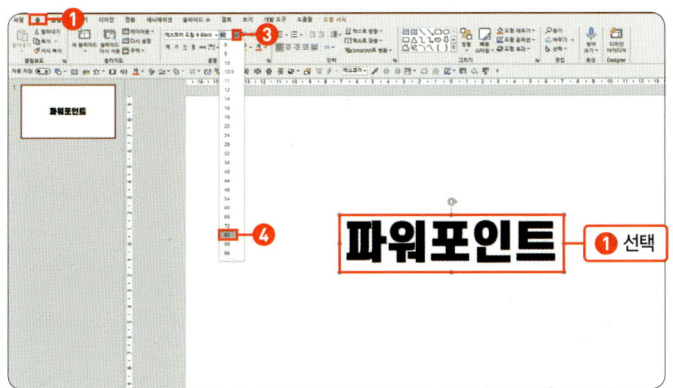

04 텍스트를 선택하고 [홈] 탭 - '글꼴' 그룹에서 텍스트의 크기를 조절해 봅시다. '파워포인트' 텍스트의 크기를 '80pt'로 변경해 봅시다.

TipTalk 텍스트의 크기를 설정할 때는 정해진 텍스트 크기로 선택하거나, 가⁺가⁻를 클릭해 크기를 한 단계씩 키우거나 줄이면 됩니다. 키보드로 직접 숫자를 입력해도 됩니다.

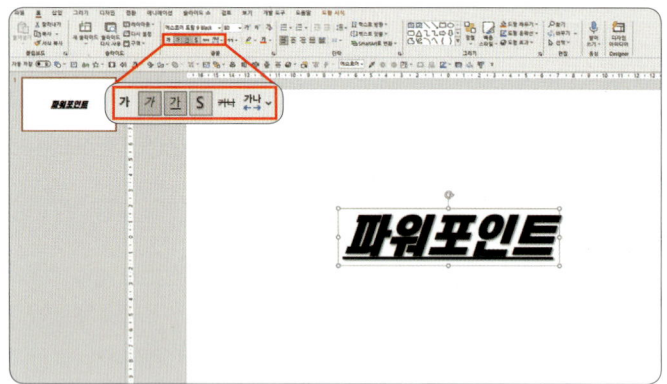

05 '글꼴' 그룹에서 텍스트의 속성을 변경해 봅시다. [굵게(가)], [기울임꼴(가)], [밑줄(가)], [텍스트 그림자(S)], [취소선(가)], [문자 간격(가나)] 등을 설정할 수 있습니다. 두 가지 이상 중복해서 적용할 수도 있답니다.

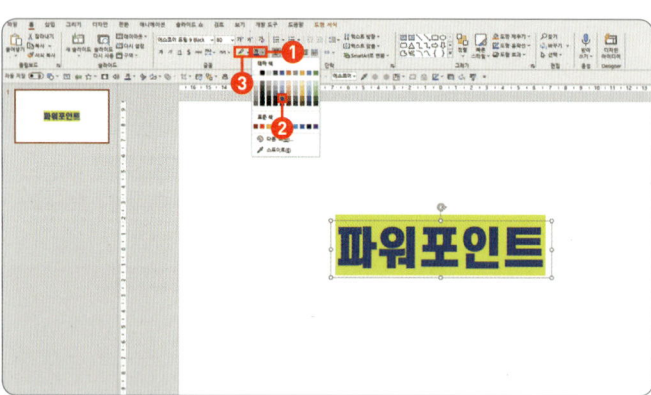

06 텍스트를 강조하고 싶을 때는 글자의 배경에 색을 추가하거나 글꼴 색을 변경하면 좋아요. '글꼴' 그룹에서 [글꼴 색]을 클릭하면 텍스트를 원하는 색으로 변경할 수 있어요. 그리고 [텍스트 강조 색]을 클릭해 원하는 배경 색을 넣어 봅시다.

STEP 02 텍스트 정렬하기

삽입한 텍스트를 깔끔하게 보이도록 정리하면 어떨까요? 텍스트를 정렬하는 방법을 알아보겠습니다. 텍스트 앞에 번호와 기호를 매길 수도 있어요.

01 [삽입] 탭 - '텍스트' 그룹에서 [텍스트 상자]를 선택하고 빈 공간을 클릭하세요. 글머리 기호를 확인하기 위해 2줄 이상의 텍스트를 입력합니다.

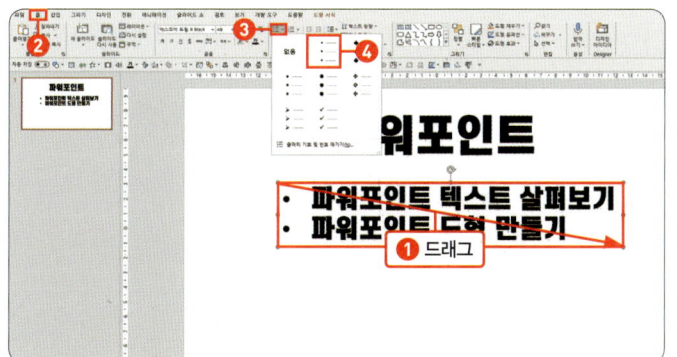

02 텍스트를 드래그하여 선택하고 [홈] 탭 - '단락' 그룹에서 [글머리 기호(≡)]를 클릭해 보세요. 모든 줄 앞에 점 모양의 글머리 기호가 생깁니다. 오른쪽의 화살표(▼)를 클릭하면 다른 모양을 선택할 수도 있어요.

> **TipTalk** '글머리 기호'는 여러 줄로 된 텍스트에서 각 줄의 맨 앞에 넣어 주는 기호를 말해요.

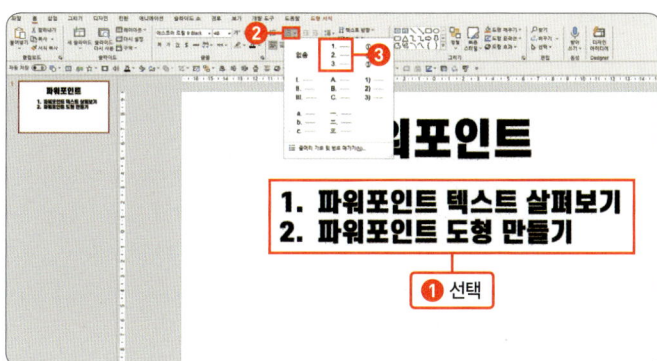

03 '번호 매기기'도 '글머리 기호' 기능과 같은 방법으로 사용하면 됩니다. [홈] 탭 - '단락' 그룹에서 [번호 매기기(≡)]를 클릭하면 각각의 줄 앞에 번호를 매길 수 있어요. 오른쪽 화살표(▼)를 클릭하면 다른 모양을 선택할 수도 있답니다.

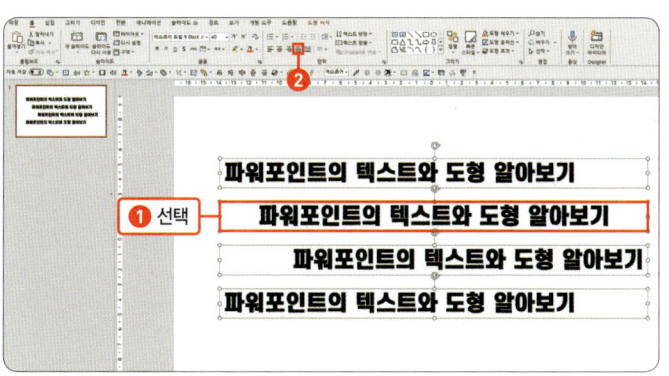

04 텍스트 상자 안에서 텍스트의 위치를 정렬할 수 있어요. [홈] 탭 - '단락' 그룹에서 [양쪽 맞춤(≡)]을 선택하면 양쪽 여백 사이에 텍스트를 균등하게 배분하여 텍스트의 길이가 맞춰져서 더욱 깔끔해 보이는 효과가 있습니다.

> **TipTalk** [왼쪽 맞춤(≡)], [가운데 맞춤(≡)], [오른쪽 맞춤(≡)], [양쪽 맞춤(≡)]도 차례로 선택해 보세요.

STEP 03 도형 삽입하고 살펴보기

이제 슬라이드를 더욱 빛나게 해 주는 도형을 넣어 볼까요? 사각형, 삼각형, 원, 화살표 모양, 별 모양 등 다양한 도형을 삽입하고 원하는 색으로 바꿀 수 있습니다.

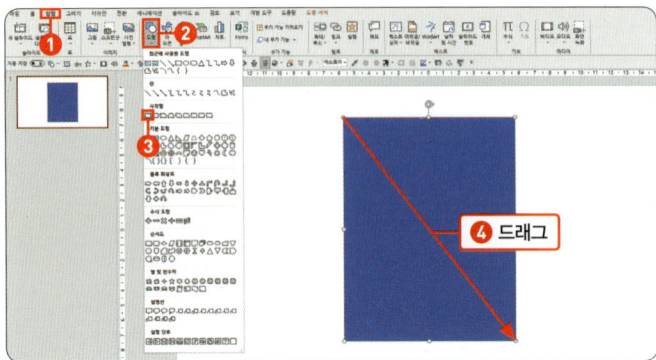

01 [삽입] 탭 - '일러스트레이션' 그룹에서 [도형]를 클릭합니다. 다양한 도형 중에서 원하는 모양을 선택하고 빈 공간에 드래그하면 도형을 삽입할 수 있어요.

> **잠깐만요** 정사각형은 어떻게 만들까요?
>
> 파워포인트에서 도형을 선택하고 마우스를 드래그하면 지정한 영역에 도형이 삽입됩니다. 모든 변의 길이가 같은 정사각형 모양을 만들고 싶다면 어떻게 해야 할까요? 도형에서 직사각형을 선택하고, Shift 를 누른 채 드래그해 보세요. 정삼각형을 만들고 싶다면 삼각형을 선택하고 Shift 와 함께 드래그하면 된답니다. 동그란 원도 같은 방법을 이용하면 됩니다.

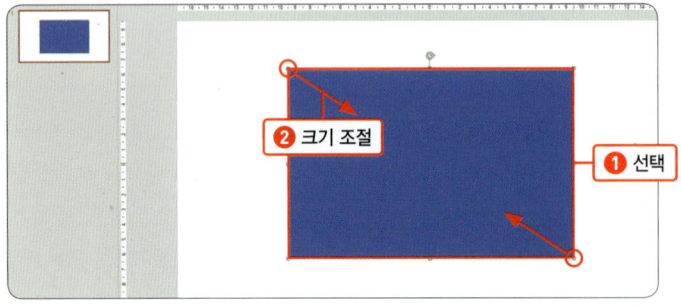

02 도형을 클릭하면 경계선이 표시되며 작은 원( ) 모양이 나타납니다. 이때 작은 원을 마우스로 클릭하고 드래그하면 도형의 크기를 변경할 수 있어요.

TipTalk # 원래 비율을 유지한 채 크기를 변경하고 싶다면 Shift 를 누른 채 꼭짓점 부분의 점을 드래그하면 된답니다.

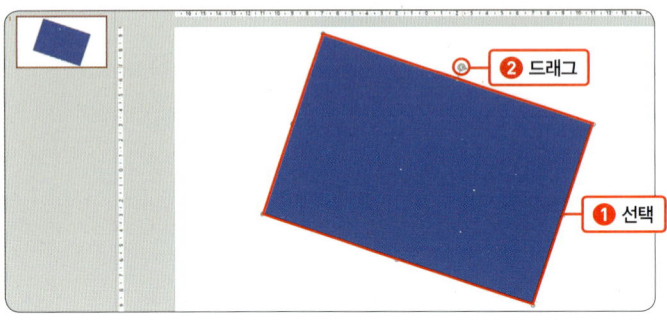

03 이번에는 도형을 회전시켜 볼까요? 도형을 클릭해서 도형의 경계선이 나타났다면, 도형 위쪽에서 모양의 화살표를 찾을 수 있을 거예요. 그 부분을 마우스로 클릭한 채 드래그하면 도형을 회전시킬 수 있어요.

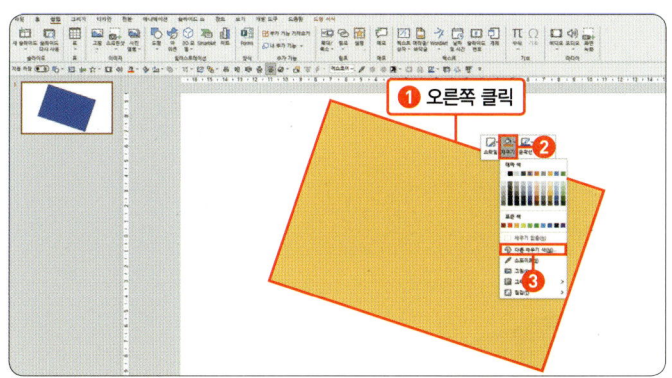

04 도형을 마우스 오른쪽 버튼으로 클릭하면 도형의 속성을 변경할 수 있는 메뉴가 나타나요. [채우기]를 클릭하고 [다른 채우기 색]을 클릭해 도형 색을 바꿔보세요.

도형의 테두리만 남기고 싶다면 마우스 오른쪽 버튼으로 클릭하고 [채우기 없음]을 선택하면 됩니다.

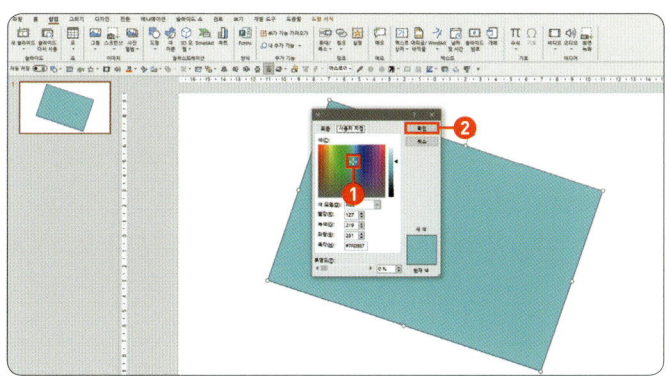

05 새로 나타난 색상 창에서 원하는 색을 선택하고 [확인]을 클릭합니다.

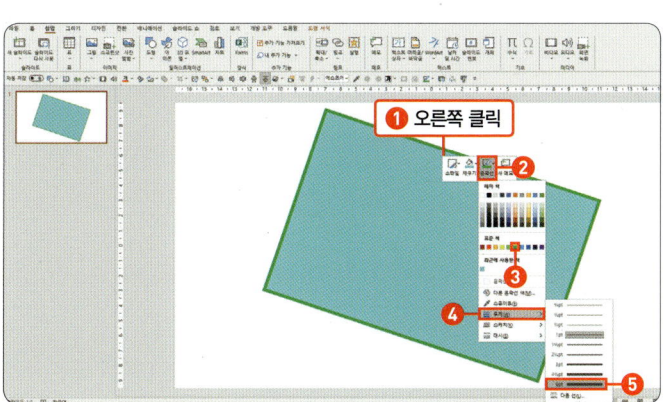

06 도형의 윤곽선을 변경해 봅시다. 도형을 마우스 오른쪽 버튼으로 클릭하고 [윤곽선]을 선택합니다. 윤곽선을 원하는 색, 두께, 스타일로 설정할 수 있어요. 윤곽선을 없애고 싶다면 '윤곽선 없음'을 클릭하면 됩니다.

07 슬라이드에 삽입한 도형을 선택하면 위쪽 메뉴에 [도형 서식] 탭이 생깁니다. '도형 스타일' 그룹의 [도형 효과]에서는 도형에 여러 가지 효과를 줘서 꾸밀 수 있습니다. '그림자', '반사', '네온', '부드러운 가장자리', '입체 효과', '3차원 회전 효과' 등을 적용할 수 있습니다.

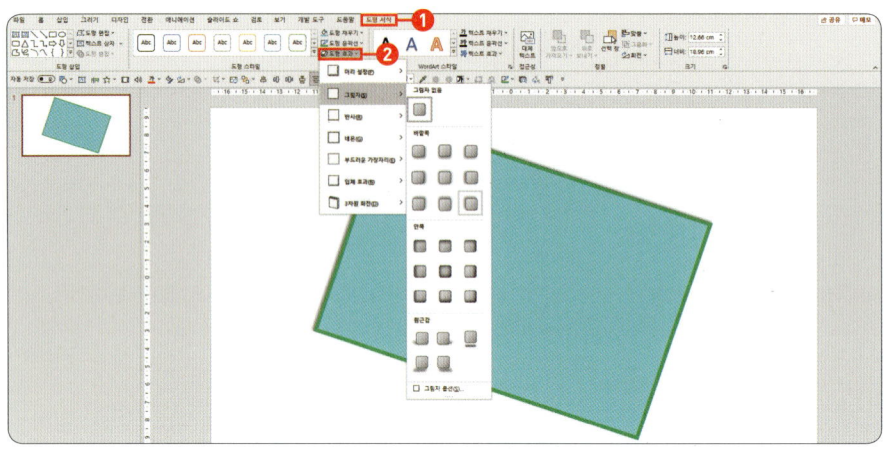

STEP 04 도형에 텍스트 입력하기

도형과 텍스트를 함께 활용하는 방법은 없을까요? 삽입한 도형 안에 텍스트를 넣는 방법을 알아봅시다. 텍스트를 더욱 돋보이게 하는 도형 활용 방법을 익혀 봅시다.

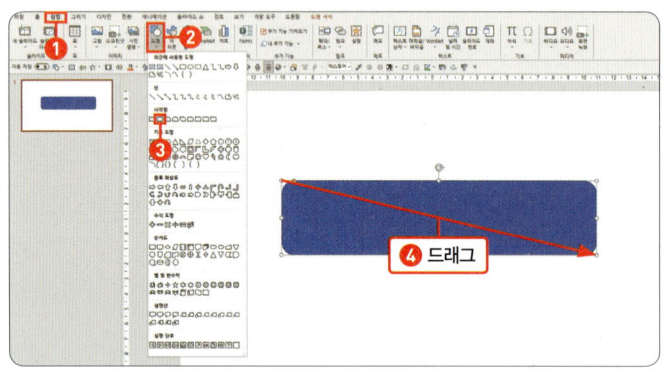

01 [삽입] 탭 - '일러스트레이션' 그룹의 '도형'을 클릭합니다. '사각형' 그룹에서 [둥근 모서리 사각형(□)]을 선택하고 빈 공간에 드래그해 도형을 만들어 봅시다.

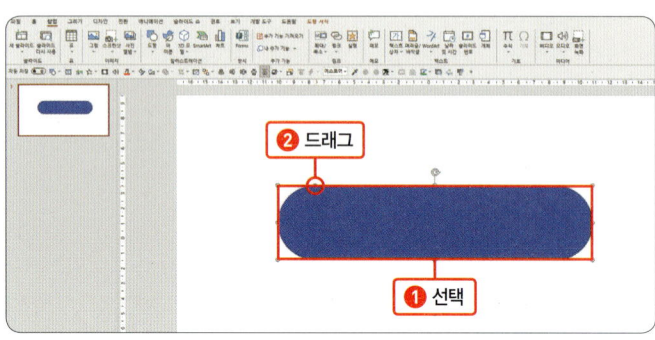

02 둥근 모서리 사각형은 모서리의 둥근 정도를 변경할 수 있습니다. 도형을 클릭하면 경계선이 나타나는데, 흰색 작은 원 외에도 주황색 원(●)이 있는 것을 확인할 수 있습니다. 이 원을 드래그하면 모서리의 둥근 정도가 바뀝니다.

03 이번에는 도형에 텍스트를 삽입해 볼까요? 도형을 클릭하고 키보드에서 Enter를 누르면 도형 안에서 마우스 커서가 깜빡거립니다. 텍스트를 쓸 수 있다는 의미랍니다. 삽입하고 싶은 텍스트를 입력하면 됩니다.

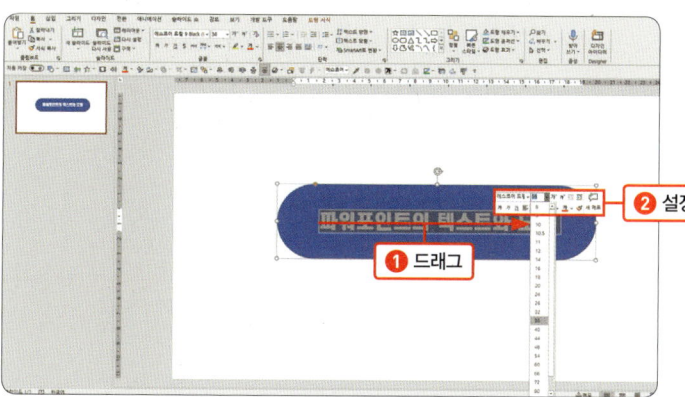

04 텍스트를 마우스로 드래그해 블록을 설정하면 텍스트 속성 변경 창이 나타납니다. 여기에서 텍스트의 글꼴, 색깔을 원하는 대로 변경해 보세요.

05 이번에는 '채우기 색', '윤곽선', '그림자' 등 도형의 속성을 변경해 볼까요? 도형을 선택하고 [도형 서식] 탭 - '도형 스타일' 그룹의 [도형 효과]를 클릭해 원하는 대로 변경해 봅시다.

그림과 비디오를 넣어
생생하게 발표해요!

파워포인트 슬라이드에는 다양한 그림과 비디오 자료도 삽입할 수 있습니다. 그림과 비디오 자료를 활용하면 텍스트로 설명할 수 없는 부분까지 자세하게 보여줄 수 있답니다.

예를 들어, 친구들이 잘 알지 못하는 동물에 대해 설명할 때 발표 자료에 텍스트만 있다면 친구들이 내용을 이해하기 어려울 거예요. 이때 그림과 비디오를 활용해 봅시다. 동물의 모습을 그림으로 보여주고, 사는 환경과 먹이를 먹는 모습 등을 비디오 자료로 보여주면 발표 내용을 전달하는 데 도움이 되겠죠?

이처럼 **그림과 비디오는 발표를 도와주는 보조 자료의 역할**을 톡톡히 한답니다. 그림과 비디오를 적절히 활용하는 방법을 익혀 봅시다. 이번 시간에는 그림과 비디오를 삽입하는 방법부터 속성을 변경하는 방법까지 알아보겠습니다.

 내 발표 자료에 그림과 비디오도 넣을 수 있다니! 친구들이 훨씬 재미있어 하겠어요.

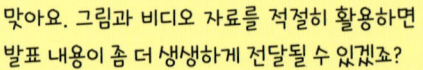 맞아요. 그림과 비디오 자료를 적절히 활용하면 발표 내용이 좀 더 생생하게 전달될 수 있겠죠?

 직접 촬영한 비디오를 넣으면 친구들이 발표에 더 집중할 수 있을 거예요!

- 슬라이드에 '그림'을 삽입해 발표를 풍부하게 만들 수 있어요.
- 다양한 방법으로 '그림'을 꾸밀 수 있어요.
- '비디오'를 슬라이드에 삽입하고 속성을 변경할 수 있어요.

수집한 자료 적절하게 활용하기

▲ 슬라이드에 비디오 자료 삽입해 발표를 풍성하게!

발표 내용을 효과적으로 전달하기 위해서는 필요한 자료를 적절하게 삽입하는 것이 중요합니다. 프레젠테이션 자료 안에 **발표 내용에 알맞은 그림을 넣으면 청중이 내 발표에 집중**할 수 있답니다. 하지만 발표의 내용과 관계 없는 그림을 삽입하면 오히려 발표의 흐름이 깨지기도 하니 주의하세요!

또한 **비디오 자료를 삽입해 설명을 보충**할 수도 있습니다. 비디오 자료는 텍스트나 그림이 전달하지 못하는 상세한 정보까지 생생하게 전달합니다. 그림과 비디오 자료를 적절히 삽입해 발표 자료의 완성도를 높이고 보는 사람들의 흥미까지 불러일으켜 봅시다.

 **이미지에도 저작권이 있어요**

우리가 사용하는 이미지에도 저작권이 있다는 사실을 알고 있나요? 창작물을 만든 사람인 '저작자'의 노력을 인정하고, 저작자의 권리를 보호해야 합니다. 그림을 함부로 다운로드해 사용하는 것은 저작권을 침해하는 행위이므로 주의해야 해요. '픽사베이' 등 저작권을 침해하지 않는 그림을 모아 놓은 웹 사이트에서 다운로드해 사용하거나 출처를 반드시 밝혀 삽입해야 합니다.

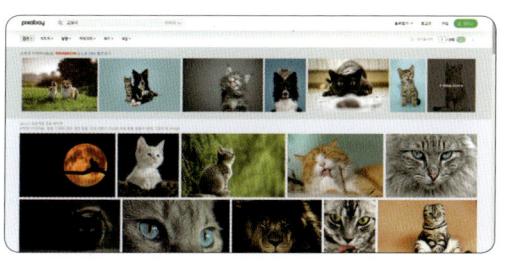

▲ 저작권 침해 걱정 없이 그림을 다운로드할 수 있는 '픽사베이'

'그림'과 '비디오' 활용하기

STEP 01 그림 불러오기

자료의 설명을 도와주는 그림은 슬라이드에 어떻게 불러올 수 있을까요? 컴퓨터에 저장되어 있는 그림 파일을 불러와 슬라이드에 그림을 삽입해 봅시다. 메뉴 이름이 '그림'이긴 하지만 일반적으로 떠올리는 그림과 사진을 모두 포함하는 개념이랍니다!

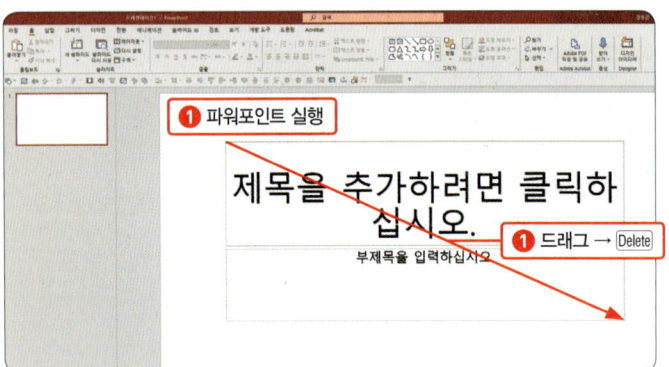

01 파워포인트를 실행하고 레이아웃 상자를 선택해 키보드의 Delete 를 눌러서 삭제하세요. 그럼 슬라이드에 아무것도 없는 빈 화면만 남겠죠?

02 슬라이드에 그림을 삽입하기 위해 [삽입] 탭 - '이미지' 그룹에서 [그림]을 클릭하고 [이 디바이스]를 선택합니다.

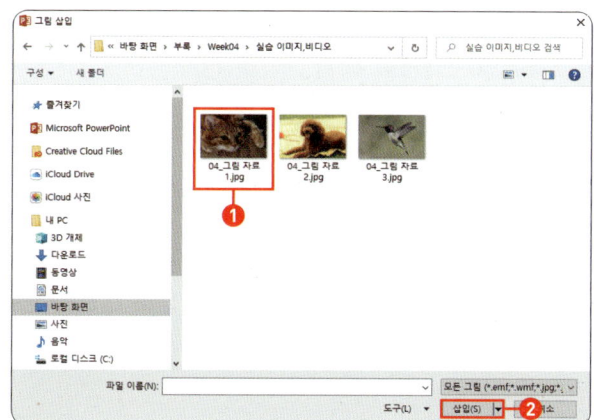

03 그림을 선택할 수 있는 대화상자가 나타납니다. 그림이 저장된 폴더로 들어가서 원하는 그림을 선택하고 [삽입]을 클릭하세요.

> **TipTalk** 만약 컴퓨터에 저장된 그림이 없다면, '부록'으로 제공하는 그림을 컴퓨터에 저장한 후 불러오세요.

잠깐만요 | 다른 방식으로 그림을 가져올 수 있나요?

[그림]을 클릭하면 [이 디바이스], [스톡 이미지], [온라인 그림] 중 선택할 수 있습니다. [이 디바이스]를 클릭하면 내 컴퓨터에 저장된 그림을 불러올 수 있었죠?

그렇다면 [스톡 이미지]와 [온라인 그림]을 선택하면 어떤 그림을 삽입할 수 있을까요? [스톡 이미지]를 선택하면 파워포인트에서 제공하는 다양한 이미지, 아이콘, 사람 컷아웃, 스티커 등을 불러올 수 있습니다. 그리고 인터넷이 연결된 환경에서 [온라인 그림]을 선택하면 인터넷으로 원하는 이미지를 직접 검색해서 삽입할 수 있어요.

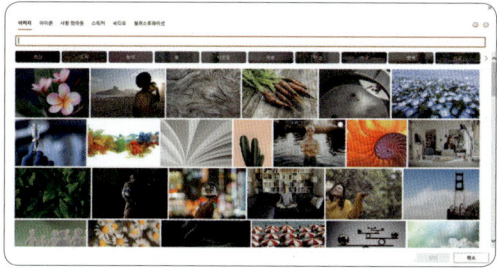
▲ [그림] - [스톡 이미지]

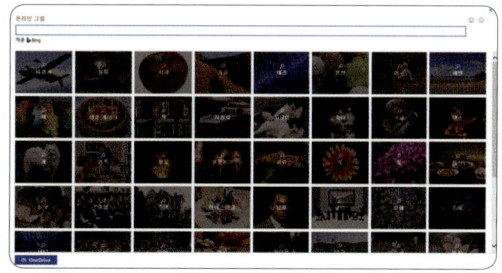
▲ [그림] - [온라인 그림]

사용하는 파워포인트 버전에 따라 [그림]을 클릭했을 때 [이 디바이스], [스톡 이미지], [온라인 그림]이 나타나지 않는 경우도 있을 거예요. 이 경우, [그림]을 클릭하면 바로 컴퓨터에 저장된 그림을 불러오는 대화상자가 나타납니다. [이 디바이스]를 클릭한 것처럼요! 대신, [그림] 바로 옆에 [온라인 그림] 메뉴가 따로 있을 거예요. 그 메뉴를 누르면 온라인에서 그림을 직접 찾아볼 수 있어요.

STEP 02 그림 꾸미기

그림을 삽입했다면 이제 다양한 방법으로 꾸며 삽입한 그림의 서식을 변경하는 방법에 대해 알아봅시다.

01 슬라이드에 포함된 개체를 선택하면 탭이 새로 나타납니다. 예를 들어, 그림을 클릭하면 [그림 서식] 탭이 생긴답니다. [그림 서식] 탭은 '조정', '그림 스타일', '접근성', '정렬', '크기' 그룹으로 분류되어 있어 [그림 서식] 탭에서는 다양한 속성을 변경할 수 있습니다.

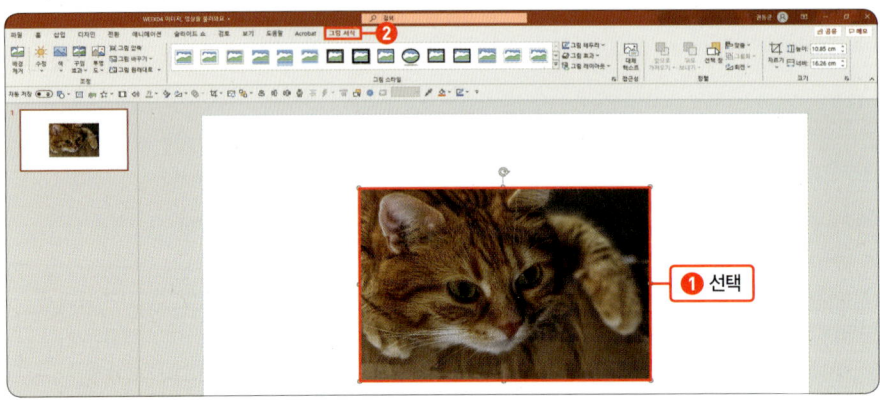

TipTalk 여기에서 말하는 '개체'란, 슬라이드에서 선택 가능한 모든 요소를 뜻해요. 예를 들면 텍스트, 도형, 그림, 표, 차트, 비디오, 오디오 등은 전부 개체에 속합니다.

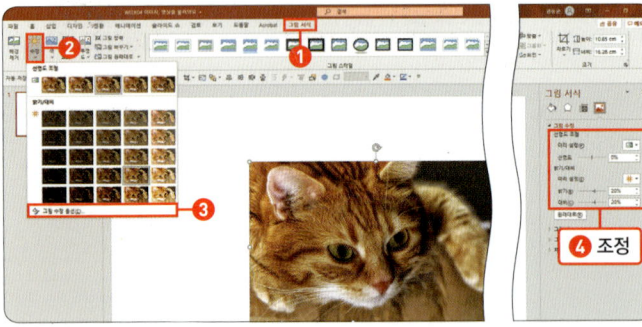

02 [그림 서식] 탭 - '조정' 그룹의 [수정]에서는 이미지의 선명도나 밝기, 대비를 변경할 수 있습니다. 아래쪽에 있는 [그림 수정 옵션]을 클릭하면 슬라이드의 오른쪽에 '그림 서식' 창이 나타나는데, 여기서 좀 더 세밀하게 설정할 수 있어요.

03 [그림 서식] 탭 - '조정' 그룹의 [색]을 클릭하면 이미지의 채도, 색조를 원하는 대로 변경할 수 있습니다.

04 [그림 서식] 탭 - '조정' 그룹의 [꾸밈 효과]에서는 원본 이미지에 연필, 파스텔, 수채화 등의 다양한 효과를 줄 수 있습니다.

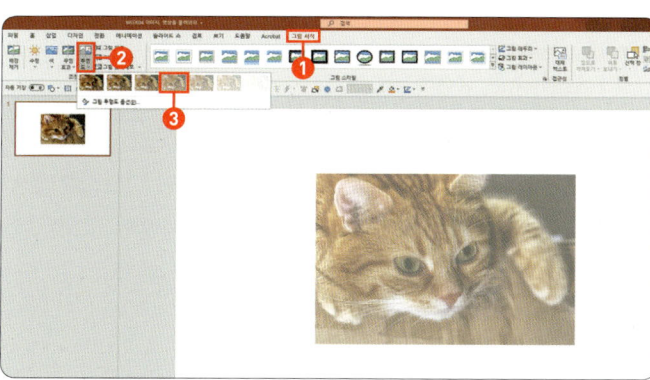

05 [그림 서식] 탭 - '조정' 그룹의 [투명도]를 클릭하면 이미지의 투명도를 조절할 수 있습니다.

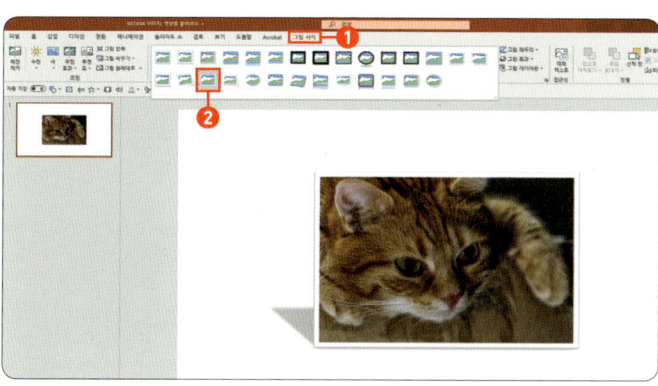

06 [그림 서식] 탭 - '그림 스타일' 그룹에서는 그림의 모양과 테두리를 변경할 수 있습니다.

> **TipTalk** 스타일을 클릭하지 않고 마우스를 올려두기만 해도 변경된 스타일을 미리 확인할 수 있어요.

> **잠깐만요** 그림의 변경 사항을 원래대로 바꾸고 싶다면?
>
> 그림 서식을 변경하다가 처음의 상태로 되돌리고 싶다면 [그림 서식] 탭 - '조정' 그룹의 [그림 원래대로] 메뉴를 클릭하세요. 그림을 아무 설정을 추가하지 않은 상태로 되돌릴 수 있어요.

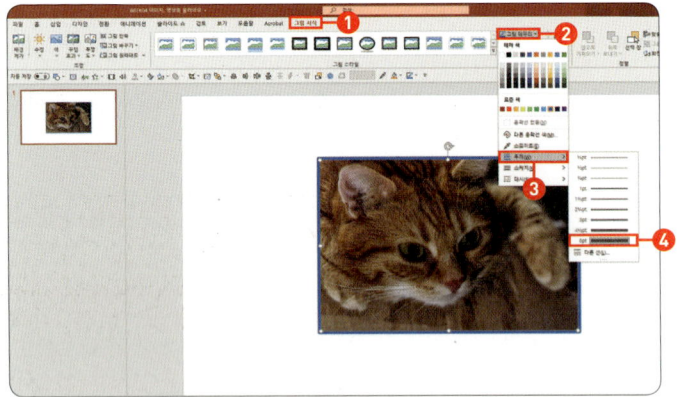

07 [그림 서식] 탭 - '그림 스타일' 그룹의 [그림 테두리]를 선택하면 그림의 윤곽선 색, 두께, 스타일을 변경할 수 있습니다.

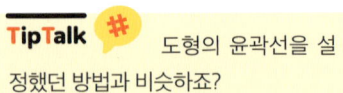 도형의 윤곽선을 설정했던 방법과 비슷하죠?

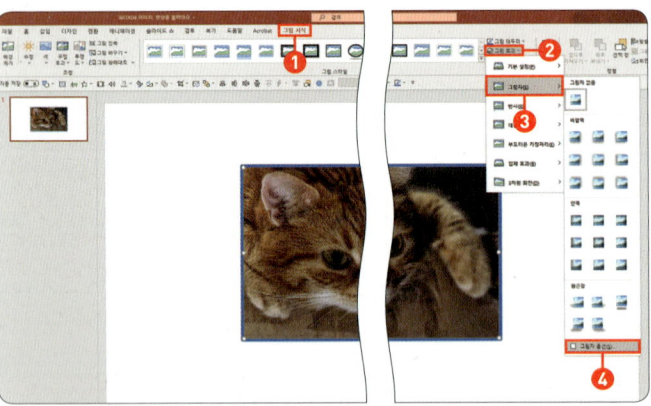

08 [그림 서식] 탭 - '그림 스타일' 그룹의 [그림 효과]를 클릭하면 그림을 꾸밀 수 있어요. 이 중에서 '그림자'를 추가해 봅시다. [그림 효과] - [그림자]를 클릭하고 가장 아래쪽에 있는 [그림자 옵션]을 선택하세요.

TipTalk '그림자', '반사', '네온', '부드러운 가장자리', '입체효과', '3차원 회전 속성' 등 다양한 효과를 추가하거나 변경할 수 있습니다.

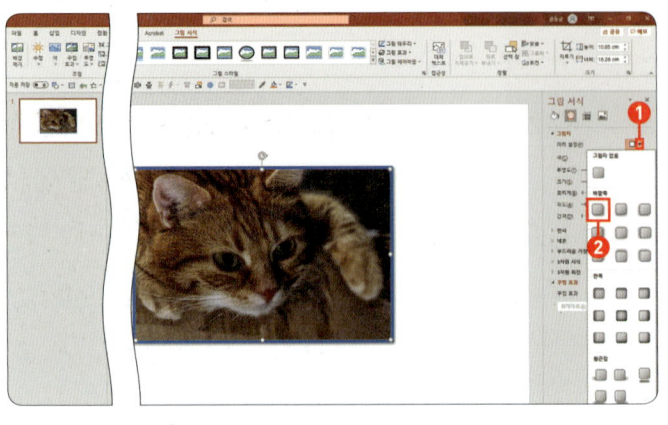

09 슬라이드 오른쪽 '그림 서식' 창의 [그림자] 속성에서 '미리 설정' 옆의 ▼를 클릭하고 '바깥쪽'의 첫 번째 그림자를 선택해 봅시다.

10 그림자의 '투명도', '크기', '흐림 정도', '각도', '간격'을 조정할 수 있습니다. 슬라이더를 마우스로 드래그하거나 수치를 원하는 값으로 변경하면 됩니다. 투명도 '20%', 흐리게 '10pt', 각도 '35도', 간격 '15pt'로 변경해 봅시다.

> **TipTalk** 그림자 옵션 값은 마음대로 정해도 괜찮아요.

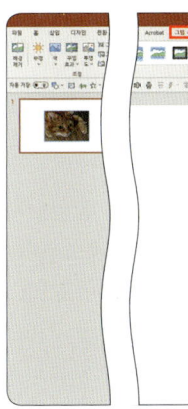

11 [그림 서식] 탭 - '정렬' 그룹에서 [회전]을 살펴봅시다. [회전]을 클릭하면 그림을 오른쪽이나 왼쪽으로 90도씩 회전할 수 있고, 상하와 좌우 대칭을 할 수 있습니다. 이 중 [좌우 대칭]을 클릭해 봅시다.

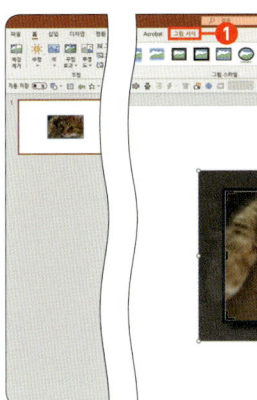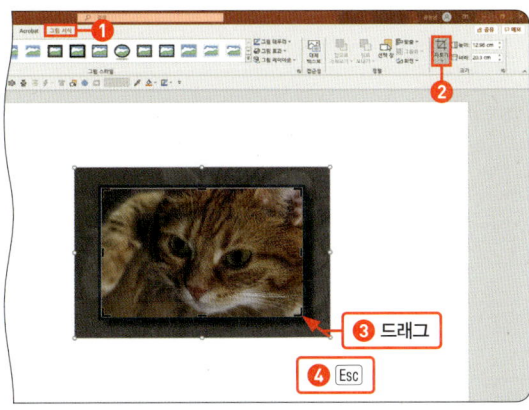

12 그림의 특정 부분을 잘라내고 싶다면 [그림 서식] 탭 - '크기' 그룹에서 [자르기]를 클릭해 봅시다. 그림의 경계선에 나타나는 검은색 윤곽선을 드래그해 이미지를 자를 수 있습니다. 남기고 싶은 영역을 지정했다면 마우스로 슬라이드의 빈 공간을 클릭하거나 키보드의 Esc를 누릅니다.

13 그림의 크기를 변경하고 싶다면 그림을 선택하고 경계선의 작은 원을 마우스로 드래그합니다.

> **TipTalk** 가로, 세로 비율을 유지한 채 크기를 변경하려면 꼭짓점의 원을 드래그해야 합니다.

STEP 03 비디오 불러오기

발표 내용을 생생하게 전달할 수 있도록 슬라이드에 비디오를 불러와서 재생해 봅시다.

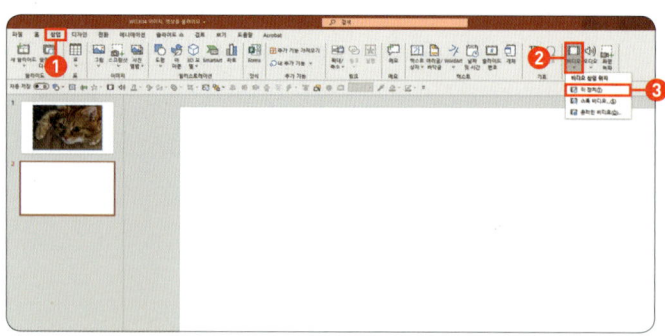

01 슬라이드에 비디오를 삽입하기 위해 [삽입] 탭 - '미디어' 그룹의 [비디오]를 클릭합니다. [이 장치], [스톡 비디오], [온라인 비디오] 중 하나를 선택할 수 있어요.

> **TipTalk** 사용하는 파워포인트 버전에 따라 [비디오]를 클릭했을 때 [온라인 비디오], [내 PC의 비디오]라고 나타나는 경우도 있을 거예요. 이 경우, [내 PC의 비디오]가 [이 장치]와 같은 기능을 한답니다.

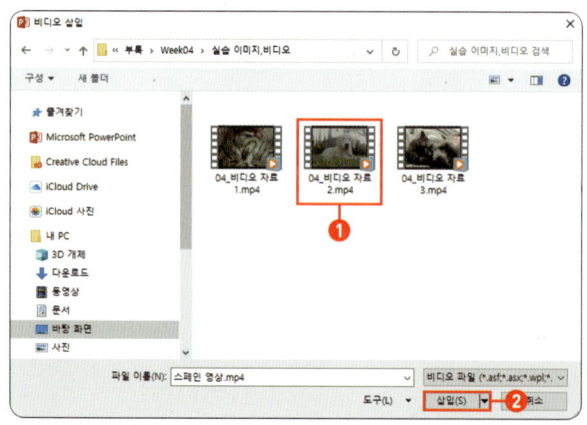

02 [비디오] - [이 장치]를 클릭하면 비디오 파일을 불러올 수 있는 대화상자가 나타납니다. 파일이 있는 폴더를 찾아서 선택하고 [삽입]을 클릭하세요.

> **TipTalk** 저장된 비디오 파일이 없다면 '부록'으로 제공하는 '강아지.mp4' 파일을 다운로드해 삽입해 봅시다.

잠깐만요 다른 방식으로 비디오를 가져올 수 있나요?

[비디오]를 클릭하면 [이 장치], [스톡 비디오], [온라인 비디오] 중 선택할 수 있습니다. [이 장치]를 클릭하면 **02**과정처럼 내 컴퓨터에 저장된 비디오를 불러올 수 있었죠? 그렇다면 [스톡 비디오]와 [온라인 비디오]를 선택하면 어떤 비디오를 삽입할 수 있을까요? [스톡 비디오]를 클릭하면 파워포인트에서 제공하는 비디오 파일을 검색해서 슬라이드에 삽입할 수 있어요. [온라인 비디오]를 선택하면 비디오의 링크를 삽입해서 슬라이드에 바로 삽입할 수 있습니다. 인터넷이 연결된 환경에서만 사용할 수 있답니다.

▲ [비디오] - [스톡 이미지]

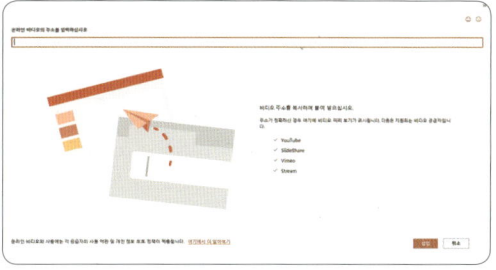
▲ [비디오] - [온라인 그림]

03 비디오를 삽입하면 [재생], [볼륨]과 재생 시간 등이 표시됩니다. [재생]을 눌러 시작하고, 같은 위치에 있는 [일시 정지]를 눌러 비디오를 멈출 수 있습니다.

STEP 04 · 비디오 꾸미기

색상, 비디오 스타일, 재생 구간 등 비디오 서식을 변경하는 방법을 알아봅시다.

01 46쪽 그림 삽입 부분에서 살펴본 것과 마찬가지로, 비디오를 선택하면 상단에 [비디오 서식] 탭이 나타납니다.

02 [비디오 서식] 탭 - '조정' 그룹의 [수정]에서 비디오의 밝기 및 대비를 조절할 수 있습니다.

03 [비디오 서식] 탭 - '조정' 그룹의 [색]에서는 비디오의 색을 변경해 '회색조'나 '세피아'와 같은 효과를 연출할 수 있습니다.

04 [비디오 서식] 탭 - '비디오 스타일' 그룹에서는 비디오의 모양과 윤곽선 스타일을 변경할 수 있습니다.

> **TipTalk** 비디오 서식을 변경하다가 처음의 상태로 되돌리고 싶다면 [비디오 서식] 탭 - '조정' 그룹에 있는 [디자인 다시 설정] 메뉴를 클릭하세요. 비디오를 원래의 상태로 바꿀 수 있어요.

05 [비디오 서식] 탭 - '비디오 스타일' 그룹에서는 비디오 화면의 모양을 원하는 도형으로 바꿀 수 있어요. [비디오 셰이프]를 클릭하고 원하는 도형을 선택하세요.

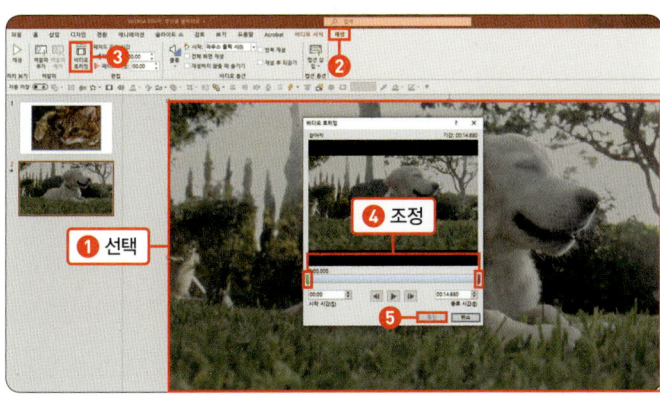

06 비디오의 재생 구간을 편집해 봅시다. 슬라이드의 비디오 클립을 선택하면 상단에 [재생] 탭도 함께 활성화됩니다. [재생] 탭 - '편집' 그룹에서 [비디오 트리밍]을 클릭하면 비디오의 시작 지점과 종료 지점을 설정할 수 있어요.

> **잠깐만요** 썸네일의 역할을 하는 '포스터 프레임' 알아보기
>
> [비디오 서식] 탭 - '조정' 그룹의 [포스터 프레임]를 클릭하면 비디오를 재생하기 전, 슬라이드에 보이는 첫 화면을 변경할 수 있어요. 유튜브 영상의 '썸네일'과 같은 역할을 한다고 생각하면 쉽겠죠? 사용 중인 파워포인트 버전에 따라 [포스터 틀]이라고 써 있기도 해요.
>
> 포스터 프레임을 잘 활용하면 비디오에 대한 호기심을 일으킬 수 있습니다. [포스터 프레임] - [파일의 이미지]를 클릭하고 [파일에서]를 선택하면 그림을 불러올 수 있는 대화상자가 나타납니다. 썸네일로 적절한 이미지를 불러오면 영상 클립의 첫 화면이 삽입한 이미지로 변경됩니다.
>
>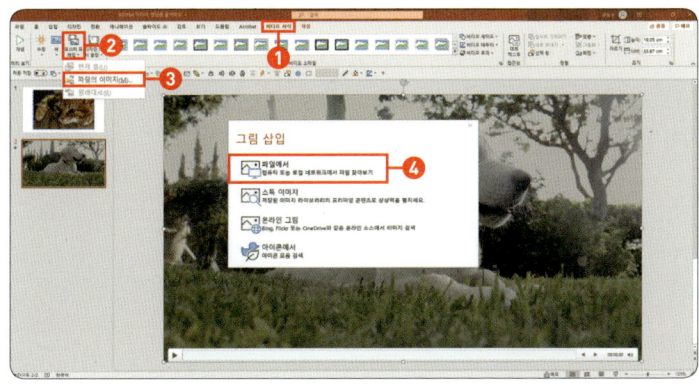

슬라이드 효과를 적용해 근사하게 발표해요!

교실 안에서 학생들이 모두 앉아있는데 한 명의 학생이 자리에서 갑자기 일어난다고 상상해 보세요. 일어서는 학생에게 시선이 향하게 되겠죠? 멈춰 있던 대상이 움직이면 자연스럽게 그 대상에 집중하게 됩니다.

파워포인트의 **'애니메이션'도 사람들의 시선을 끄는 역할을 합니다.** 이 기능을 사용하면 슬라이드에 삽입된 텍스트, 도형, 이미지, 영상 등의 개체에 움직이는 효과를 적용할 수 있어요. 애니메이션의 시작, 재생 속도, 재생 시간 등을 설정하면 파워포인트 자료를 더욱 더 생생하게 꾸밀 수 있습니다.

또한, 한 슬라이드에서 다른 슬라이드로 이동할 때는 **'전환' 효과를 삽입하여 보는 사람이 발표에 집중하도록 만들 수 있어요.** 이제 애니메이션과 전환 효과를 어떻게 삽입하고 설정하는지 알아볼까요?

제가 만든 발표 자료는 너무 밋밋한 것 같아요. 좀 더 생동감있게 만들 수는 없을까요?

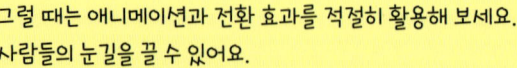
그럴 때는 애니메이션과 전환 효과를 적절히 활용해 보세요. 사람들의 눈길을 끌 수 있어요.

우와! 슬라이드에 넣은 그림이 움직이니까 훨씬 근사해 보여요!

- '애니메이션'과 '전환' 기능이 무엇인지 알 수 있어요.
- 개체에 애니메이션을 삽입해 청중(발표를 듣는 사람)의 집중도를 높일 수 있어요.
- 슬라이드 간 전환 효과를 넣어 활용할 수 있어요.

'애니메이션'과 '전환' 효과 알아보기

'애니메이션'은 슬라이드 안에 있는 개체에 움직임을 주는 효과를 의미하며, 발표에 활력을 불어넣어 주는 역할을 합니다. 예를 들어 볼까요? 슬라이드 쇼가 시작될 때는 아무것도 없는 빈 슬라이드처럼 보이지만, 마우스를 클릭하면 그림이 날아오도록 할 수 있어요. 소리와 함께 나타나도록 할 수도 있고요!

애니메이션 효과는 발표를 보는 사람들의 집중을 유도할 수 있어 애니메이션을 넣지 않은 것보다 훨씬 효과적으로 발표를 진행할 수 있어요. 그렇지만 너무 많은 애니메이션을 삽입하면 오히려 산만하게 느껴질 수 있으므로 필요한 부분에만 적절히 적용해야 합니다.

▲ 개체가 움직이는 '애니메이션' 효과

슬라이드 '전환'은 슬라이드 안에 있는 개체를 움직이게 하는 애니메이션 기능과 달리 **현재 슬라이드에서 다른 슬라이드로 이동할 때 적용**하는 효과입니다. 자르기, 밝기 변화, 닦아내기, 나누기 등 다양한 효과가 있고, 효과의 시간, 방향, 소리까지 설정할 수 있어요.

'애니메이션'과 '전환' 효과 활용하기

STEP 01 · 애니메이션 삽입하기

애니메이션 삽입으로 발표 자료에 꽃을 피워 볼까요? 텍스트와 도형 등 개체에 애니메이션 효과를 적용해 봅시다. 나타내기, 강조, 끝내기, 이동 경로 등 다양한 애니메이션을 선택해서 삽입할 수 있어요.

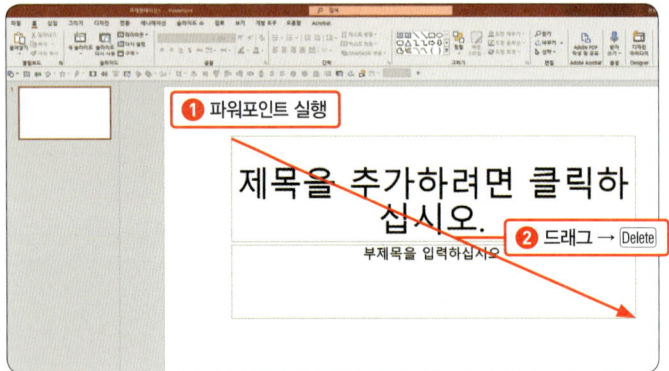

01 파워포인트를 실행하고 레이아웃 상자를 선택해 Delete 를 눌러서 삭제하세요. 그럼 슬라이드에 아무것도 없는 빈 화면만 남겠죠?

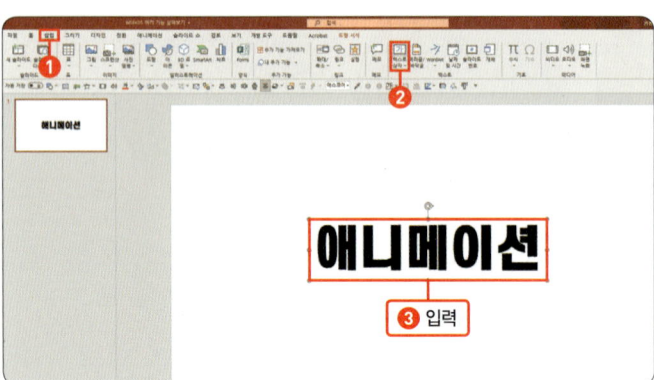

02 텍스트, 그림, 도형 등 개체에 애니메이션 효과를 적용할 수 있습니다. [삽입] 탭의 '텍스트' 그룹에서 [텍스트 상자]를 선택한 후 '애니메이션'이라고 입력해 봅시다.

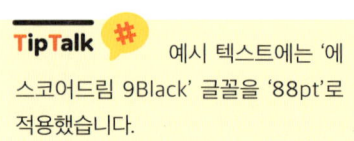
예시 텍스트에는 '에스코어드림 9Black' 글꼴을 '88pt'로 적용했습니다.

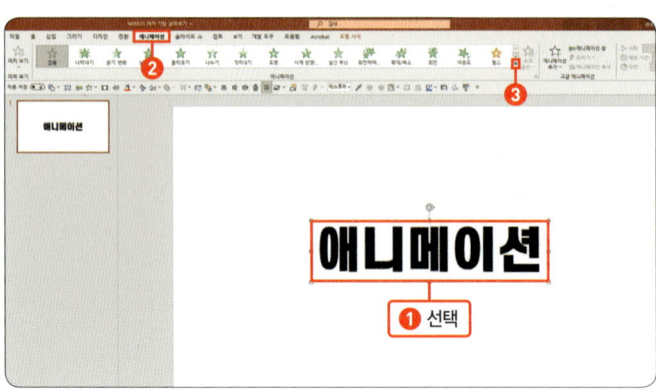

03 텍스트 상자를 선택하고 애니메이션 효과 선택을 위해 [애니메이션] 탭을 클릭해 봅시다. '애니메이션' 그룹에서는 다양한 애니메이션을 살펴볼 수 있어요. 오른쪽 화살표(▽)를 클릭해 더 많은 애니메이션을 확인해 봅시다.

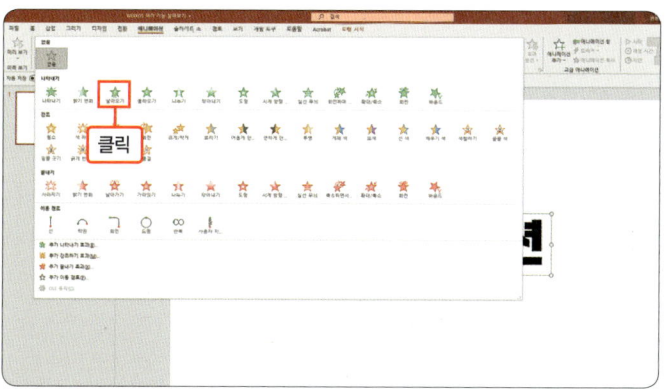

04 다양한 애니메이션 중에서 '나타내기' 그룹의 [날아오기]를 선택해 보세요. 그럼 슬라이드 아래쪽에서 텍스트의 원래 위치로 날아옵니다.

> **TipTalk** 애니메이션을 선택하면 자동으로 한 번 실행되는데, 다시 한 번 확인하고 싶다면 [애니메이션] 탭의 [미리 보기]를 클릭해 보세요. 애니메이션이 계속 재생됩니다.

 **잠깐만요** 애니메이션을 적용했더니 개체 앞에 숫자가 나타나요!

슬라이드에 삽입된 개체에 애니메이션 효과를 적용하면 개체 앞에 숫자가 생깁니다. 이 숫자는 애니메이션의 순서를 뜻합니다. 만약 슬라이드에 여러 개의 애니메이션을 적용했다면 숫자를 보면서 효과가 나타나는 순서를 파악할 수 있겠죠?

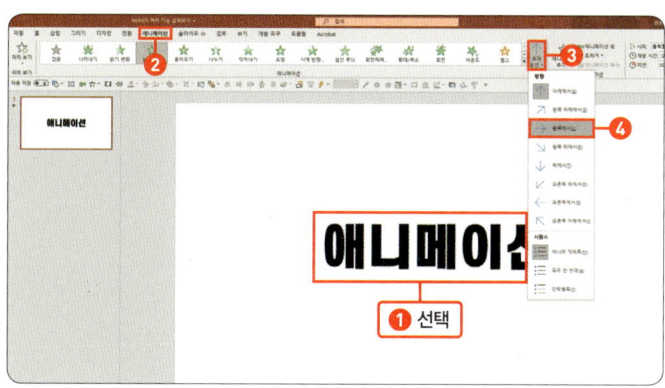

05 텍스트가 날아오는 방향을 바꿔볼까요? [애니메이션] 탭 – '애니메이션' 그룹의 [효과 옵션]을 클릭하고 방향을 [왼쪽에서]로 변경해 봅시다. 그럼 텍스트가 슬라이드의 왼쪽에서부터 날아올 거예요.

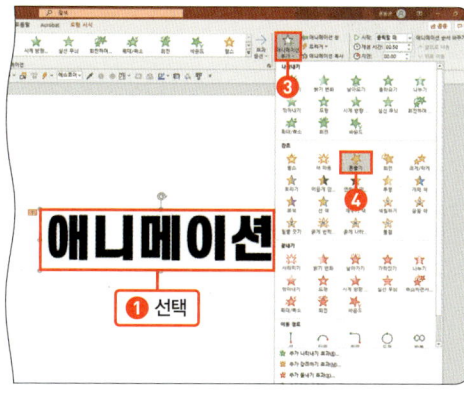

06 하나의 개체에 여러 개의 애니메이션을 적용할 수 있어요. 텍스트 상자를 선택하고 [애니메이션] 탭 – '고급 애니메이션' 그룹에서 [애니메이션 추가]를 클릭하세요. 애니메이션 선택 창이 나타나면 '강조' 그룹의 [흔들기]를 선택해 봅시다.

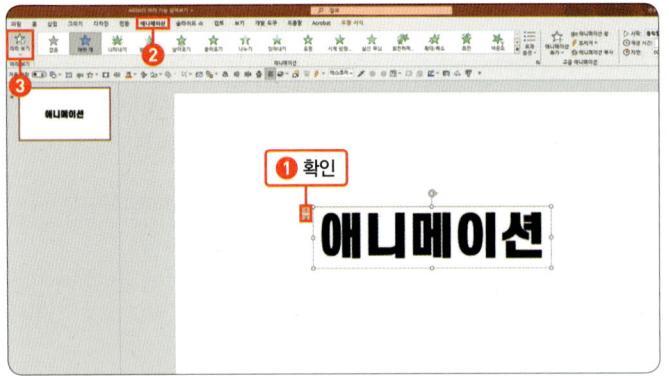

07 텍스트 상자 앞쪽에 숫자 '1'과 '2'가 함께 나타납니다. 개체에 포함된 애니메이션이 두 개라는 뜻이겠죠? 애니메이션을 확인하기 위해 [애니메이션] 탭 - [미리 보기]를 클릭합니다. 날아오기 효과가 먼저 실행되고, 이어서 흔들기 효과가 재생됩니다.

STEP 02 애니메이션 설정 변경하기

항상 똑같은 애니메이션만 사용해야 할까요? 아닙니다! 삽입한 애니메이션의 설정을 변경하면 다양한 효과를 연출할 수 있어요. 옵션을 다양하게 설정해 흥미를 유발하는 애니메이션을 만들어 보아요!

01 적용한 애니메이션의 순서와 재생 시간, 옵션 등을 제어해 볼까요? 개체를 선택하고 [애니메이션] 탭 - '고급 애니메이션' 그룹의 [애니메이션 창]을 클릭해 봅시다. 슬라이드의 오른쪽에 '애니메이션 창'이 활성화됩니다. '애니메이션 창'에서는 현재 선택된 개체에 적용된 애니메이션의 종류와 순서를 확인하고, 애니메이션 재생 시작 조건, 효과 옵션, 타이밍 등을 변경할 수 있어요.

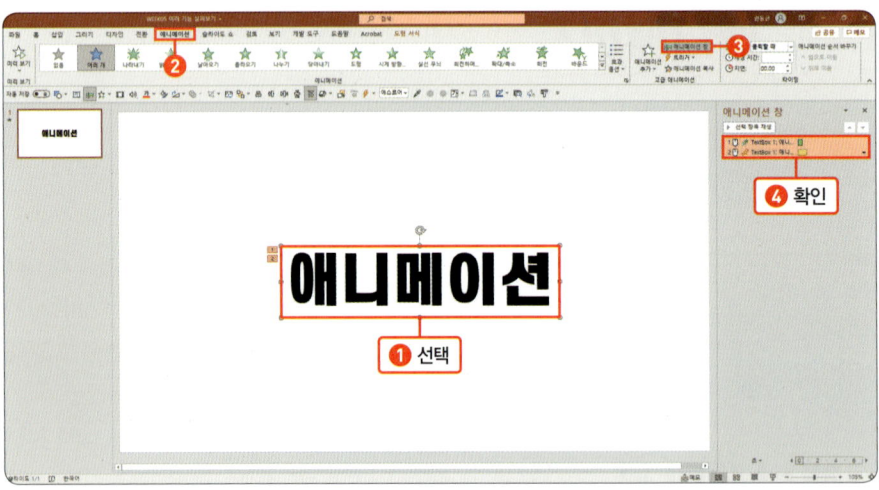

02 첫 번째 애니메이션을 마우스 오른쪽 버튼으로 클릭하세요. [클릭할 때 시작], [이전 효과와 함께 시작], [이전 효과 다음에 시작]이 나타나는데, 애니메이션의 시작 조건을 의미한답니다. [이전 효과와 함께 시작]으로 변경하세요.

 잠깐만요 애니메이션 시작 조건이 궁금해요.

❶ **클릭할 때 시작**: 슬라이드 쇼가 진행되는 중에 마우스를 클릭해야 애니메이션이 실행됩니다.
❷ **이전 효과와 함께 시작**: 다른 애니메이션이 없다면 슬라이드 쇼를 실행했을 때 자동으로 애니메이션이 실행됩니다. 하지만 이전 애니메이션이 있다면 그 애니메이션과 동시에 실행됩니다.
❸ **이전 효과 다음에 시작**: 슬라이드에 있는 이전 애니메이션이 끝나면 바로 실행됩니다.

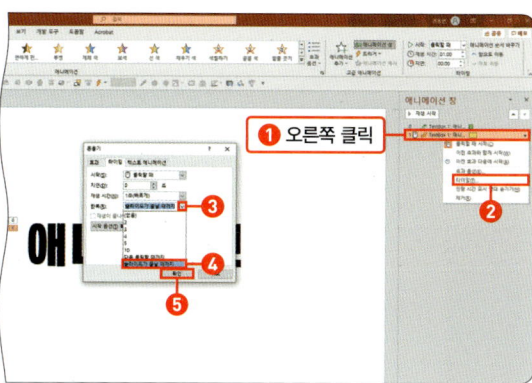

03 '애니메이션 창'의 두 번째 애니메이션을 마우스 오른쪽 버튼으로 클릭하고 [타이밍]을 선택해요. 대화상자가 나타나면 '반복'을 [슬라이드가 끝날 때까지]로 설정하고 [확인]을 클릭합니다.

TipTalk [슬라이드 쇼] 탭 - [현재 슬라이드부터]를 클릭해서 애니메이션의 변화를 확인해 보세요.

 잠깐만요 반복 효과 중 [슬라이드가 끝날 때까지]는 어떤 명령인가요?

[슬라이드가 끝날 때까지]를 선택하면 슬라이드에 다른 애니메이션 효과가 적용되어 있어도 슬라이드의 모든 명령이 끝날 때까지 해당 애니메이션이 반복됩니다. [다음 클릭할 때까지]를 선택해도 애니메이션이 반복되지만, 이 경우 마우스를 클릭하면 반복이 멈춥니다.

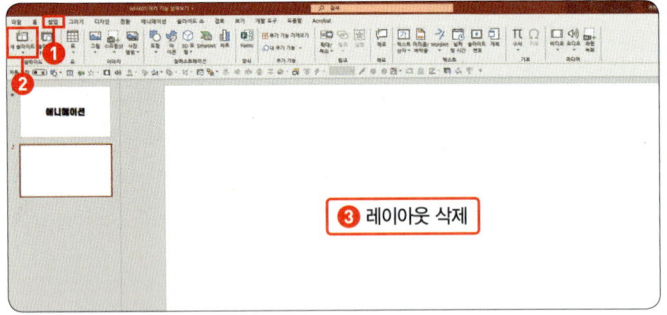

04 새로운 애니메이션을 적용하기 위해 [삽입] 탭 - '슬라이드' 그룹에서 [새 슬라이드]를 클릭해 새로운 슬라이드를 추가해 봅시다. 슬라이드에 있는 레이아웃을 선택한 후 Delete를 눌러서 지웁니다.

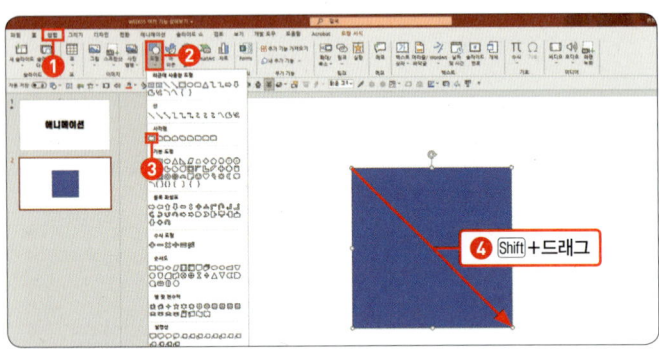

05 슬라이드에 도형을 삽입합니다. [삽입] 탭 - '일러스트레이션' 그룹에서 [도형]을 선택하고 [직사각형]을 클릭하세요. 키보드의 Shift를 누르고 드래그해 정사각형을 만들어 봅시다.

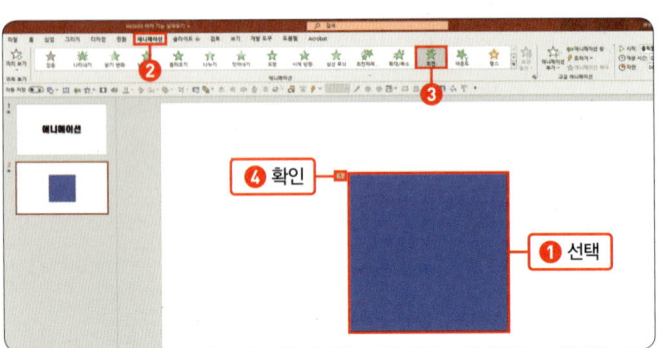

06 도형을 선택하고 [애니메이션] 탭 - '나타내기' 그룹의 [회전]을 선택해 봅시다. 정사각형 도형이 회전하는 애니메이션이 재생되고, 정사각형 왼쪽 상단에 숫자 '1'이 표시됩니다.

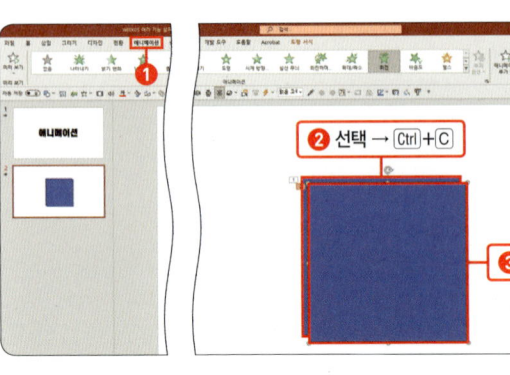

07 애니메이션 재생 시간을 변경해 볼까요? [애니메이션] 탭 - '타이밍' 그룹에서 '시작 조건', '재생 시간', '지연'을 조정할 수 있습니다. 정확한 비교를 위해 정사각형을 복사해 봅시다. 정사각형을 클릭하고 Ctrl+C를 눌러 복사하고, 이어서 Ctrl+V를 눌러 붙여넣습니다.

 애니메이션이 적용된 개체를 복사하면 애니메이션도 같이 복사됩니다.

잠깐만요 단축키를 이용하면 '복사'와 '붙여넣기'가 쉬워져요!

단축키를 알아 두면 '복사'와 '붙여넣기'가 편해집니다. '복사'할 때는 복사하려는 대상을 선택하고 키보드의 Ctrl과 C를 함께 누르면 됩니다. '붙여넣기'는 복사한 대상을 하나 더 생성하는 것으로, 키보드의 Ctrl과 V를 함께 누르면 됩니다.

08 두 개의 정사각형 도형을 나란히 두고 [애니메이션] 탭 - '고급 애니메이션' 그룹에서 [애니메이션 창]을 클릭해요. 오른쪽에 '애니메이션 창'이 나타납니다. 마우스를 클릭했을 때 차례로 애니메이션 효과가 나타나도록 설정되어 있죠? 애니메이션이 동시에 시작되도록 변경해 봅시다. 2번 애니메이션을 마우스 오른쪽 버튼으로 클릭하고 [이전 효과와 함께]를 선택해 봅시다.

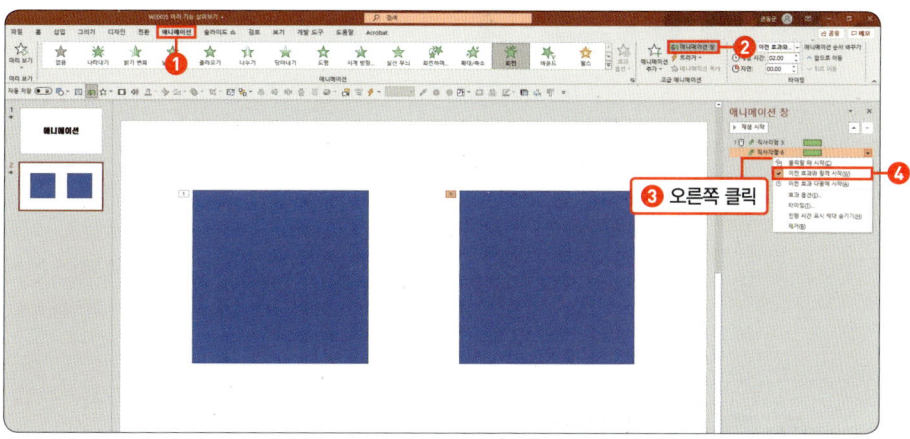

09 '회전' 애니메이션 효과는 2초 동안 재생됩니다. 하나의 정사각형은 재생 시간을 다르게 변경해 볼게요. 오른쪽 정사각형을 선택하고 [애니메이션] 탭 - '타이밍' 그룹에서 '재생 시간'을 '5초'로 변경해 봅시다. '애니메이션 창'에 있는 재생 막대도 길어진 것을 확인할 수 있습니다.

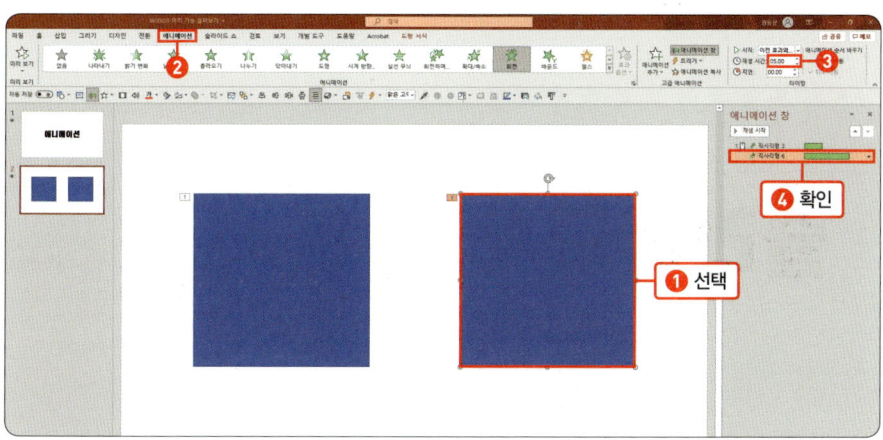

TipTalk [애니메이션] 탭의 [미리 보기]를 클릭해 변경된 애니메이션을 확인해 볼까요?

STEP 03 ▸ 전환 효과 삽입하기

슬라이드에서 슬라이드로 이동할 때도 효과를 줄 수 있을까요? 슬라이드를 다음 장으로 넘길 때 사용하는 '전환' 효과를 제대로 익혀 슬라이드에 시각적 즐거움을 더해봅시다.

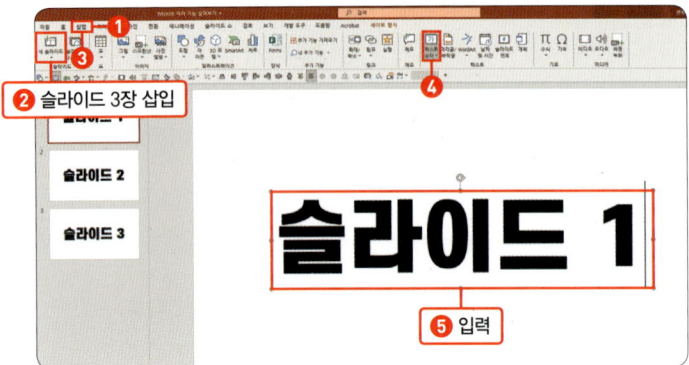

01 '슬라이드 전환'은 슬라이드 쇼를 진행할 때, 한 슬라이드에서 다른 슬라이드로 이동하는 효과를 의미해요. [삽입] 탭 - [새 슬라이드]를 클릭해 슬라이드를 3장을 만들어 봅시다.
[삽입] 탭 - '텍스트' 그룹의 [텍스트 상자]를 클릭해 각 슬라이드에 텍스트 상자를 넣어 주세요.

02 [슬라이드 1]에서 [슬라이드 2]로 넘어갈 때 전환 효과를 삽입하려고 해요. [슬라이드 2]를 선택하고 [전환] 탭 - '슬라이드 화면 전환' 그룹에서 화살표(▽)를 클릭해 봅시다.

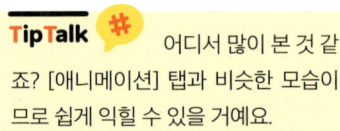 어디서 많이 본 것 같죠? [애니메이션] 탭과 비슷한 모습이므로 쉽게 익힐 수 있을 거예요.

03 다양한 전환 효과를 살펴봅시다.

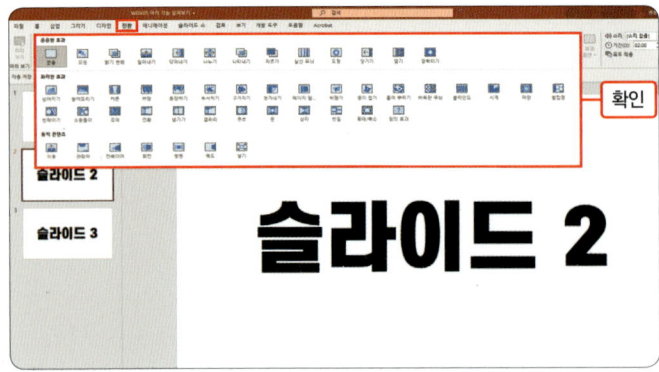

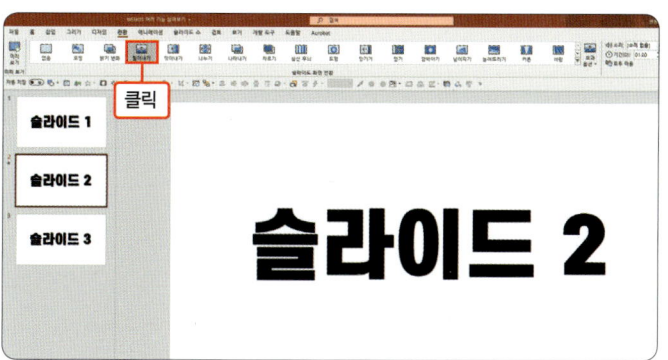

04 다양한 전환 효과 중 [밀어내기]를 선택해 봅시다. [슬라이드 2]가 [슬라이드 1]을 아래에서 위로 밀어내는 것처럼 보이죠?

> **TipTalk** 전환 효과를 다시 확인하고 싶다면 [전환] 탭 – [미리보기]를 클릭하면 됩니다.

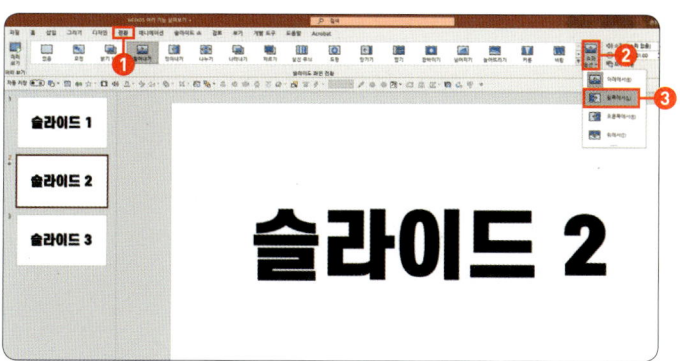

05 방향을 바꾸고 싶다면 [전환] 탭 – '슬라이드 화면 전환' 그룹의 [효과 옵션]을 클릭해 봅시다. 슬라이드를 왼쪽에서 오른쪽으로 밀어내도록 [왼쪽에서]를 선택해 보세요.

06 이번에는 [슬라이드 2]에서 [슬라이드 3]로 넘어가는 전환 효과를 설정해 봅시다. [슬라이드 3]을 선택하고 [전환] 탭 – '슬라이드 화면 전환'의 화살표(▽)를 클릭하고 [페이지 말아 넘기기]를 선택해요.

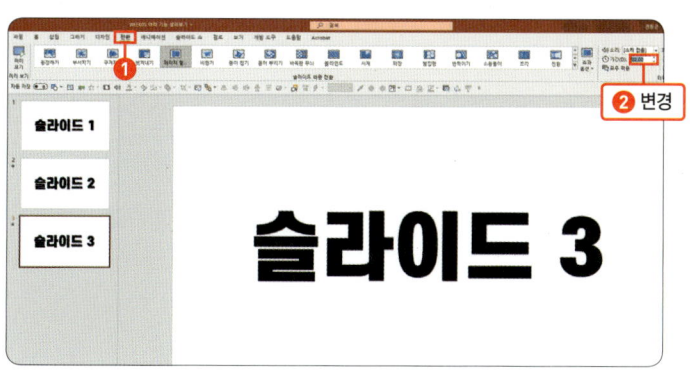

07 이번에는 전환 효과의 적용 시간을 조절하기 위해 [전환] 탭 – '타이밍' 그룹의 '기간'에서 시간을 수정할 수 있습니다. '1.25초'를 '2초'로 바꿔 봅시다.

이제 본격적으로 파워포인트를 이용해
발표 자료를 만들어 봅시다.
학교 숙제, 수행평가 이제는 문제 없어요!

WEEK 06 ··· 새로 만난 친구들에게 나를 소개해요!
WEEK 07 ··· 조사한 내용을 정리해 멋지게 설명해요!
WEEK 08 ··· 파워포인트로 캐릭터를 그려요!
WEEK 09 ··· 카드뉴스로 조사 결과를 간결하게 전달해요!
WEEK 10 ··· 한눈에 쏙! 차트를 만들어요!
WEEK 11 ··· 유튜브 썸네일을 만들어요!
WEEK 12 ··· 나만의 템플릿을 만들어요!

WEEK 06
새로 만난 친구들에게 나를 소개해요!

★ 6학년-국어-짜임새 있게 구성해요 | 완성파일 : 자기소개.pptx

학기 초가 되면 새로운 교실에서 새로운 친구와 선생님을 만나게 됩니다. 처음 만나는 사람과 반갑게 인사를 나누고 여러 정보를 묻고 답하며 서로에 대해 알아갑니다. 나에 대해서 알려주기도 하고, 다른 사람의 소개를 듣기도 하죠.

자신을 소개할 때 어떤 정보를 전달해야 할까요? 이름, 내가 좋아하는 것과 싫어하는 것, 특기, 장래 희망 등을 친구들에게 알려주면 좋겠죠?

앞에서 배운 내용을 바탕으로 새 학기 자기소개 발표 자료를 만들어 봅시다. 텍스트 상자에 내 소개를 입력하고 어울리는 그림도 삽입합니다. 이번 예제를 따라하고 나면 '나'를 새 친구들에게 멋지게 소개할 수 있을 거예요.

미리보기 🔍

한결이를 소개합니다.

학습 목표
- 텍스트와 그림을 삽입해 슬라이드의 내용을 구성할 수 있어요.
- 그림을 삽입해 슬라이드 배경을 변경할 수 있어요.
- 내가 만든 자료를 파일로 저장할 수 있어요.

자기소개 내용 정하기

새로 사귄 친구들에게 나를 소개하고 싶어요! 어떤 내용이 들어가면 좋을까요?

★ 소개할 내용 정하기

이름, 작년 반, 내가 좋아하는 가수, 나의 가장 친한 친구, 내 보물 1호, 나의 특기, 나의 취미, ~~내가 다니는 학원~~, 좋아하는 과목과 싫어하는 과목, 내가 하고 싶은 말, 장래 희망, 1년 동안 내가 하고 싶은 것들 …

이렇게 메모한 내용 중 자기소개 자료에 필요한 내용만 간추려 보세요. 그런 다음 각 항목에 맞춰 소개를 자세히 써 봅시다. 적으면서 더 생각나는 내용은 추가해도 되고, 조금씩 바꿔도 괜찮아요.

★ 내 소개 자세히 쓰기

☆ 이름: 김한결
☆ 내가 좋아하는 것: 부모님과 함께 요리하는 것
☆ 내가 좋아하는 과목: 체육(친구들과 함께 축구하기)
☆ 내가 싫어하는 과목: 사회(너무 어려워서 힘들어요)
☆ 나의 특기: 태권도 발차기
☆ 1년 동안 내가 하고 싶은 것: 친구들과 사이좋게 지내기, 책 열심히 읽기

\선생님/

이렇게 정리한 내용을 바탕으로 파워포인트 발표 자료를 만들어 볼 거예요. 나에 대한 정보를 친구들에게 효과적으로 전달할 수 있겠죠?

새 학기 자기소개 자료 만들기

STEP 01 제목 슬라이드 구성하기

본격적으로 자기소개 발표 자료를 제작해 볼게요. 앞에서 배운 내용을 활용해 제목 슬라이드를 구성해 봅시다. 기억이 잘 나지 않으면 앞으로 돌아가 내용을 확인해도 좋아요!

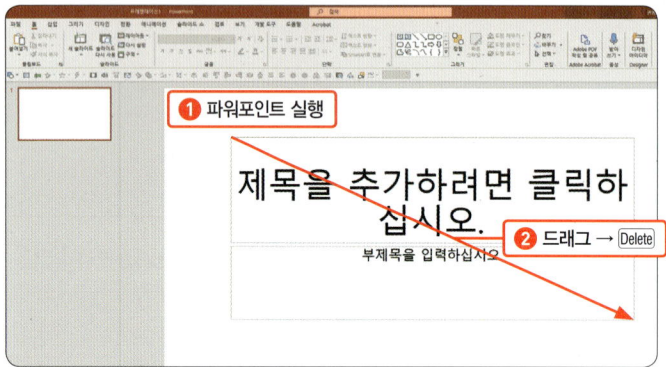

01 파워포인트를 실행한 후 첫 슬라이드에 있는 기본 레이아웃 틀을 드래그해 선택하고, 키보드의 Delete 를 눌러 삭제합니다.

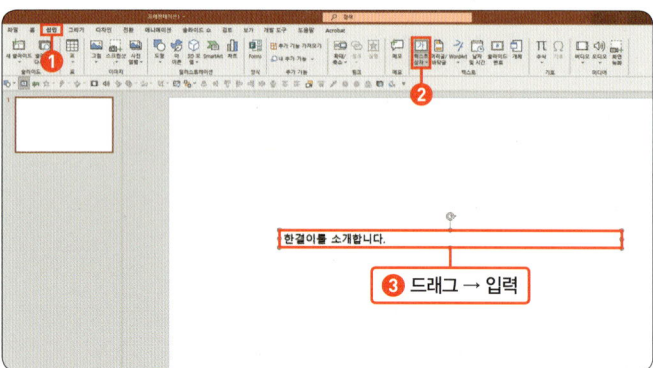

02 [삽입] 탭의 '텍스트' 그룹에서 [텍스트 상자]를 클릭하세요. 마우스를 드래그해 텍스트 상자를 삽입하고 내용을 입력합니다.

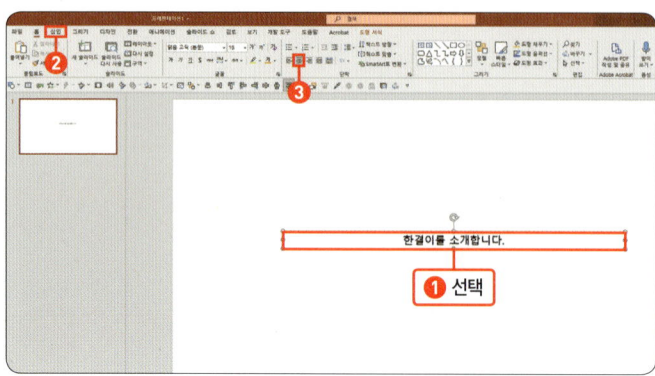

03 삽입한 텍스트 상자를 선택하고 [홈] 탭 - '단락' 그룹에서 [가운데 맞춤]을 클릭해 제목이 슬라이드의 가운데 위치하도록 합니다.

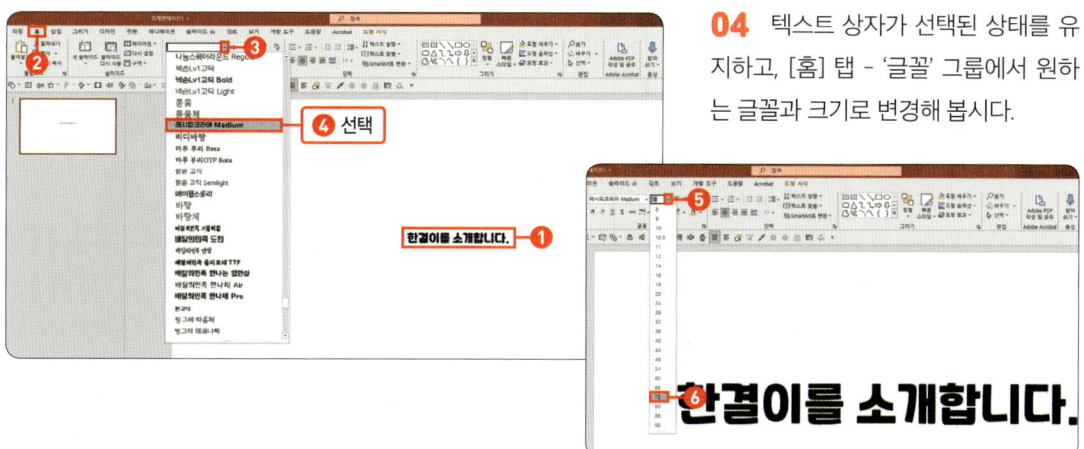

04 텍스트 상자가 선택된 상태를 유지하고, [홈] 탭 - '글꼴' 그룹에서 원하는 글꼴과 크기로 변경해 봅시다.

05 슬라이드의 배경을 그림으로 채워서 꾸며 봅시다. 슬라이드의 빈 공간을 마우스 오른쪽 버튼을 클릭해 [배경 서식]을 클릭해 봅시다. '배경 서식' 창이 나타나면 '채우기' 그룹의 [그림 또는 질감 채우기]를 선택해 봅시다.

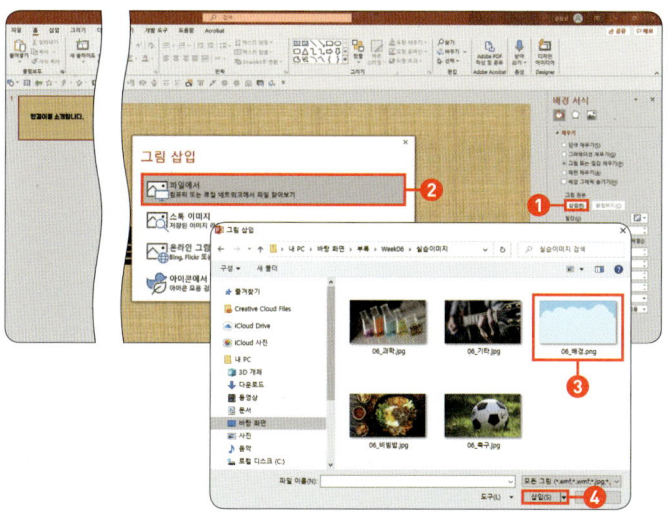

06 '채우기'의 '그림 원본'에서 [삽입]을 클릭하면 배경으로 넣을 그림을 불러올 수 있어요. '그림 삽입' 창이 나타나면 [파일에서]를 클릭한 후 그림 파일을 선택하고 [삽입]을 클릭하세요.

> **TipTalk** 갖고 있는 그림 파일 중에서 선택해도 좋아요. 만약 이미지 파일이 없다면 부록으로 제공되는 그림을 활용하세요.

잠깐만요 [배경 서식]의 '모두 적용'을 알고 있나요?

'배경 서식' 창에서 새로운 배경을 설정할 때, 현재 슬라이드에만 적용할 것인지 모든 슬라이드에 적용할 것인지 선택할 수 있어요. '배경 서식' 창 아래쪽의 [모두 적용]을 클릭하면 삽입한 배경이 모든 슬라이드에 똑같이 적용됩니다.

STEP 02 ▶ 내용 슬라이드 구성하기

제목 슬라이드를 만들었다면 이제 중심 내용이 들어갈 슬라이드를 구성해 볼까요? 67쪽에서 정리해 두었던 메모나 파일이 있다면 보면서 만들어도 좋아요. 여러분이 원하는 내용으로 자유롭게 구성하면 됩니다.

01 [홈] 탭 - '슬라이드' 그룹의 [새 슬라이드] 아래 화살표(▼)를 클릭하면 여러 테마 슬라이드가 나타나요. [빈 화면]을 선택해 슬라이드를 삽입합니다.

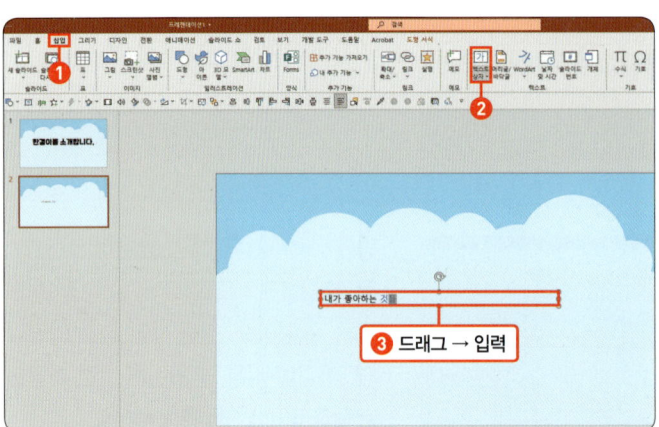

02 새로 삽입한 두 번째 슬라이드에 텍스트를 입력해 봅시다. [삽입] 탭의 '텍스트' 그룹에서 [텍스트 상자]를 클릭하세요. 텍스트 상자를 드래그하여 삽입하고 '내가 좋아하는 것들'이라고 써 봅시다.

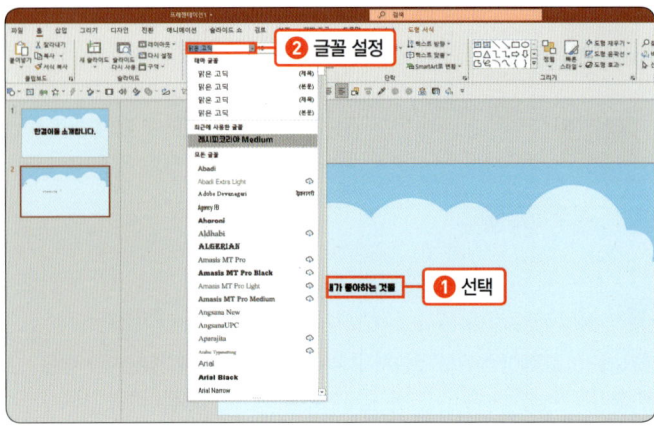

03 텍스트 상자를 선택하고 앞에서 배웠던 방법으로 글꼴 및 크기를 조절하세요.

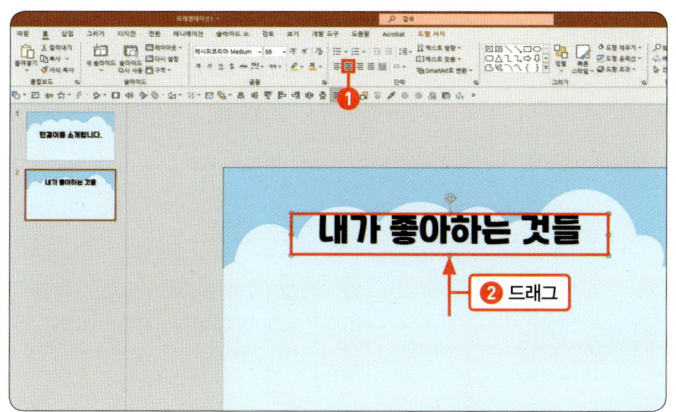

04 텍스트 상자를 선택한 상태에서 [가운데 맞춤(≡)]으로 설정하고 텍스트 상자를 위쪽으로 드래그해서 위치를 옮겨봅시다.

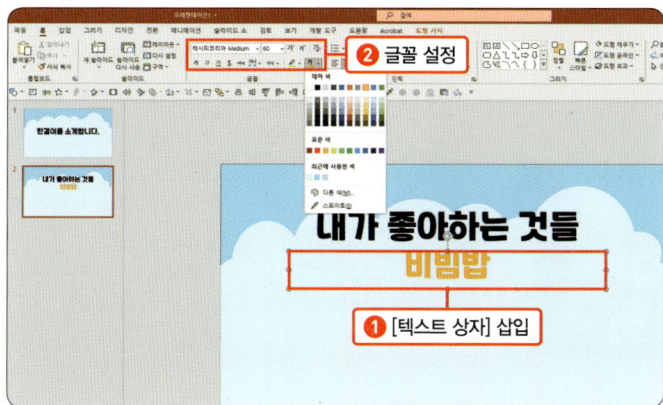

05 메모했던 내용을 바탕으로 텍스트를 입력해 봅시다. 예를 들어, 좋아하는 음식이 비빔밥이라면 새로운 텍스트 상자를 삽입해 '비빔밥'이라고 쓰면 되겠죠? 그런 다음 텍스트의 글꼴, 크기, 위치와 색을 변경해 봅시다.

06 텍스트와 어울리는 그림을 삽입해 봅시다. [삽입] 탭 - '이미지' 그룹에서 [그림]을 클릭하고, 그림 삽입 메뉴의 [이 디바이스]를 클릭하세요.

> **TipTalk** 파워포인트 버전에 따라 [그림]을 클릭하면 바로 [그림 삽입] 대화상자가 나타나는 경우도 있어요. 당황하지 말고 원하는 그림을 선택하세요.

> **잠깐만요** 이미지 삽입 메뉴를 자세히 알아봅시다.
>
> [삽입] 탭의 [그림]을 클릭하면 [이 디바이스], [스톡 이미지], [온라인 그림]이라는 하위 메뉴가 나타납니다. 이 중 [이 디바이스]를 선택하면 사용자 컴퓨터에 저장된 이미지 파일을 슬라이드에 삽입할 수 있습니다. [스톡 이미지]를 선택하면 파워포인트에서 제공하는 그림 파일을 검색해 삽입할 수 있고, [온라인 그림]을 선택하면 인터넷 검색을 통해 원하는 이미지를 검색해 삽입할 수 있답니다.

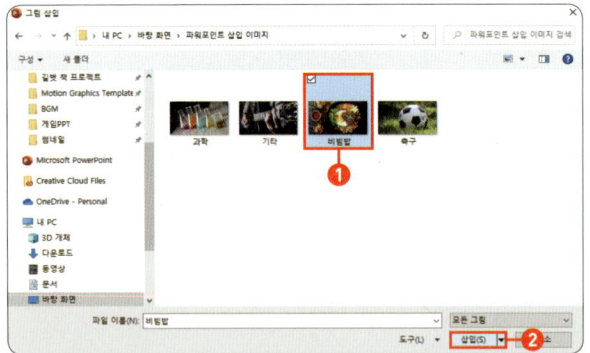

07 '그림 삽입' 대화상자가 나타나면 원하는 그림이 위치한 폴더에서 파일을 선택하고 [삽입]을 클릭하세요.

> **TipTalk** 각자 가지고 있는 그림 파일을 삽입하거나 부록으로 제공되는 그림 파일을 활용하세요.

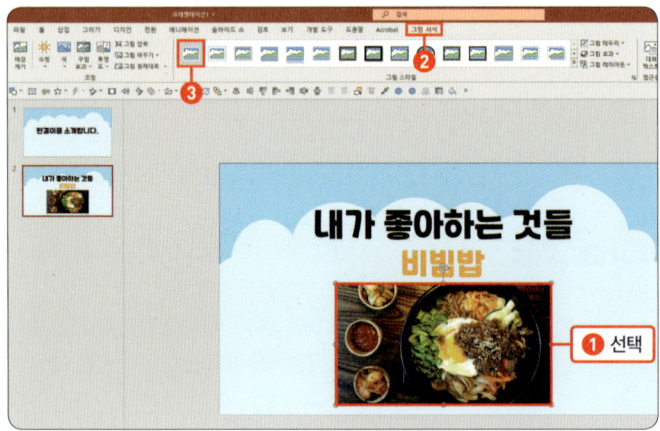

08 그림이 너무 크다면 크기를 줄여야겠죠? 그림을 선택해 경계선에 작은 원(○)이 생기면 마우스로 드래그하여 크기를 축소한 후 위치를 옮겨 봅시다.

> **TipTalk** 꼭짓점의 원을 드래그하면 그림의 비율이 유지하면서 크기만 조절할 수 있어요.

09 그림에 윤곽선인 '프레임'을 입혀 봅시다. 그림을 선택하면 메뉴 상단에 [그림 서식] 탭이 활성화됩니다. 여기에서 원하는 프레임 모양을 선택해 보세요.

10 '내가 좋아하는 것들'에 다른 내용을 더 추가하고 싶다면 슬라이드 축소판에서 두 번째 슬라이드를 마우스 오른쪽 버튼으로 클릭하고 [슬라이드 복제]를 선택하세요. 아래쪽에 똑같은 슬라이드가 생깁니다.

TipTalk 비슷한 슬라이드를 계속 만들고 싶다면 '슬라이드 복제' 기능을 이용하면 좋습니다.

11 텍스트 내용과 그림을 수정해 보세요. 예를 들어, 좋아하는 운동을 소개하고 싶다면 '비빔밥' 텍스트를 지우고 '축구'로 수정하고 그림을 교체하세요.

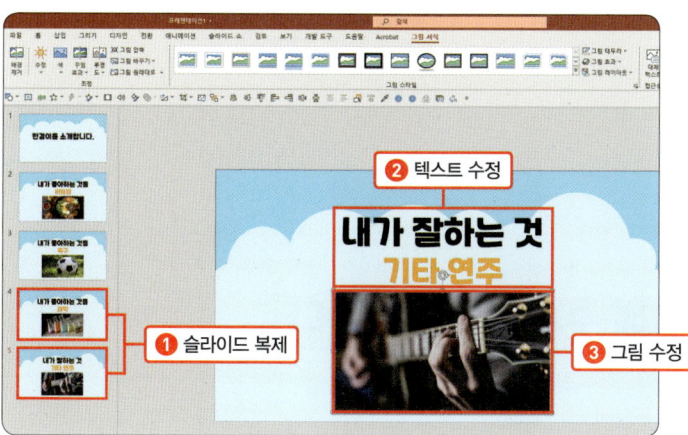

12 같은 방법으로 슬라이드 축소판에서 슬라이드를 마우스 오른쪽 버튼으로 클릭하고 [슬라이드 복제]를 선택해 내용 슬라이드를 더 추가합니다. 복제한 슬라이드의 텍스트와 그림을 수정하세요.

STEP 03 ▶ 마무리 슬라이드 구성하기

01 마무리 슬라이드는 첫 슬라이드를 복사해서 만들어 볼게요. 왼쪽 슬라이드 축소판에서 첫 번째 슬라이드를 클릭하고 Ctrl+C를 눌러 복사합니다. 마지막 슬라이드를 클릭하고 Ctrl+V를 눌러 맨 아래에 슬라이드를 붙여넣어 봅시다.

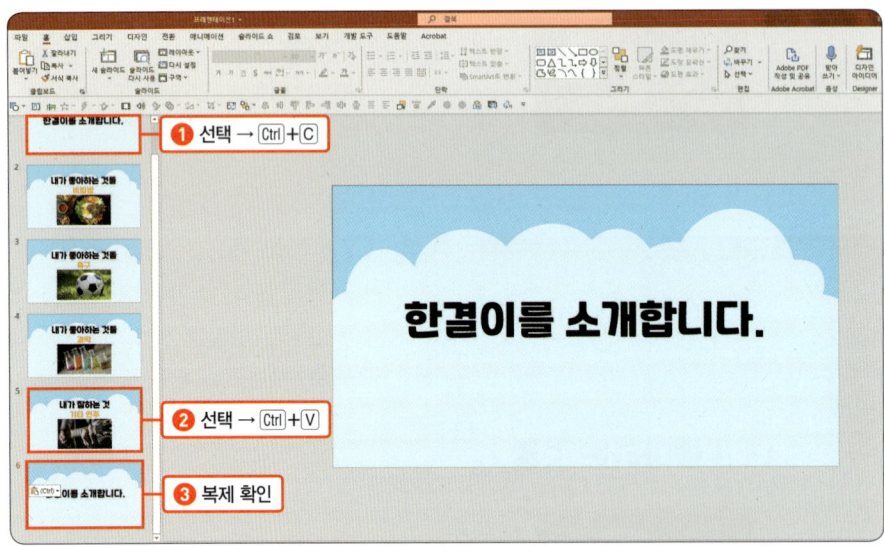

02 마지막 슬라이드의 텍스트를 수정해 봅시다. 텍스트 상자를 클릭하고 내용을 수정해 보세요. 적용했던 텍스트의 글꼴, 크기, 색깔 등의 서식이 그대로 유지됩니다.

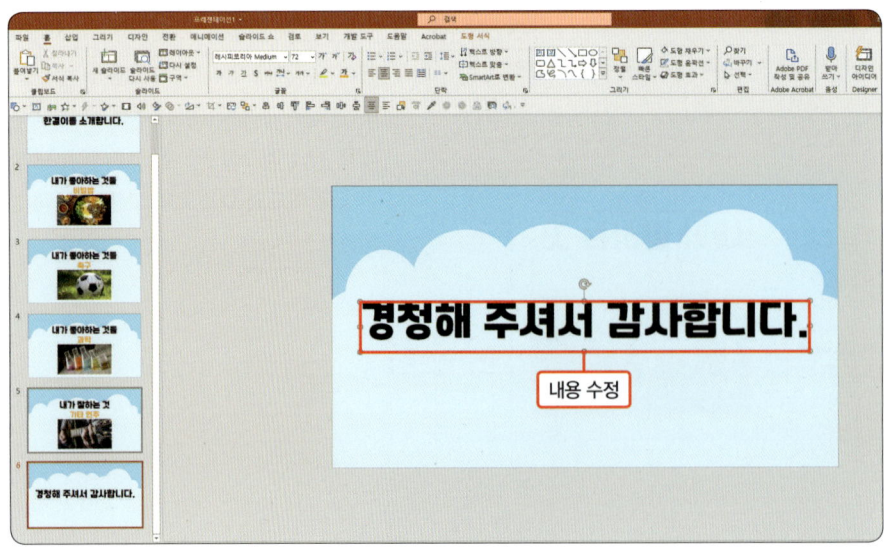

STEP 04 | 파워포인트 파일 저장하기

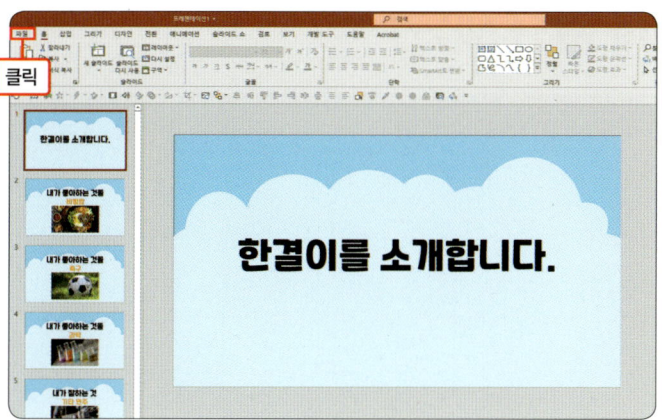

01 지금까지 만든 파워포인트 파일을 저장해 봅시다. [파일] 탭을 클릭합니다.

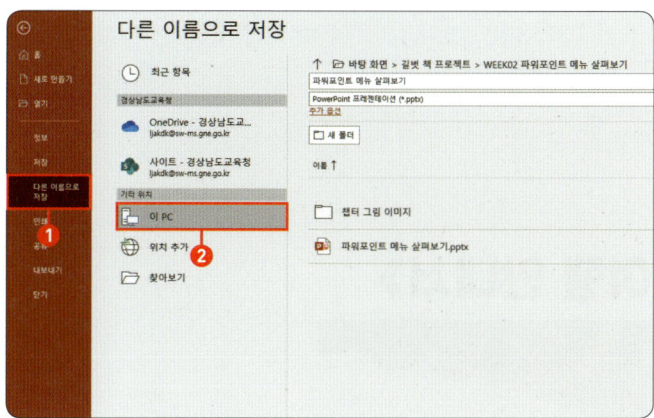

02 화면 왼쪽의 메뉴 중 [다른 이름으로 저장]을 클릭하고 [이 PC]를 선택하면 대화상자가 나타납니다.

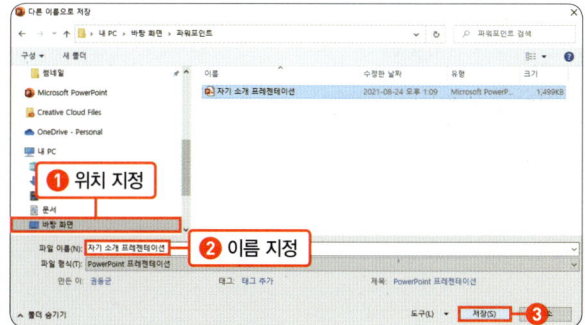

03 파워포인트 파일을 저장할 폴더를 지정하고 파일 이름을 변경한 후 [저장]을 클릭합니다.

조사한 내용을 정리해 멋지게 발표해요!

★ 5학년-국어-여행 안내장 만들기 | 완성파일 : 여행 안내장.pptx

학교 숙제로 조사 활동을 해 본 적이 여러 번 있을 거예요. '조사'란, 어떤 주제에 대해 정확하게 알기 위해서 자료를 자세히 찾아보거나 직접 현장을 찾아가 살펴보는 활동을 뜻해요. 이렇게 여러 자료를 모은 후, 조사한 내용을 요약하고 정리해 결과물을 만들어 봅시다. 그런 다음 친구들 앞에서 결과를 발표해 볼까요? 파워포인트를 활용하면 조사한 내용을 깔끔하게 정리해 멋진 발표 자료를 만들 수 있어요!

이번에는 여러분이 다녀왔던 관광 명소를 골라 여행 안내장을 만들어 볼게요. 여행지에 대한 내용을 조사하고 정리해 파워포인트로 시각화하는 방법을 알아보겠습니다. '애니메이션'과 '하이퍼링크' 기능을 이용하면 발표 자료를 좀 더 풍부하게 만들 수 있어요.

미리보기 🔍

학습 목표
- 조사한 내용을 텍스트, 그림으로 정리해 나타낼 수 있어요.
- 링크 기능을 이용해 원하는 정보를 바로 연결해 보여 줄 수 있어요.
- '애니메이션'을 활용해 그림을 효과적으로 활용할 수 있어요.

 ## 여행지 조사 내용 정리하기

여행지 소개 안내장을 만들기 위해 우선 여행을 다녀온 장소에 대해 조사한 내용을 정리해 봅시다. 자료를 많이 찾았다고 무조건 좋은 것은 아닙니다. 자료를 효과적으로 정리하는 것이 자료를 모으는 것만큼 중요하답니다.

여러분이 다녀왔던 여행지를 떠올려 보고 친구들에게 소개하고 싶은 장소를 정해 봅시다. 만약 기억나는 여행지가 없다면 여러분이 가 보고 싶은 여행지 중 한 곳을 선택해도 좋아요. 여기서는 경주를 예로 들어 설명하겠습니다.

여행지를 소개하는 안내장에는 여행지의 위치, 가는 방법, 특산물, 주요 볼거리 등이 포함되어야 합니다. 여행지 소개 안내장에 들어갈 자료를 준비하는 방법을 살펴보도록 합시다.

❶ **여행지의 위치**: 인터넷 지도 자료를 활용하는 것이 좋습니다. 찾기 편리하고, 정확하거든요. 네이버나 다음과 같은 포털 사이트에서 제공하는 지도 서비스에서 위치를 검색한 후에 슬라이드에 링크를 삽입해 보겠습니다.
❷ **목적지로 가는 방법**: 목적지로 가는 방법도 지도 서비스를 활용해 검색해 보겠습니다. 자동차, 대중교통, 도보 등 다양한 방법으로 검색할 수 있기 때문에 아주 유용합니다. 스마트폰 앱을 이용해도 좋아요.
❸ **주요 볼거리**: 여행을 다녀온 후 썼던 일기를 살펴보거나 여행지에서 찍었던 사진을 자료로 활용해도 좋습니다. 또는 여행을 계획하면서 메모해 두었던 기록을 참고해도 괜찮아요. 내용이 부족한 것 같다면 인터넷에서 검색해 자료를 더 찾아 볼까요?

위 내용을 참고해 여행지에 대한 자료를 정리했다면, 이제 본격적으로 발표 자료를 만들어 보도록 합시다.

여행지 소개 안내장 만들기

STEP 01 여행지 소개 안내장 첫 슬라이드 만들기

여행지 소개 안내장의 첫 번째 슬라이드에는 어떤 내용이 들어갈까요? 제목, 발표자 정보, 여행지를 잘 드러내는 대표 그림을 넣어서 슬라이드를 효과적으로 구성해 볼게요.

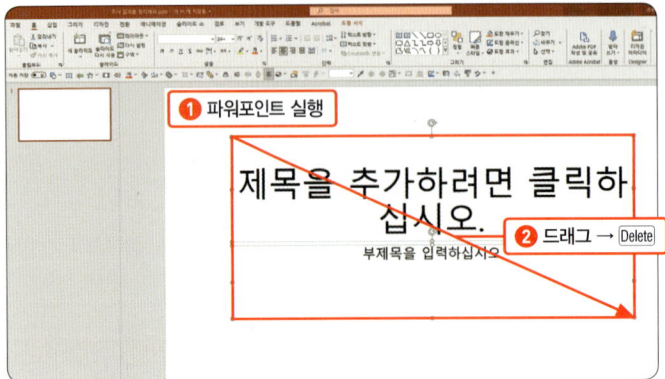

01 여행지 소개 자료의 첫 슬라이드를 만들어 봅시다. 보는 사람에게 흥미를 불러일으킬 수 있도록 여행지의 특징이 잘 드러나게 구성하는 것이 중요해요. 슬라이드에 포함된 레이아웃을 선택하고 Delete를 눌러 삭제합니다.

02 여행지를 대표하는 그림을 삽입해 보겠습니다. [삽입] 탭 - '이미지' 그룹에서 [그림]을 선택하고 [이 디바이스]를 클릭하면 '그림 삽입' 대화상자가 열립니다. 그림을 선택하고 [열기]를 클릭해요.

TipTalk 파워포인트 버전에 따라 [그림]을 클릭하면 바로 대화상자가 나타나는 경우도 있어요. 당황하지 말고 원하는 그림을 선택하면 된답니다.

03 그림이 커서 제목을 삽입할 공간이 없네요. 그림의 크기와 위치를 변경해 봅시다. 먼저 그림의 비율을 변경하는 방법을 알아볼게요. 그림을 클릭하고 [그림 서식] 탭 - '크기' 그룹의 [자르기] 아래 화살표(▼)를 클릭하세요.

> **잠깐만요** '자르기' 기능 살펴보기
>
> [그림 서식] - '크기' 그룹의 [자르기]를 클릭하면 그림을 원하는 만큼 잘라낼 수 있습니다. 그림의 꼭지점을 드래그해 남길 영역을 조절하세요. 그림을 자르고 싶지 않아졌다면 키보드의 Esc 를 눌러 벗어나면 됩니다.

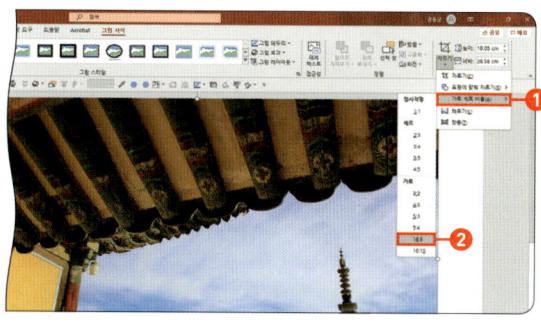

04 [가로 세로 비율]을 클릭하고 [16:9]를 선택해 봅시다. 슬라이드에 삽입한 그림이 슬라이드의 비율과 같은 '16:9' 비율로 바뀌어요.

05 그림의 위치를 조절하면서 슬라이드에 보이는 부분을 선택할 수 있습니다. 영역을 조절했다면 키보드의 Esc 를 눌러 편집 상태에서 벗어납니다.

06 슬라이드에 제목과 발표자 정보를 삽입할 자리를 만들어 봅시다. 그림을 선택하고 경계선의 흰색 점을 드래그해 크기를 줄여 보세요. 이때 꼭짓점의 작은 원(○)을 드래그하면 비율을 유지한 채 크기를 줄일 수 있어요.

TipTalk 키보드의 Ctrl 을 누르고 작은 원을 드래그하면 그림의 중앙을 기준으로 크기가 조절됩니다.

07 그림을 슬라이드의 중앙으로 배치해 봅시다. 그림을 선택하고 [홈] 탭 - '그리기' 그룹의 [정렬]을 클릭합니다. [맞춤] - [가운데 맞춤]과 [중간 맞춤]을 모두 선택하면 슬라이드의 정중앙에 그림을 배치할 수 있습니다.

08 그림의 스타일을 변경해 볼게요. 그림을 선택한 상태에서 [그림 서식] 탭 - '그림 스타일' 그룹의 첫 번째 스타일을 선택해 봅시다. 그림에 흰색 테두리가 생기고 은은한 그림자가 삽입됩니다.

09 제목을 넣어 볼게요. [삽입] 탭 - '텍스트' 그룹에서 [텍스트 상자]를 클릭하세요. 삽입한 그림 위쪽을 클릭하고 원하는 제목을 써 봅시다.

10 제목의 글꼴, 색깔, 정렬 등을 변경해 봅시다. 텍스트 상자를 선택하고 [홈] 탭 - '글꼴' 그룹에서 설정을 원하는 대로 변경해요. 그리고 [홈] 탭 - '그리기' 그룹에서 [정렬]을 클릭하고 [맞춤] - [가운데 맞춤]을 선택해요.

11 그림 아래쪽에 발표자의 정보를 넣어 볼게요. 제목을 삽입했던 것과 같은 방법으로 텍스트 상자를 추가하고 꾸며 봅시다.

TipTalk 내용의 중요도에 따라 텍스트의 크기를 조절해요. 제목이 가장 중요하므로 제일 크게 삽입하고, 발표자의 정보는 제목보다는 작게 넣는 것이 좋겠죠?

STEP 02 > 여행지 지도 링크 삽입하기

여행 안내장에 지도를 넣을 수 있어요. 슬라이드에 여행자의 위치를 하이퍼링크로 삽입하면 됩니다. 하이퍼링크 기능을 이용하면 웹 페이지로 자동 연결되기 때문에 발표를 하면서 다양한 자료를 바로 보여줄 수 있어요.

01 먼저 새로운 슬라이드를 추가하기 위해 [홈] 탭 - '슬라이드' 그룹에서 [새 슬라이드] 아래쪽 화살표(▼)를 클릭하고 [빈 화면]을 선택합니다.

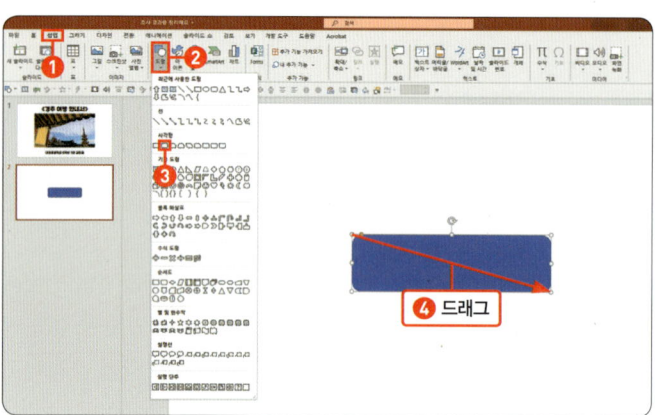

02 두 번째 슬라이드에는 여행지의 위치가 나타난 지도를 '하이퍼링크'로 삽입할 거예요. 도형을 클릭하면 바로 지도로 이동할 수 있도록 [삽입] 탭 - '일러트스레이션' 그룹에서 [도형]을 클릭하고 [둥근 모서리 사각형]을 선택해 도형을 삽입하세요.

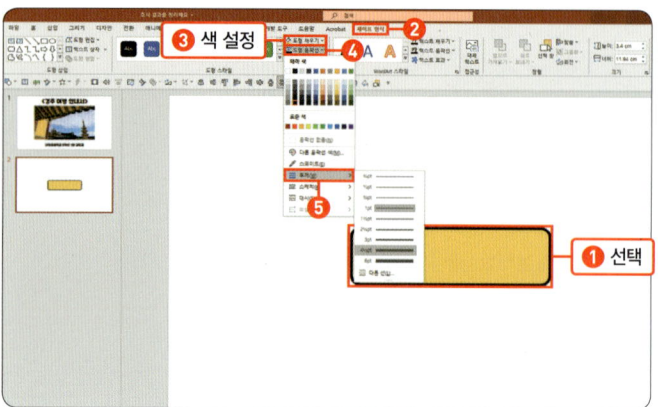

03 도형을 꾸며 봅시다. 도형을 선택하고 [도형 서식] 탭 - '도형 스타일' 그룹에서 [도형 채우기]와 [도형 윤곽선]을 선택해 수정해 보세요. 색상과 윤곽선 색을 설정해 봅시다.

잠깐만요 '하이퍼링크'란 무엇인가요?

'하이퍼링크'란 슬라이드에 포함된 개체를 다른 경로로 연결하는 것을 뜻해요. 즉, 개체에 하이퍼링크를 생성한 후 클릭하면 다른 슬라이드 또는 웹 페이지로 바로 이동됩니다. 자료를 보여 주고 싶은데 내용이 너무 방대하다면 자료를 슬라이드에 직접 삽입하는 것보다 하이퍼링크를 통해 웹 페이지로 연결해 보여 주는 것이 더 효과적이랍니다.

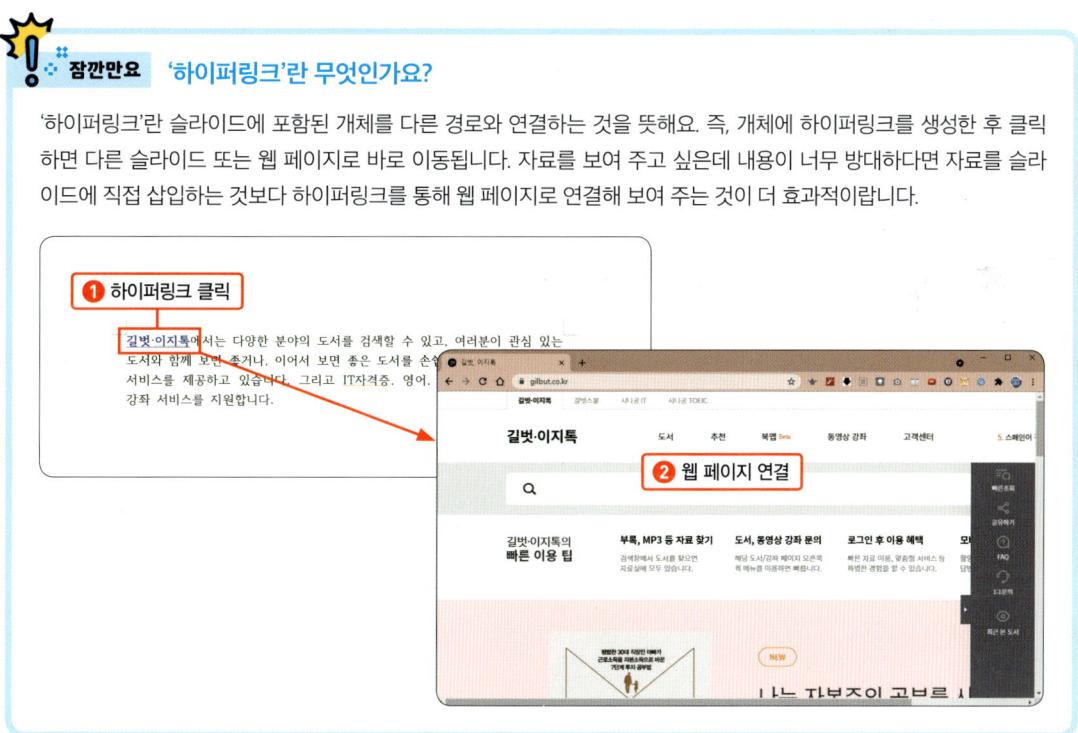

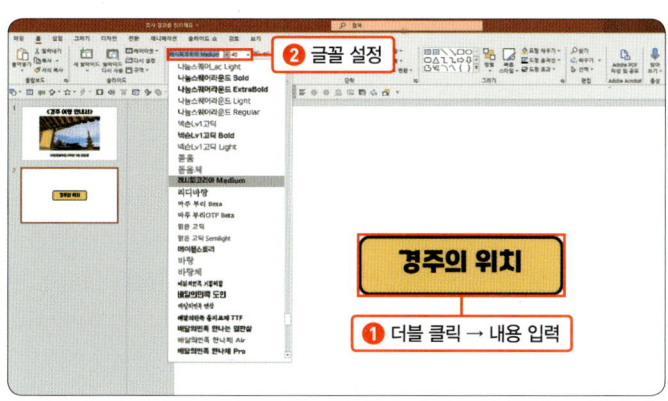

04 도형에 텍스트를 삽입해 봅시다. 도형을 더블 클릭한 후 'OO의 위치'라고 쓰고 글꼴, 크기, 색상 등을 변경해 봅시다.

TipTalk 도형을 선택하고 키보드의 Enter를 눌러도 도형에 텍스트를 삽입할 수 있습니다.

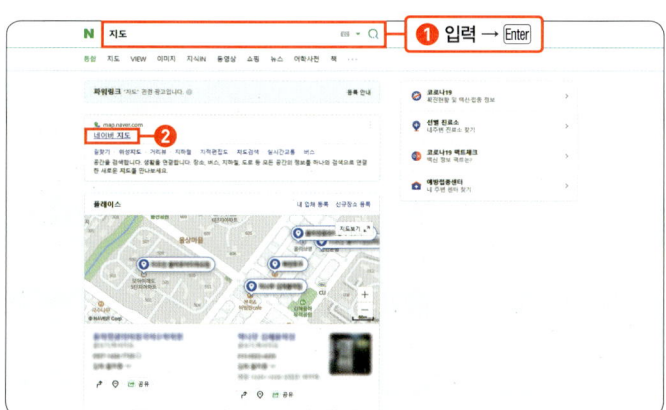

05 여행지의 위치의 링크를 도형에 삽입해 봅시다. 먼저 여러분이 선택한 여행지의 위치부터 검색해야겠죠? 네이버 검색 창에 '지도'를 검색한 후 [네이버 지도]를 클릭해 봅시다.

TipTalk 포털 사이트에서 제공하는 지도에는 위치뿐만 아니라 교통, 주변 정보 등이 함께 나오기 때문에 유용하게 활용할 수 있습니다.

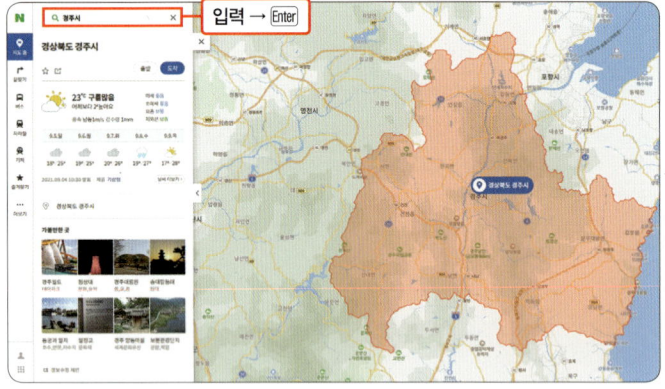

06 검색창에 여행지를 입력하고 Enter 를 눌러 봅시다. 해당 지역의 위치가 화면에 나타납니다.

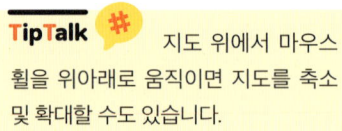 지도 위에서 마우스 휠을 위아래로 움직이면 지도를 축소 및 확대할 수도 있습니다.

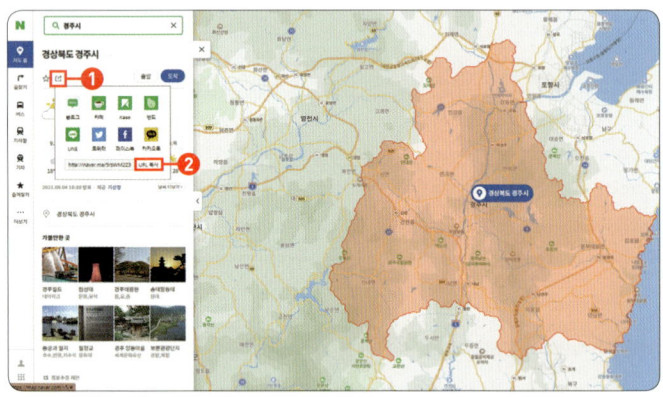

07 파워포인트 슬라이드에 링크를 삽입하기 위해 웹 페이지의 URL 주소를 복사해 봅시다. 메뉴에서 [공유(⬚)]를 클릭해 아래쪽의 [URL 복사]를 클릭해 봅시다.

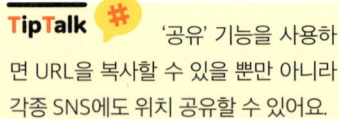 '공유' 기능을 사용하면 URL을 복사할 수 있을 뿐만 아니라 각종 SNS에도 위치 공유할 수 있어요.

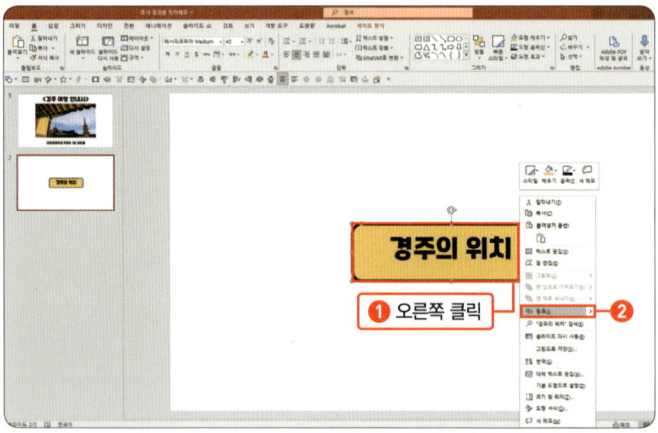

08 다시 파워포인트 편집 화면으로 돌아가 두 번째 슬라이드에 삽입한 도형에 복사한 URL 주소를 하이퍼링크로 삽입하려고 합니다. 도형을 마우스 오른쪽 버튼으로 클릭하고 [링크]를 선택합니다.

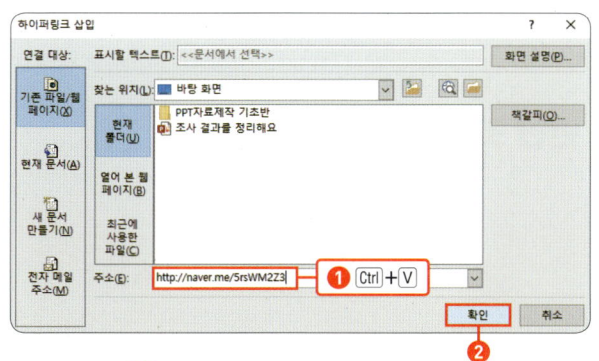

09 '하이퍼링크 삽입' 대화상자가 나타나면 아래쪽에 있는 주소 입력 창을 클릭하고 Ctrl+V를 눌러 링크를 붙여 넣은 후 [확인]을 클릭하세요.

TipTalk 하이퍼링크가 잘 삽입됐는지 확인해 볼까요? 두 번째 슬라이드부터 슬라이드 쇼를 시작하기 위해서 [슬라이드 쇼] 탭 - '슬라이드 쇼 시작' 그룹의 [현재 슬라이드부터]를 클릭합니다. 슬라이드가 시작되면 도형을 클릭해 보세요. 지도의 웹 페이지가 새 창으로 열립니다.

STEP 03 애니메이션을 활용해 여행지 그림 삽입하기

그림이 효과적으로 나타나도록 만들어 볼까요? 그림을 삽입하고 애니메이션 효과를 추가해 봅시다. 애니메이션을 적절하게 활용하면 흥미로운 발표 자료를 만들 수 있어요.

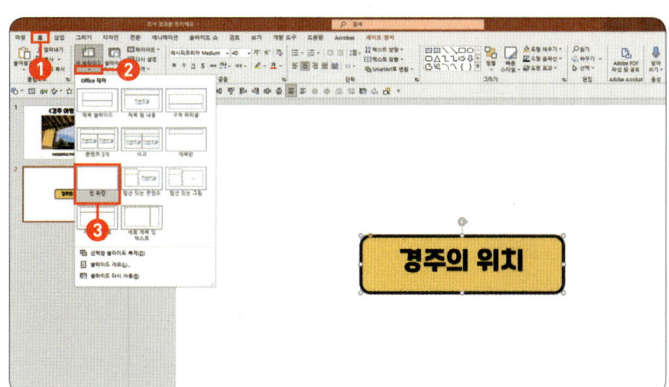

01 여행지에서 갈 만한 곳을 안내하는 슬라이드를 만들어 봅시다. 먼저 새 슬라이드를 삽입하기 위해 [홈] 탭 - '슬라이드' 그룹에서 [새 슬라이드] 아래쪽 화살표(▼)를 클릭한 후 [빈 화면]을 선택합니다.

02 [삽입] 탭 - '텍스트' 그룹에서 [텍스트 상자]를 선택하고 텍스트를 입력해 봅시다. 그리고 글꼴, 크기, 정렬 등을 바꿔 보세요.

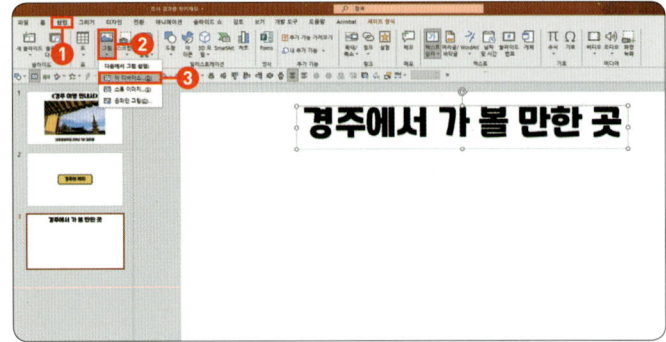

03 관련 이미지를 삽입합니다. [삽입] 탭 - '이미지' 그룹에서 [그림]을 선택하고, 컴퓨터에 저장된 이미지를 불러오기 위해 [이 디바이스]를 클릭해 봅시다.

> **TipTalk** 파워포인트의 버전에 따라 [그림]을 클릭하자마자 바로 대화상자가 열리기도 합니다.

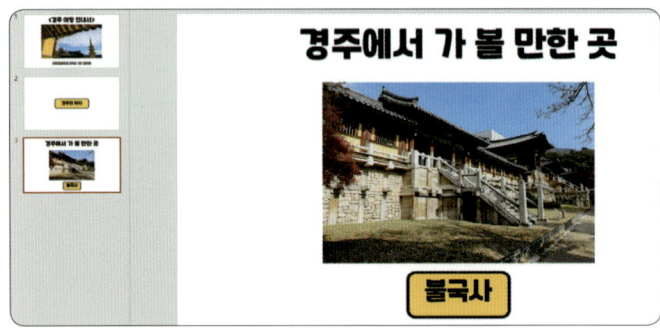

04 '그림 삽입' 대화상자가 나타나면 원하는 폴더에 들어가 그림을 선택하고 [삽입]을 클릭합니다.

> **TipTalk** 슬라이드에 삽입할 여행지 그림이 없다면 '부록'으로 제공하는 이미지를 불러 오세요.

05 그림에 대해 설명해 봅시다. 83쪽에서 도형에 텍스트를 삽입했던 방법을 떠올리며 그림 아래쪽에 텍스트를 삽입해 봅시다.

06 그림과 설명 텍스트의 2개 개체에 똑같은 효과를 동시에 적용하기 위해 그룹으로 묶어 봅시다. 그룹으로 묶으면 하나의 개체로 인식됩니다. 그림과 설명 텍스트를 마우스로 드래그해 모두 선택합니다.

07 선택한 개체들을 마우스 오른쪽 버튼으로 클릭하고 [그룹화] - [그룹]을 선택합니다. 두 개의 개체가 하나의 그룹으로 묶입니다.

08 이제 애니메이션을 넣어 볼까요? 방금 묶은 그룹을 선택하고 [애니메이션] 탭 - '애니메이션' 그룹의 [날아오기]를 클릭합니다.

> **TipTalk** 애니메이션을 삽입한 후, 제대로 실행되는지 슬라이드 쇼를 실행해 확인해 보고 싶다면 [슬라이드 쇼] 탭에서 [현재 슬라이드부터]를 클릭합니다.

STEP 04 ▶ 슬라이드 복제해 내용 추가하기

슬라이드가 여러 장일 때 발표 자료를 만드는 시간을 절약하려면 어떻게 해야 할까요? 다음 슬라이드가 현재 슬라이드와 비슷한 내용으로 구성된다면, 현재 슬라이드를 복제해서 작업 시간을 줄일 수 있어요.

01 경주에서 가 볼 만한 곳을 추가하려고 해요. 슬라이드 축소판에서 세 번째 슬라이드를 마우스 오른쪽으로 클릭하고, [슬라이드 복제]를 클릭합니다. 세 번째 슬라이드와 같은 슬라이드가 아래쪽에 하나 더 생깁니다.

02 그림과 설명 텍스트 내용만 바꿔 봅시다. 그림을 수정하려면 그룹을 해제해야 합니다. 그룹으로 묶인 개체를 마우스 오른쪽으로 클릭한 후 [그룹화] - [그룹 해제]를 클릭합니다. 그럼 다시 두 개의 개체로 분리됩니다.

03 78쪽과 같은 방법으로 그림을 삽입하고 설명 텍스트를 수정합니다. 애니메이션도 삽입하고요! 이 과정을 반복해서 여행지에 대한 소개 슬라이드를 추가로 구성해 봅시다.

\선생님/

발표를 하기 전에 슬라이드 쇼를 여러 차례 진행하면서 충분한 연습을 하는 것도 중요합니다. 자신이 발표할 내용이 머릿속에 모두 들어있어야 자신감 있게 발표할 수 있겠죠?
배운 내용을 바탕으로 여러분이 다녀온 여행지를 파워포인트 발표 자료로 만들고, 멋지게 발표해 봅시다.

STEP 05 > 작업 내용 저장하기

지금까지 제작한 내용을 저장해 볼까요? 여러분의 컴퓨터에 작업 내용을 파워포인트 파일로 저장해 봅시다. 열심히 만든 발표 자료를 저장하지 않는다면 큰일 나겠죠?

01 [파일] 탭을 클릭하고 [다른 이름으로 저장] - [이 PC]를 클릭합니다.

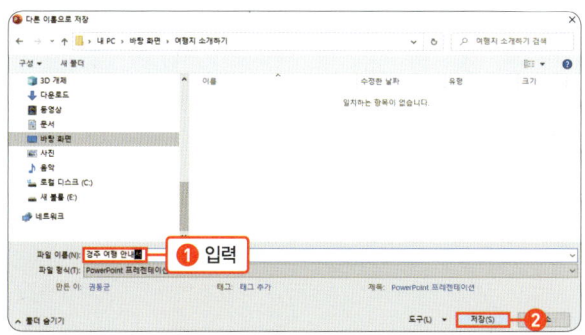

02 '다른 이름으로 저장' 대화상자가 나타나면 파일을 저장할 폴더를 지정하고 파일의 이름을 수정한 후 [저장]을 클릭합니다.

03 저장한 후에는 파워포인트 작업 화면 상단에서 새롭게 저장한 파일의 이름을 확인할 수 있습니다.

파워포인트로 캐릭터를 그려요!

★ 4학년-미술-컴퓨터로 그림 그리기 | 완성파일 : 캐릭터 그리기.pptx

태블릿 PC를 활용해 그림을 그려 본 적 있나요? 디지털 기기를 사용해 그림을 그리는 것을 '디지털 드로잉'이라고 해요. 준비물을 따로 챙기지 않아도 언제 어디서든 간편하게 그림을 그릴 수 있고, 이미 그린 부분이라도 얼마든지 수정할 수 있다는 장점이 있어요.

파워포인트로도 그림을 그릴 수 있어요. 파워포인트를 이용해 그리고 싶은 캐릭터를 쉽게 만들어 봅시다! '도형' 기능을 활용해 캐릭터의 형태를 잡고 '점 편집' 기능으로 도형의 선을 변형해 다양한 모습을 만들 수 있어요. 파워포인트를 이용해 내가 그리고 싶은 캐릭터 그림을 그려 볼까요?

미리보기

내가 만든 캐릭터

학습 목표
- 파워포인트를 활용해 그림을 그릴 수 있어요.
- '도형' 기능을 활용해 캐릭터의 모습을 만들 수 있어요.
- 도형의 '점 편집' 기능을 익힐 수 있어요.

 ## 그리고 싶은 캐릭터 정하기

이번 시간에는 파워포인트의 도형 기능을 활용해 좋아하는 캐릭터를 그려 보겠습니다. 우선 여러분이 그리고 싶은 캐릭터를 떠올려 보세요! 좋아하는 캐릭터를 떠올렸다면 인터넷에서 검색해 정확한 모습을 다시 한 번 살펴보는 것이 좋아요.

> <그리고 싶은 캐릭터>
> 라이언, 짱구, 코난, 보노보노, 토토로, 피카츄, 또봇, 뽀로로, 이누야샤 …

이렇게 떠올린 캐릭터 중, 그리고 싶은 캐릭터를 하나 골라 간단하게 스케치해 봅시다. 연습장에 연필로 그려도 좋고, 스마트폰 메모장에 그려도 좋아요. 쉽고 단순하게 생긴 캐릭터일수록 그리기 편하겠죠? 그리고 싶은 캐릭터가 복잡하게 생겼다면 그리기 쉽도록 간단하게 바꾸는 것을 추천합니다.

이제 밑그림을 바탕으로, 본격적으로 캐릭터를 만들어 볼게요.

나만의 캐릭터 그리기

STEP 01 캐릭터 외형 만들기

파워포인트의 도형 기능을 활용해 캐릭터의 큰 틀을 만들어 보겠습니다. 앞에서 배운 내용이 잘 기억나지 않는다면 책을 넘겨 내용을 확인해도 좋아요.

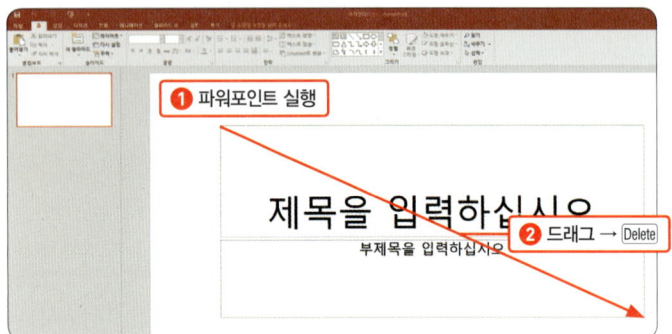

01 파워포인트를 실행하고 첫 슬라이드에 있는 기본 레이아웃 틀은 드래그해서 삭제해요.

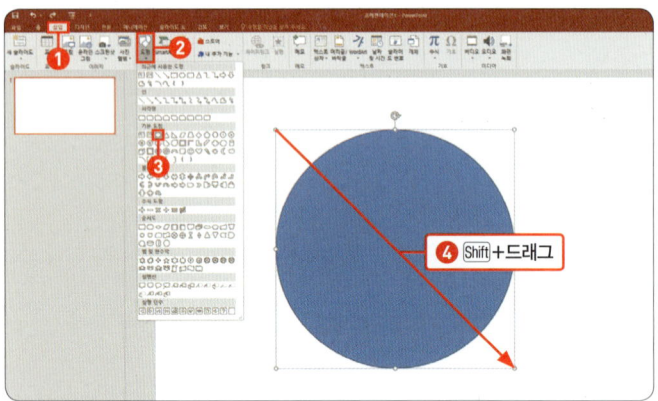

02 캐릭터의 얼굴을 그려 볼게요. [삽입] 탭 - '일러스트레이션' 그룹에서 [도형]을 클릭해 [타원]을 선택하세요. 키보드의 Shift를 누른 상태에서 마우스를 드래그해 원을 만들어요.

> **TipTalk** 키보드에서 Shift를 누르고 도형을 만들면 정사각형, 정오각형 등 모든 변의 길이가 같은 도형을 만들 수 있어요.

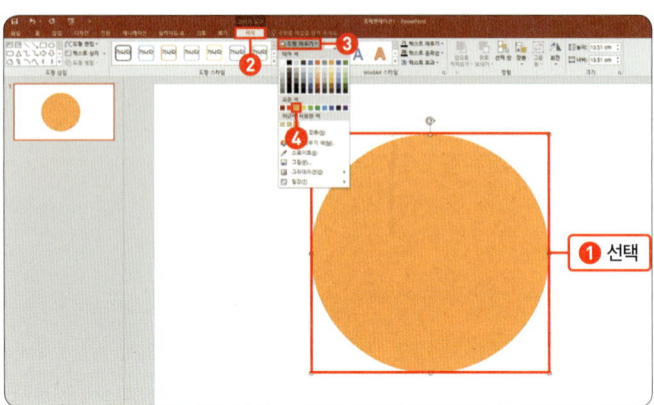

03 도형의 색을 바꿔 볼까요? 도형을 선택하고 [서식] 탭 - '도형 스타일' 그룹에서 [도형 채우기]를 클릭하고 색을 골라요.

> **TipTalk** 원하는 색이 없다면 [다른 채우기 색]을 클릭해 [사용자 지정]에서 원하는 색으로 설정할 수 있어요.

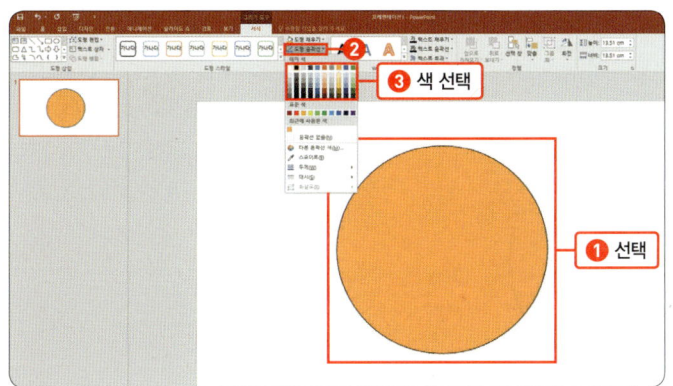

04 도형 윤곽선의 색을 변경해 볼게요. [서식] 탭 - '도형 스타일' 그룹에서 [도형 윤곽선]을 클릭하고 원하는 색을 선택합니다.

> **잠깐만요** 다른 도형이나 그림에 있는 색과 같은 색을 선택하고 싶으면 어떻게 하나요?
>
> 도형을 채울 때, 다른 그림과 똑같은 색을 선택하고 싶다면 '스포이트' 기능을 활용하면 됩니다.
> 색을 바꾸고 싶은 도형을 선택하고, [서식] 탭 - '도형 스타일' 그룹에서 [도형 채우기]를 클릭해요. 메뉴 중 [스포이트]를 클릭하고 원하는 색의 그림이나 도형으로 마우스의 커서를 옮겨 클릭합니다. 그럼 스포이트로 물을 쏙 뽑아내는 것처럼 다른 도형이나 그림에 있는 색을 뽑아낼 수 있어요.
>
>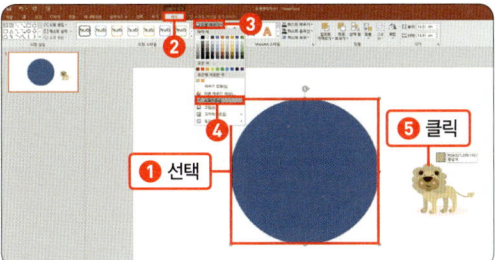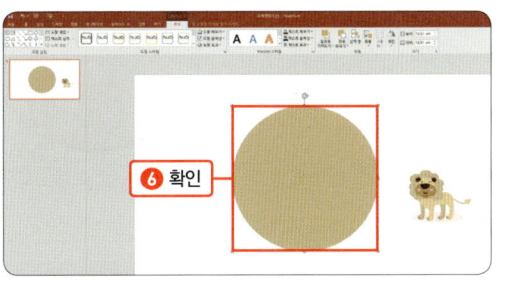

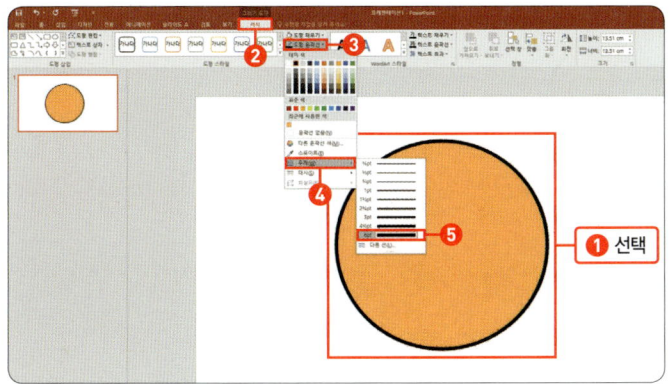

05 테두리의 두께를 바꾸기 위해 도형을 선택하고 [서식] 탭 - '도형 스타일' 그룹에서 [도형 윤곽선]을 클릭합니다. [두께]를 클릭하고 원하는 두께를 선택하세요.

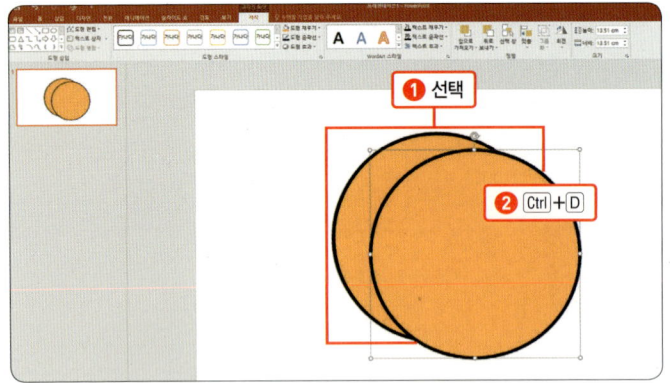

06 캐릭터의 귀를 만들어 볼게요. 만들어 둔 원을 선택하고 키보드에서 Ctrl+C, Ctrl+V를 차례로 함께 눌러 도형을 복사합니다. 같은 크기의 원이 생겼죠?

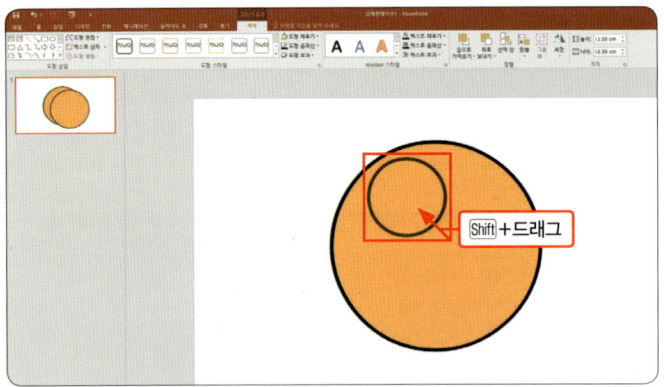

07 Shift를 누른 상태에서 테두리의 작은 원(○)을 드래그해 크기를 줄여 보아요.

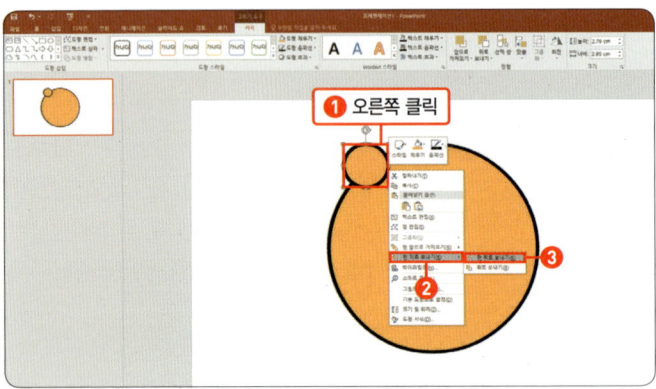

08 귀 도형을 얼굴 도형 뒤로 보내 줄게요. 귀 도형을 마우스 오른쪽 버튼으로 클릭하고 [맨 뒤로 보내기] - [맨 뒤로 보내기]를 선택하세요.

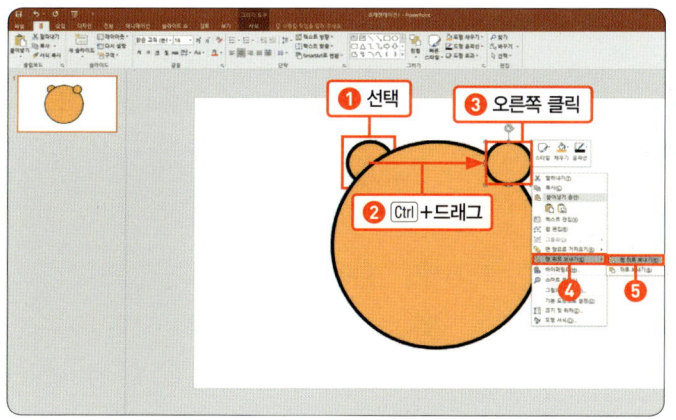

09 반대쪽 귀도 만들어 볼까요? 만들어 둔 귀 도형을 선택하고 Ctrl를 누른 상태에서 오른쪽으로 옮기면 도형이 복사됩니다. 마우스 오른쪽 버튼으로 클릭하고 [맨 뒤로 보내기] - [맨 뒤로 보내기]를 클릭해요.

> **TipTalk** 키보드의 Ctrl을 누르고 도형을 드래그하면 '같은 형태의 모양 복사'를 할 수 있어요.

STEP 02 ▶ 복사 기능 이용해 캐릭터 꾸미기

캐릭터의 얼굴을 만들었다면 이제 캐릭터의 눈썹과 눈을 만들어 볼까요?

01 눈썹을 만들기 위해 [삽입] 탭 - '일러스트레이션' 그룹에서 [도형]을 클릭해 '사각형'에서 [모서리가 둥근 직사각형]을 선택하세요. 마우스를 드래그해서 도형을 만들어요.

02 눈썹과 비슷해 보이도록 모서리를 더 둥글게 바꿔 볼까요? 도형을 선택하고 테두리의 노란색 원( )을 오른쪽으로 드래그하세요.

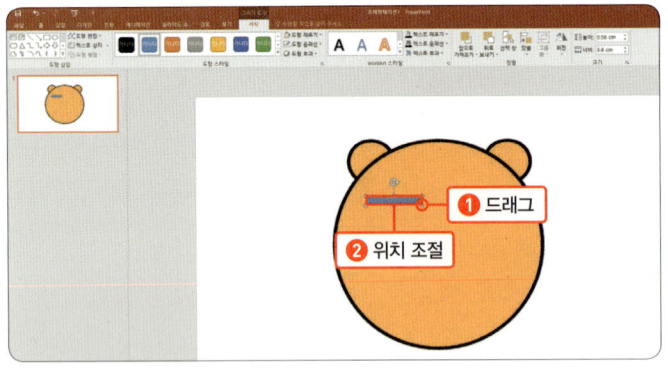

03 테두리의 작은 원(ㅇ)을 드래그해 크기를 조절하세요. 그리고 도형을 적절한 위치로 옮겨 주세요.

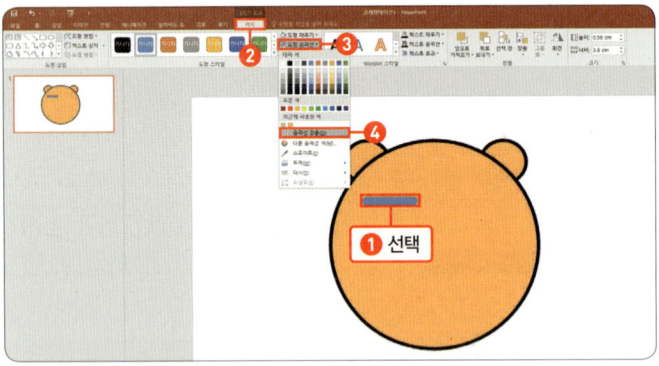

04 눈썹의 색깔을 바꿔 볼게요. 먼저 도형을 선택하고 [서식] 탭 - '도형 스타일' 그룹에서 [도형 윤곽선]을 클릭해 [윤곽선 없음]을 선택해요.

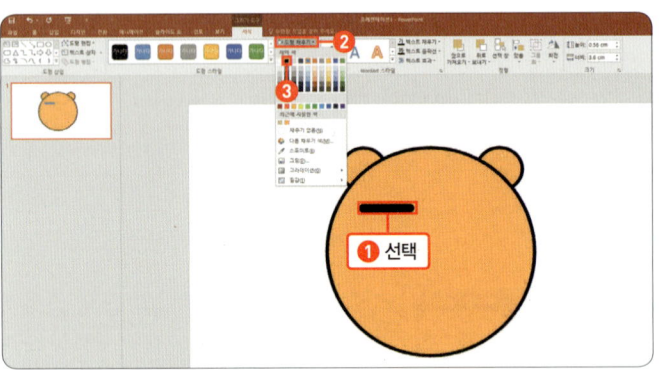

05 [서식] 탭의 '도형 스타일' 그룹에서 도형 채우기를 눌러 원하는 색을 고르세요.

06 반대쪽 눈썹도 만들어 볼게요. Ctrl + Shift 를 누르고 도형을 오른쪽으로 드래그해 복사하세요.

> **TipTalk** Shift 를 누르고 도형이나 그림을 움직이면 수직 또는 수평으로만 움직일 수 있어요.

07 캐릭터의 눈을 넣어 볼까요? [삽입] 탭 - '일러스트레이션' 그룹에서 '도형'을 눌러 [타원]을 클릭한 후 Shift를 누른 상태에서 마우스를 드래그해 원을 만들어요.

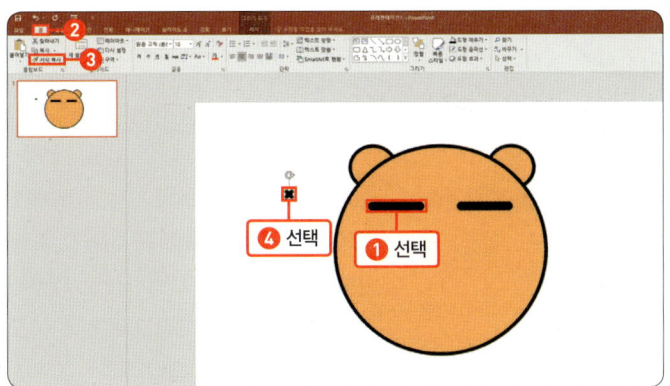

08 눈 도형의 색깔을 눈썹 도형의 색과 같게 만들어요. 눈썹 도형을 선택하고 [홈] 탭 - '클립보드' 그룹에서 [서식 복사]를 클릭합니다. 눈 도형을 선택하면 검정색으로 바뀝니다.

TipTalk [서식 복사] 기능을 이용하면 도형의 색뿐만 아니라 테두리의 두께나 색도 동일하게 복사됩니다.

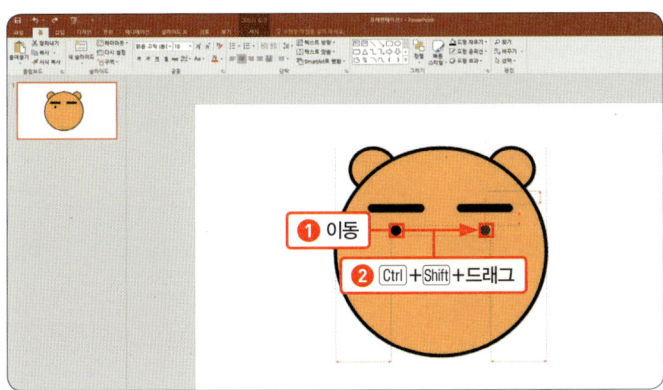

09 눈 도형을 드래그해 눈썹 도형 밑으로 옮겨요. Ctrl+Shift를 누르고 드래그해 반대쪽 눈도 만들어 줍니다. Shift를 누른 상태에서 드래그하면 양쪽 도형의 수평을 맞출 수 있었죠?

STEP 03 ▶ '점 편집' 기능 이용해 캐릭터 꾸미기

도형을 모양을 미세하게 조절해 보면서 캐릭터의 코와 입 부분처럼 세세한 부분을 꾸며 볼까요?

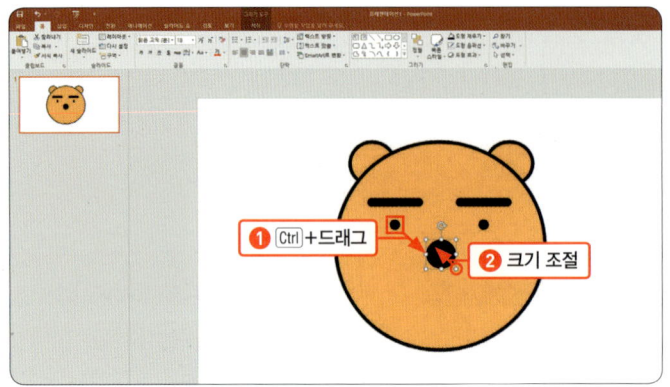

01 캐릭터의 코를 그려 볼게요. 눈 도형을 선택하고 Ctrl을 누른 상태에서 드래그해 복사합니다. 그리고 도형 테두리의 작은 원(ㅇ)을 드래그해 크기를 조절합니다.

02 도형을 미세하게 조절해 볼게요. 코 도형을 마우스 오른쪽 버튼으로 클릭하고 [점 편집]을 클릭하세요. 테두리의 작은 원(ㅇ)을 드래그해 원하는 모양으로 수정할 수 있습니다.

TipTalk '점 편집'은 도형의 선을 자유롭게 변형할 수 있는 기능이에요.

03 도형을 원하는 모양으로 바꾸었다면 크기를 조절하고, 회전 기능(⟳)을 이용해 모양을 조금 더 수정해요.

04 코 아래의 흰 부분을 만들어 볼게요. 귀 도형을 선택하고 Ctrl을 누른 상태로 드래그해 복사해요. 복사한 도형을 하나 더 복사해 겹쳐 놓습니다.

05 겹친 도형 2개를 드래그해 모두 선택한 후, [서식] 탭 - '도형 삽입' 그룹에서 [도형 병합]을 클릭합니다. [병합]을 클릭하면 도형이 하나로 합쳐집니다.

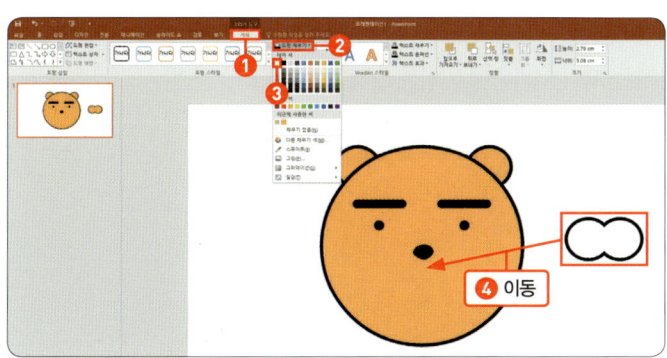

06 병합된 도형을 선택한 상태에서 [서식] 탭 - '도형 스타일' 그룹의 [도형 채우기]를 클릭해 색을 바꿔요. 도형을 눌러 나오는 테두리의 작은 원을 눌러 크기를 조절하고 코 도형 밑으로 옮겨요.

07 마지막으로 캐릭터의 몸을 만들어 볼까요? 얼굴 도형을 클릭하고 Ctrl을 누른 상태에서 아래로 드래그해 복사해요. 그리고 도형을 마우스 오른쪽 버튼으로 클릭하고 [맨 뒤로 보내기] - [맨 뒤로 보내기]를 선택합니다.

STEP 04 ▶ 배경색 넣고 저장하기

마지막으로 내가 그린 캐릭터에 어울리는 제목을 지어보고, 배경색을 바꿔 봅시다.

01 캐릭터에 어울리는 배경색을 지정해 줄게요. 슬라이드 빈 공간을 마우스 오른쪽 버튼으로 클릭하고 [배경 서식]을 선택합니다. 오른쪽 창이 나타나면 '색'에서 원하는 색을 고르세요.

02 캐릭터 옆에 글을 써 볼까요? [삽입] 탭 – '텍스트' 그룹에서 [텍스트 상자]를 클릭해요. [가로 텍스트]를 선택하고 글을 쓰고 싶은 공간을 클릭합니다. 텍스트 상자가 나타나면 원하는 글을 써 보세요.

> **TipTalk** 글씨가 잘 보이도록 글꼴을 바꾸고 글씨 크기도 크게 바꿔 보세요.

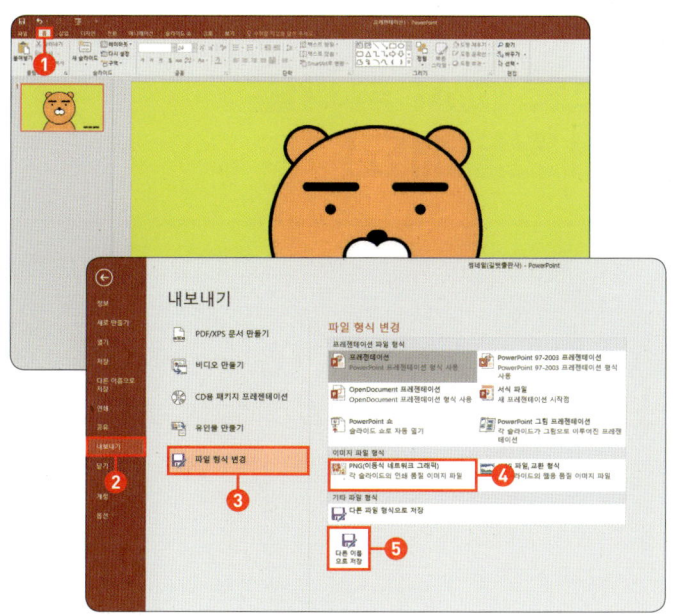

03 완성된 캐릭터를 그림으로 저장해 봅시다. [파일] 탭을 클릭해 화면이 바뀌면 왼쪽 메뉴에서 [내보내기]를 클릭하세요. [파일 형식 변경]을 클릭하고 '이미지 파일 형식'인 [PNG]을 선택한 후 [다른 이름으로 저장]을 클릭하세요.

> **TipTalk** 'PNG'와 'JPEG'는 모두 이미지 파일입니다. 'PNG' 파일이 더 고품질의 이미지이기 때문에 여기서는 'PNG' 파일로 저장했지만, 'JPEG' 파일로 저장해도 괜찮습니다.

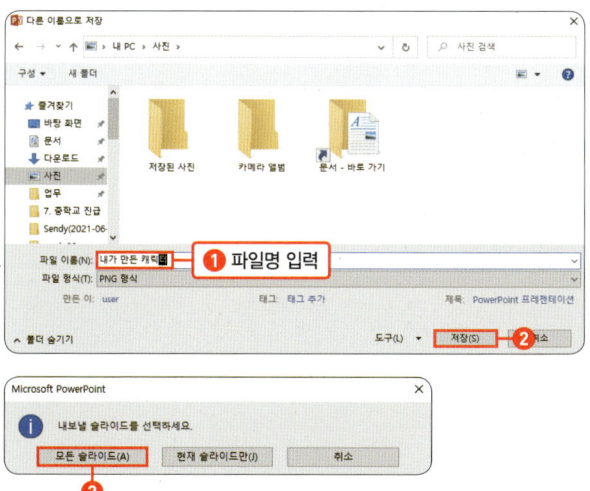

04 '다른 이름으로 저장' 대화상자가 나타나면 파일 이름을 입력하고 [저장]을 클릭합니다. '내보낼 슬라이드를 선택하세요.'라는 팝업창이 나타나면 [모든 슬라이드]를 클릭해 저장하세요.

05 캐릭터 그림이 완성되었습니다!

카드뉴스로 조사 결과를 간결하게 전달해요!

★ 6학년-사회-세계 여러 나라 소개하기 | 완성파일 : 나라 소개.pptx

'카드뉴스'란 상징적인 그림과 짧은 글을 배치해 몇 장의 이미지로 내용을 소개하는 콘텐츠입니다. 그림과 글이 결합되어 누구나 보기 쉽고, 한 장씩 넘겨 볼 수 있기 때문에 모바일 환경에 최적화되어 있어요. '읽는' 것으로 생각했던 신문 기사를 '보는' 것으로 바꾼 콘텐츠랍니다.

카드뉴스는 파워포인트를 활용해 처음 만들어졌다고 해요. 파워포인트의 여러 기능을 활용하니 뉴스 내용을 효과적으로 구성할 수 있었던 거죠. 카드뉴스의 등장으로 사람들이 정보를 쉽고 빠르게 이해할 수 있게 되었어요. 그렇다면 파워포인트로 카드뉴스를 만들려면 어떻게 해야 할까요? '슬라이드 크기' 기능을 활용해 카드뉴스의 모양을 만들고, '그림 수정' 기능으로 그림이나 사진의 밝기를 조정해 글자를 더 잘 보이게 할 수 있어요. 파워포인트를 이용해 내가 수집한 정보를 카드뉴스로 만들어 볼까요?

미리보기 🔍

학습 목표

- '카드뉴스'가 무엇인지 알아야 카드뉴스에 맞게 콘텐츠를 정리할 수 있어요.
- 파워포인트를 활용해 카드뉴스를 만들 수 있어요.
- '그림 수정' 기능을 활용해 사진의 밝기를 보정할 수 있어요.

카드뉴스 주제 정하기

카드뉴스로 만들고 싶은 내용을 정해 봅시다. 여기에서는 친구들에게 소개하고 싶은 나라를 떠올려 봤어요. 카드뉴스를 만들기 전에 전달하고 싶은 주제와 내용을 생각해 보고, 조사하려는 내용을 미리 연습장이나 스마트폰 메모장에 적어보는 것이 좋습니다. 그리고 비슷한 내용끼리 묶고, 중요하다고 생각하는 것은 형광펜이나 밑줄로 표시해 봅시다.

> 〈카드뉴스 내용 정하기〉
> 6학년 사회 1단원 세계 여러 나라 소개하기
> 내가 소개하고 싶은 나라는? 아르헨티나!
> 지리 정보, 역사, 주변에 있는 나라, 면적, 인구밀도, 월드컵 개최 국가
> 유명한 전통음식, 기후, 생활 습관, 유명한 관광지, 교통편 등

이렇게 메모한 내용 중에서 카드뉴스에 넣고 싶은 부분만 간추립니다. 또 카드뉴스에 필요한 그림 자료가 있는지 생각해 봅시다.

> ☆ 월드컵 개최국 아르헨티나
> 1. 위치, 주변에 있는 나라, 면적
> 2. 전통 음식: 아사도, 엠파나다 (사진 자료로 보여주기)
> 3. 유명한 관광지: 소금사막 살리나스 그란데스 (사진 자료로 보여주기)

소개하려는 내용을 조사할 차례입니다. 책에서 찾아보거나 인터넷을 이용해 검색해 보세요. 예를 들어, 네이버 등 포털 사이트에 '아르헨티나의 위치'나 '아르헨티나의 전통 음식'을 검색할 수 있어요. 관련된 내용을 정리해 연습장이나 스마트폰 메모장에 적어 보세요.

조사한 내용에 알맞은 그림을 인터넷에서 다운로드해 볼게요. '픽사베이(pixabay.com)' 사이트를 이용하면 저작권을 침해하지 않는 그림을 무료로 다운로드할 수 있어요. 포털 사이트 검색창에 '픽사베이'라고 검색해 픽사베이 사이트에 접속하세요. 검색창에 원하는 검색어를 입력해 Enter 를 누르고, 마음에 드는 그림을 선택하세요. [무료 다운로드]를 클릭해 다운로드합니다.

이제 여러분이 조사한 내용을 바탕으로 카드뉴스를 만들어 볼게요. 앞에서 다뤄보았던 파워포인트 기능을 활용하면 멋진 카드뉴스를 제작해 정보를 전달할 수 있어요.

조사 결과를 카드뉴스로 만들기

WEEK 09

STEP 01 조사한 내용 입력하기

정리한 내용을 슬라이드에 넣어 카드뉴스의 내용을 구성해 볼게요.

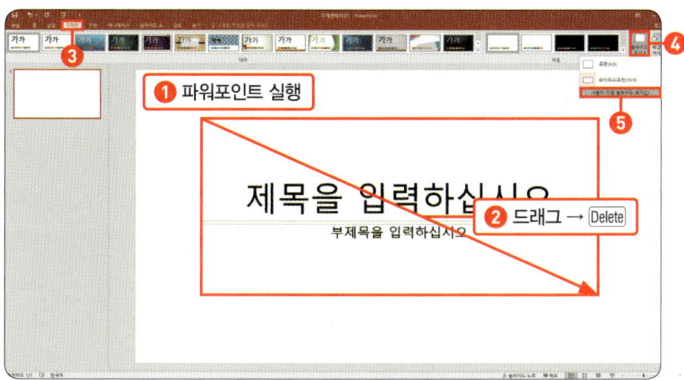

01 파워포인트를 실행하고 기본 레이아웃을 삭제한 후 [디자인] 탭 - '사용자 지정' 그룹에서 [사용자 지정 슬라이드 크기]를 클릭하세요.

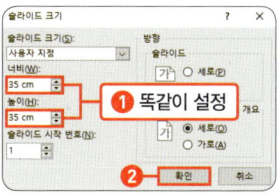 

02 '슬라이드 크기' 대화상자가 나타나면 슬라이드의 크기의 너비와 높이를 똑같이 설정하고 [확인]을 클릭해요. 대화상자가 하나 더 나타나면 [최대화]를 클릭해 슬라이드의 가로와 세로 길이를 같게 만들어요.

TipTalk 슬라이드 크기를 조절할 때, 슬라이드에 이미 그림이 삽입되어 있다면 그림의 크기가 조정되기도 해요. [최대화]를 선택하면 그림의 크기가 최대로 조정되고, [맞춤 확인]을 선택하면 새 슬라이드 크기에 맞게 크기가 줄어듭니다.

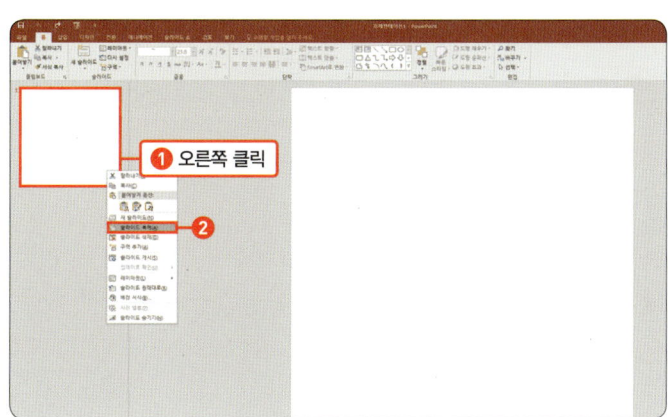

03 슬라이드를 복사해 볼까요? 슬라이드 축소판에서 슬라이드를 마우스 오른쪽 버튼으로 클릭하고 [슬라이드 복제]를 클릭해 슬라이드를 원하는 개수만큼 만들어요.

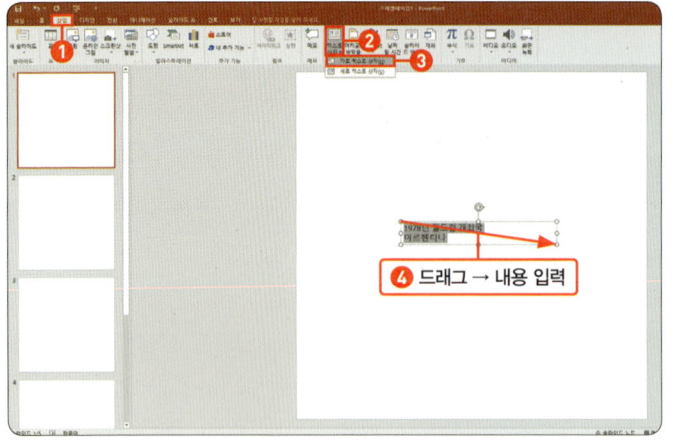

04 먼저 카드뉴스의 제목을 삽입해 볼게요. [삽입] 탭 - '텍스트' 그룹에서 [텍스트 상자]를 클릭하고 원하는 위치에 드래그해 제목을 입력합니다.

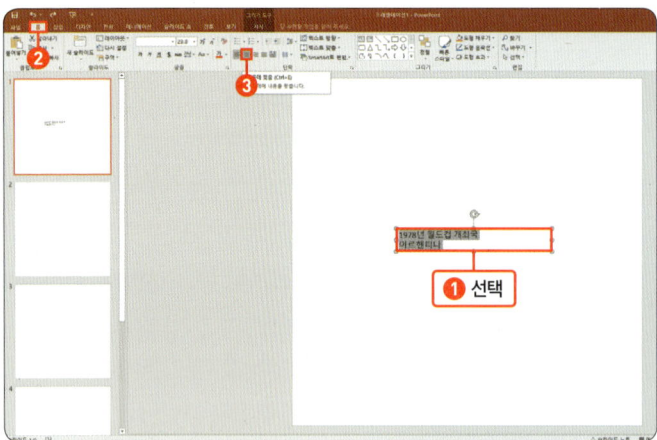

05 텍스트 상자를 선택하고 [홈] 탭 - '단락' 그룹에서 [가운데 맞춤]을 클릭해 글자를 가운데로 정렬해요.

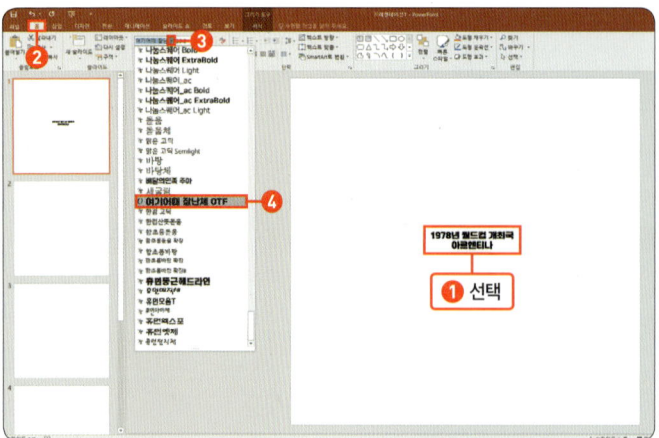

06 [홈] 탭 - '글꼴' 그룹에서 눈에 잘 띄는 글꼴로 변경합니다. 이때 글꼴은 저작권을 침해하지 않는 무료 글꼴을 사용해야 해요.

> **TipTalk** '눈누(https://noonnu.cc/)' 사이트에 접속하면 저작권을 침해하지 않는 무료 글꼴을 다운로드할 수 있어요.

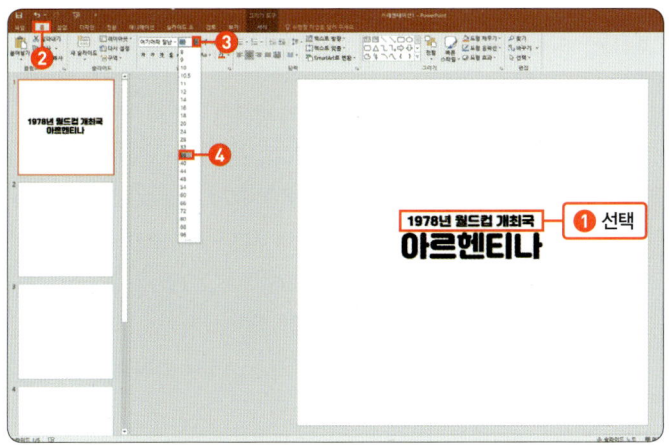

07 주제가 더 잘 보이도록 크기를 조절해 볼까요? 바꾸고 싶은 텍스트를 드래그해 블록으로 지정하고 [홈] 탭 - '글꼴' 그룹에서 크기를 조절해요.

> **TipTalk** 내용의 중요도에 따라 텍스트의 크기를 조절하는 것이 좋습니다.

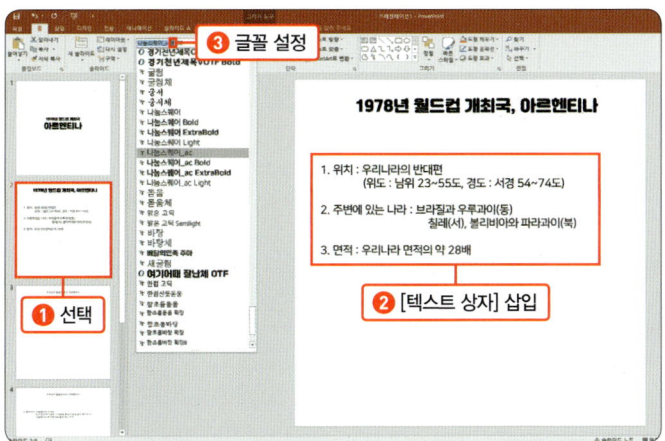

08 나머지 슬라이드에도 내용을 입력해 볼게요. 두 번째 슬라이드로 이동해 [삽입] 탭 - '텍스트' 그룹의 [텍스트 상자]를 클릭해 텍스트 상자를 만들어요. 조사한 내용을 입력하고 글꼴과 크기도 알맞게 변경해요.

> **TipTalk** 중요한 단어가 더 잘 보이도록, 드래그해 블록으로 지정하고 '글꼴' 그룹에서 [굵게]를 클릭해요.

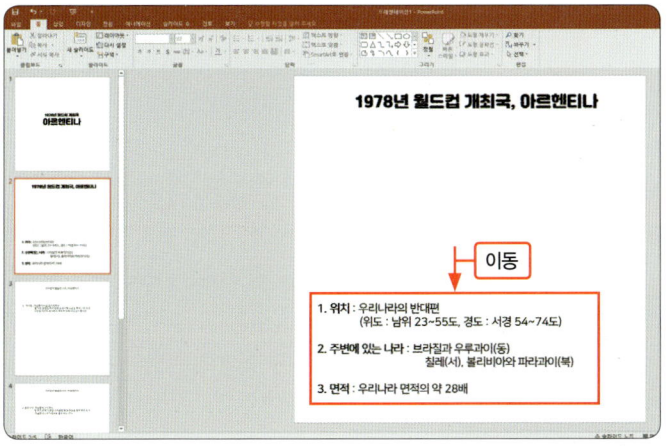

09 그림을 넣는 공간을 만들기 위해 텍스트 상자의 위치를 아래쪽으로 옮겨주세요.

STEP 02 카드뉴스 제목 슬라이드 꾸미기

카드뉴스에 담을 내용을 슬라이드에 입력해 보았어요. 이제 사진을 첨부하고 카드뉴스의 세세한 부분을 꾸며 볼까요?

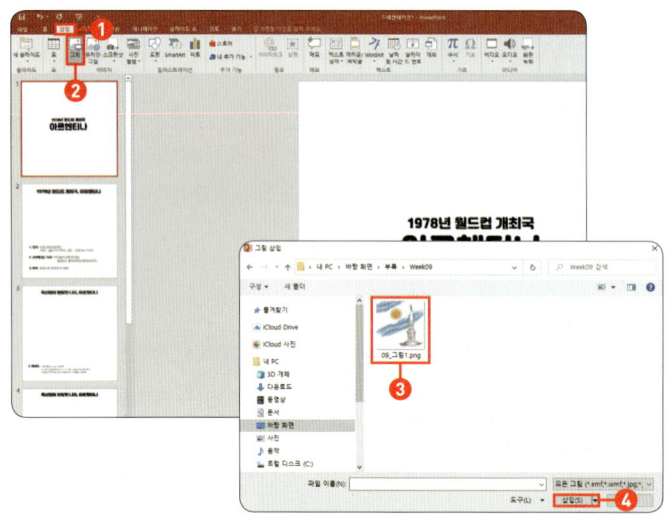

01 104쪽에서 다운로드한 사진을 슬라이드에 넣어볼까요? [삽입] 탭의 '이미지' 그룹에서 [그림]을 클릭합니다. '그림 삽입' 대화상자가 나타나면 그림을 선택하고 [삽입]을 클릭해요.

02 그림 테두리에 있는 작은 원을 드래그해 크기를 조절해요. 그림이 제목을 가린다면 그림을 제목 뒤로 옮기기 위해 마우스 오른쪽 버튼으로 클릭하고 [맨 뒤로 보내기] - [맨 뒤로 보내기]를 클릭해요.

03 제목이 더 잘 보이도록 해 볼게요. 그림을 선택하고 [서식] 탭 - '조정' 그룹에서 [수정]을 클릭해 '밝기/대비'에서 그림을 어둡게 만들어요.

04 제목을 선택하고 [홈] 탭 - '글꼴' 그룹에서 글자의 색을 흰색으로 바꿔 제목을 더 잘 보이게 만들어요.

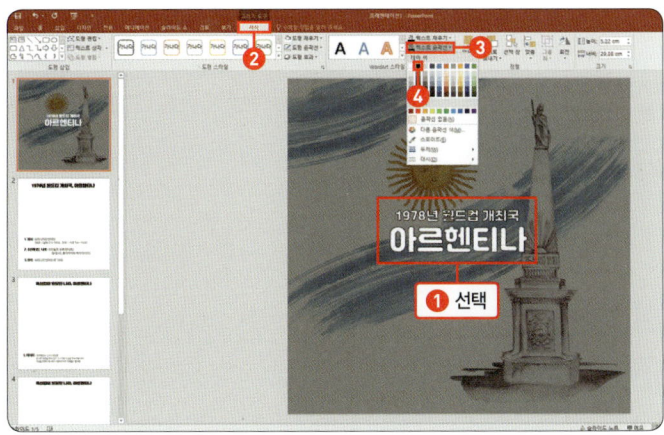

05 제목을 꾸며 볼까요? 제목을 선택하고 [서식] 탭 - 'WordArt 스타일' 그룹에서 [텍스트 윤곽선]을 클릭해 검은색 윤곽선을 만들어요.

06 강조하고 싶은 텍스트를 드래그해 블록으로 지정한 후 [텍스트 채우기]를 클릭해 색도 변경해요.

TipTalk 텍스트를 배경과 반대되는 보색으로 글자색을 바꾸면 눈에 더 잘 띄어요.

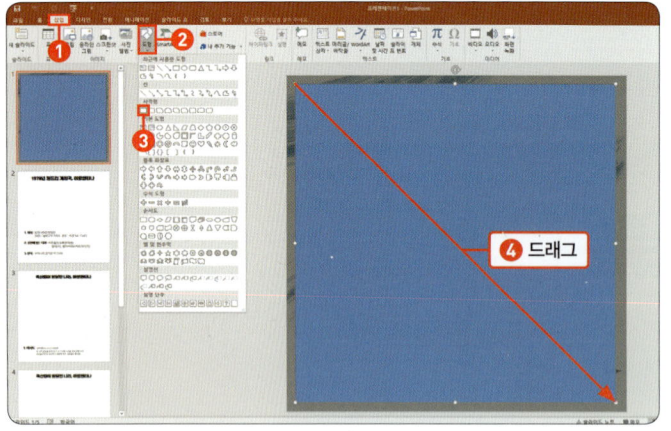

07 카드뉴스에 테두리를 넣어 볼게요. [삽입] 탭 - '일러스트레이션' 그룹에서 [도형]을 클릭해 직사각형을 선택합니다. 도형을 드래그해 슬라이드 크기보다 조금 작은 사각형으로 만들어요.

08 [서식] 탭 - '도형 스타일' 그룹에서 [도형 채우기]를 클릭하고 [채우기 없음]을 선택해 도형을 투명하게 만들어요.

09 [도형 윤곽선]을 클릭해 외곽선을 흰색으로 변경하고 [두께]를 클릭해 외곽선의 굵기를 크게 조절합니다.

STEP 03 카드뉴스 내용 슬라이드 꾸미기 ①

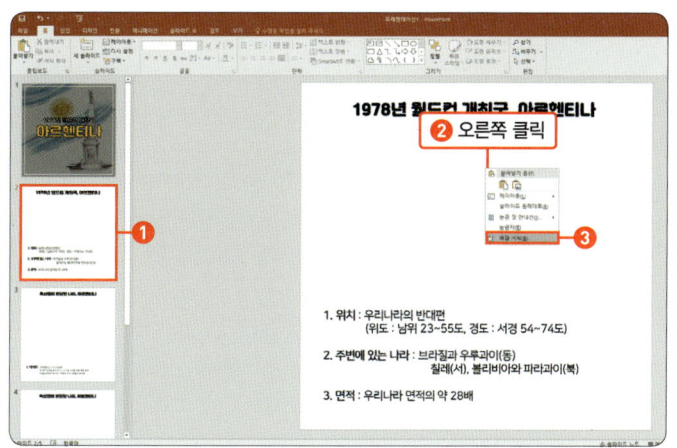

01 내용 슬라이드의 배경을 꾸며 볼 게요. 두 번째 슬라이드의 빈 공간을 마우스 오른쪽 버튼으로 클릭한 후 [배경 서식]을 선택해요.

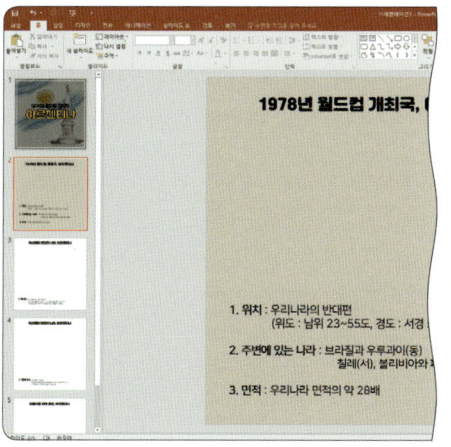 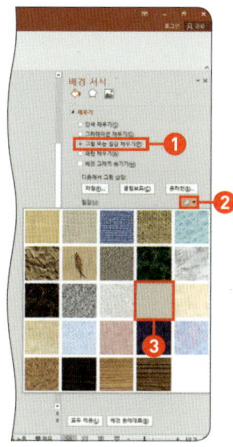

02 '배경 서식' 창이 나타나면 '채우기' 메뉴에서 [그림 또는 질감 채우기]를 클릭하세요. [질감]에서 마음에 드는 패턴을 선택합니다.

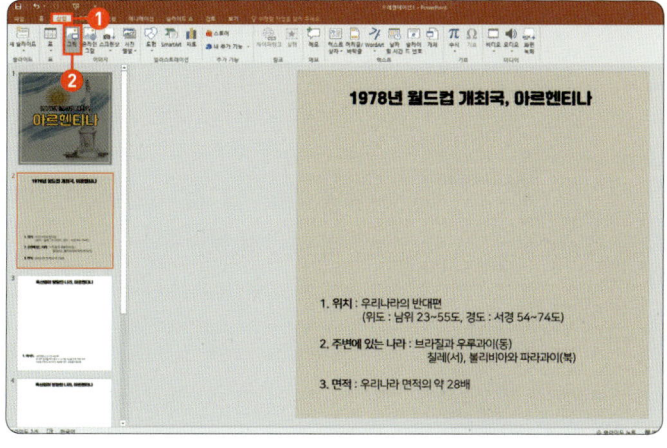

03 내용에 필요한 그림을 넣어볼게요. [삽입] 탭 - '이미지' 그룹에서 [그림]을 클릭해 다운로드한 그림을 삽입하세요.

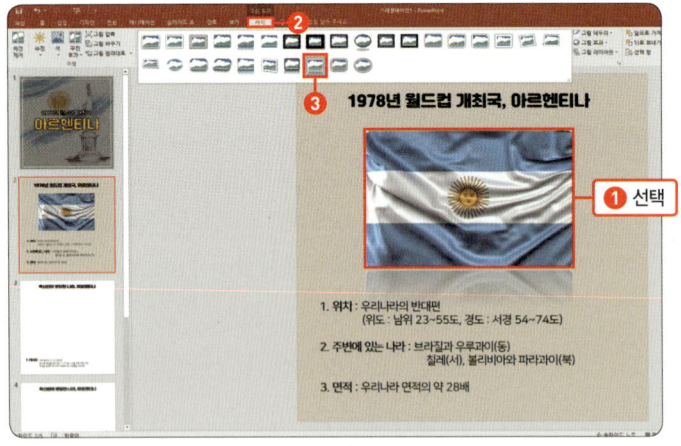

04 [서식] 탭의 '그림 스타일' 그룹에서 마음에 드는 스타일을 골라 그림을 꾸며 보아요.

> **TipTalk** 제목 슬라이드와 마찬가지로 흰색 테두리도 만들어 볼까요? 110쪽을 참고해 테두리를 추가해 보세요.

STEP 04 카드뉴스 내용 슬라이드 꾸미기 ②

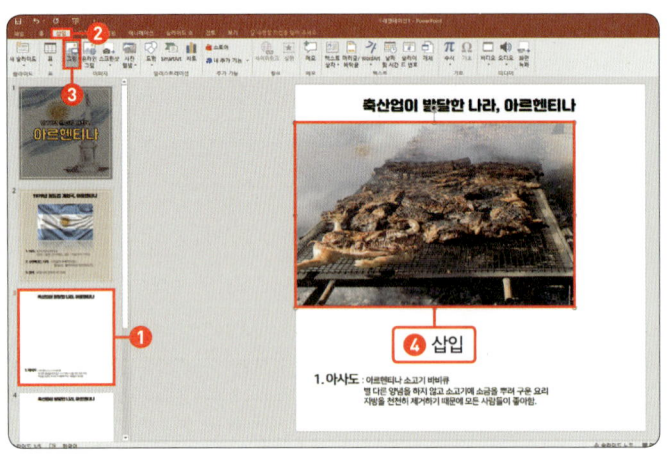

01 다음 슬라이드는 다른 방법으로 꾸며 볼게요. [삽입] 탭 - '이미지' 그룹에서 '그림' 메뉴를 눌러 다운로드한 그림을 슬라이드 안에 넣어요.

02 그림 테두리의 작은 원을 조절해 슬라이드에 꽉 차도록 만들어요. 그림이 제목을 가렸죠? 그림을 제목의 뒤로 옮기기 위해 사진을 마우스 오른쪽 버튼으로 클릭하고 [맨 뒤로 보내기] - [맨 뒤로 보내기]를 클릭해요.

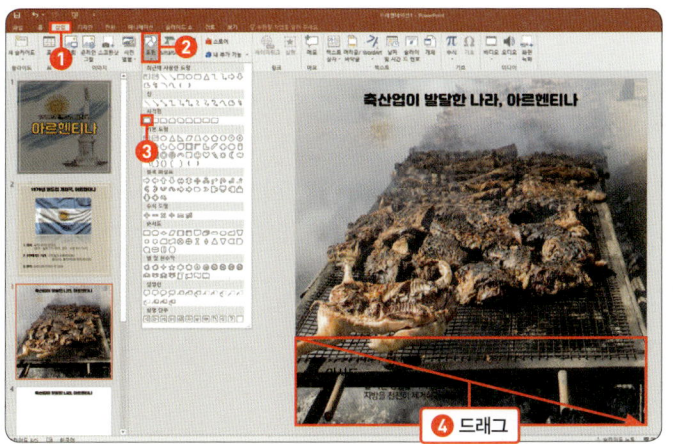

03 카드뉴스의 내용이 더욱 잘 보이도록 [삽입] 탭 - '일러스트레이션' 그룹에서 [도형]을 클릭해 [사각형]을 선택합니다. 카드뉴스의 아래 부분을 덮는 작은 사각형을 삽입해요.

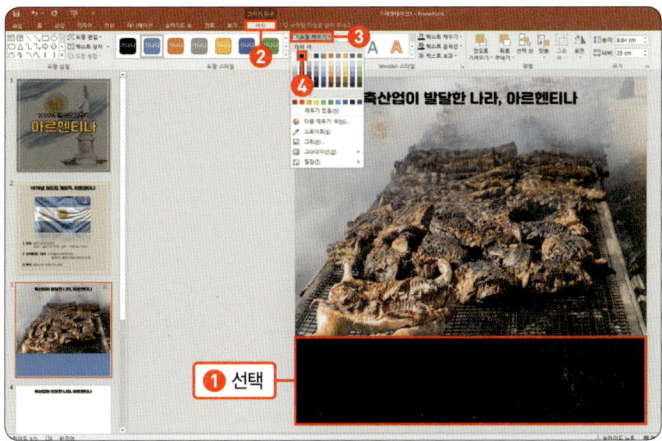

04 작은 사각형을 선택하고 [서식] 탭 - '도형 스타일' 그룹에서 [도형 채우기]를 클릭해 도형을 검은색으로 설정해요.

05 [서식] 탭 - '도형 스타일' 그룹에서 [도형 윤곽선] - [윤곽선 없음]을 클릭해 테두리 색을 투명하게 만들어요.

06 아직 카드뉴스의 내용이 보이지 않죠? 검은색 도형을 마우스 오른쪽 버튼으로 클릭한 후 [도형 서식]을 선택하세요. '도형 서식' 창의 '채우기'에서 '투명도'를 '50%'로 조절해 보세요. 이제 카드뉴스의 내용이 조금씩 보이죠?

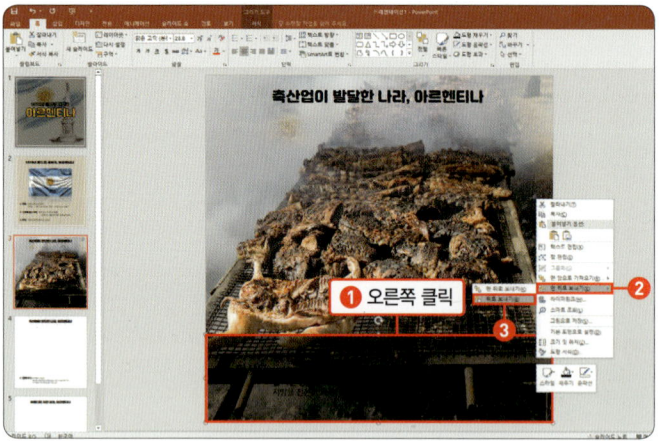

07 검은 사각형을 글자 뒤로 옮기기 위해 검은 사각형을 마우스 오른쪽 버튼으로 클릭하고 [맨 뒤로 보내기] - [뒤로 보내기]를 클릭해요.

08 아직 흐릿하게 보이는 글자를 드래그해 선택한 후 [서식] 탭 - 'WordArt' 그룹의 [텍스트 채우기]를 클릭해 글자 색을 흰색으로 바꾸세요.

> **TipTalk** 제목 슬라이드와 마찬가지로 110쪽을 참고해 흰색 테두리를 만들어 보세요.

09 세 번째 슬라이드를 복제한 후 다른 슬라이드도 내용에 맞게 꾸며 카드뉴스를 완성해 보세요.

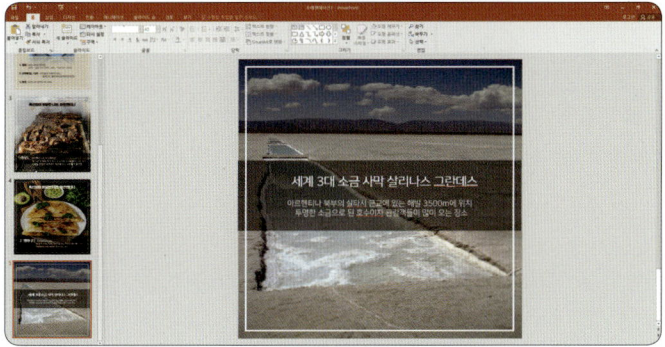

> **TipTalk** 슬라이드 복제 방법이 기억나지 않는다면 87쪽을 참고하세요.

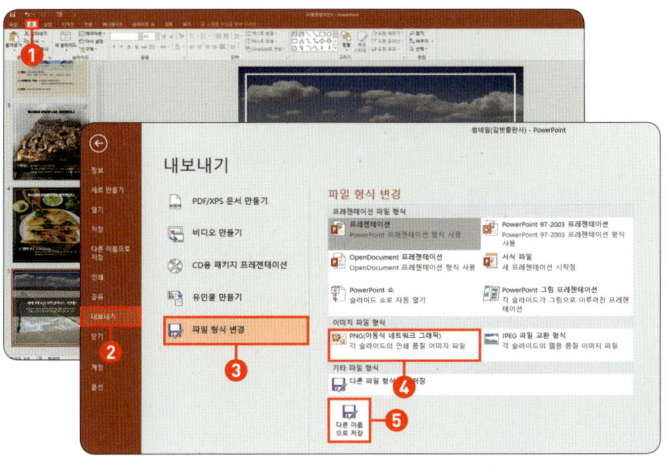

10 완성된 카드뉴스를 그림으로 저장해요. [파일] 탭을 클릭해 화면이 바뀌면 왼쪽 메뉴에서 [내보내기]를 클릭하세요. [파일 형식 변경]을 클릭하고 '이미지 파일 형식'인 [PNG]을 선택한 후 [다른 이름으로 저장]을 클릭하세요.

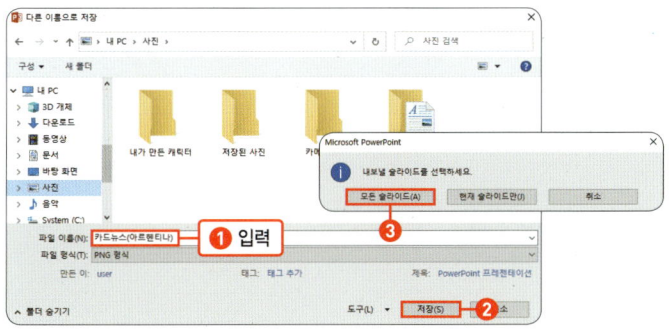

11 '다른 이름으로 저장' 대화상자가 나타나면 파일 이름을 입력하고 [저장]을 클릭해요. 그리고 '내보낼 슬라이드를 선택하세요' 라는 팝업창에서 [모든 슬라이드]를 클릭해 저장하세요.

WEEK 10
한눈에 쏙! 차트를 만들어요!

★ 6학년-수학-원그래프 나타내기 | 완성파일 : 차트 만들기.pptx

우리는 매순간 숫자와 함께 살아갑니다. 아침에 일어나는 시각을 이야기할 때도, 하루에 마시는 물의 양을 말할 때도, 오늘 아침 기온을 말할 때도 숫자가 꼭 필요해요.

예를 들어, 학교 숙제로 우리 반 친구들의 혈액형을 조사했다고 상상해 보세요. 숫자로 나타낸 조사 결과를 표로 정리하면 정확한 수치를 확인할 수 있다는 장점이 있습니다. 하지만 어떤 혈액형이 더 많고 적은지 파악하는 경우, 한눈에 비교하기 어렵습니다.

이때 필요한 것이 바로 '그래프'입니다. '그래프'는 조사 결과를 약속된 도형으로 바꾸어 표현한 것을 말합니다. 대표적으로 '막대그래프', '꺾은선 그래프', '원그래프' 등이 있어요. 그래프로 나타내면 대상 간 차이를 쉽게 비교할 수 있어요. 이번 시간에는 파워포인트를 이용해 조사 결과를 원그래프 모양으로 만들어 보겠습니다.

미리보기

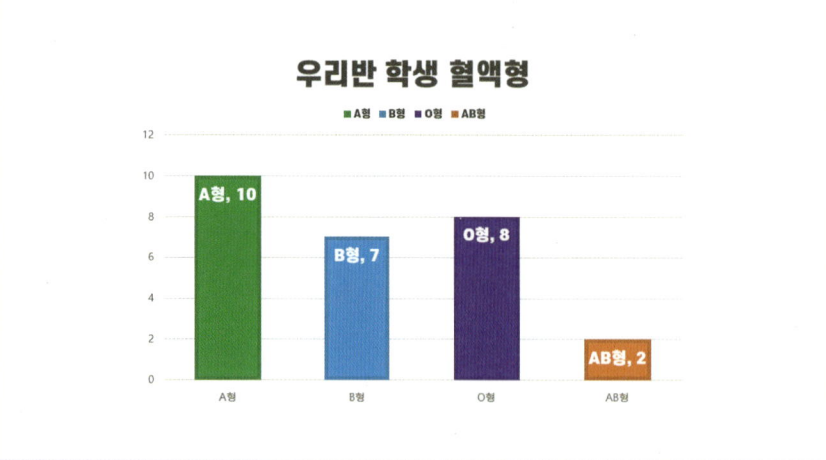

학습목표
- '차트'가 무엇이고, 어떤 상황에서 사용되는지 알 수 있어요.
- 슬라이드에 원하는 차트를 삽입할 수 있어요.
- 차트의 속성을 변경해 꾸밀 수 있어요.

 ## 조사 결과 표로 정리하기

우리 반 친구들 27명의 혈액형을 조사해서 정리해 보았습니다. 이렇게 나타내니 어떤 혈액형의 학생이 각각 몇 명씩 있는지 한눈에 알아보기 쉽지 않네요.

이름	혈액형	이름	혈액형	이름	혈액형	이름	혈액형
수찬	A형	동호	AB형	지호	A형	정은	O형
정현	O형	예은	B형	태연	O형	영진	O형
수민	A형	승규	A형	진영	A형	태희	A형
민수	O형	다영	O형	수현	B형	지훈	B형
정규	B형	민호	A형	은태	A형	서현	B형
준영	A형	준희	B형	주희	A형	미소	AB형
효은	O형	한솔	O형	송이	B형		

각 혈액형 별 학생 수가 몇 명인지 세어 보았더니 A형이 10명, B형이 7명, O형이 8명, AB형이 2명으로 나왔습니다. 결과를 알아보기 쉽게 표로 다시 정리해 볼까요?

	A형	B형	O형	AB형	계
인원(명)	10	7	8	2	27

이렇게 표로 나타냈더니 각 혈액형 별 학생이 몇 명인지 파악하기 쉬워졌지만 수치가 한눈에 들어오지는 않네요. 이 결과를 그래프로 만들면 혈액형 별 학생 수를 한눈에 비교하기 훨씬 편해질 거예요. 파워포인트의 '차트' 기능을 활용해 조사 결과를 그래프로 나타내 봅시다.

파워포인트에서는 '그래프' 대신 '차트'라는 명칭을 사용한답니다. 여기서도 '차트'라고 표현할게요. 헷갈리지 않도록 주의하세요.

조사 결과를 차트로 나타내기

STEP 01 차트 삽입하기

숫자를 한눈에 보기 쉽게 정리해 볼까요? 파워포인트에서 그래프는 '차트'라는 이름으로 쓰이고 있습니다. 파워포인트에서는 다양한 스타일의 차트를 제공하고 있어요. 사용 목적에 따라 알맞게 선택해 삽입해 봅시다.

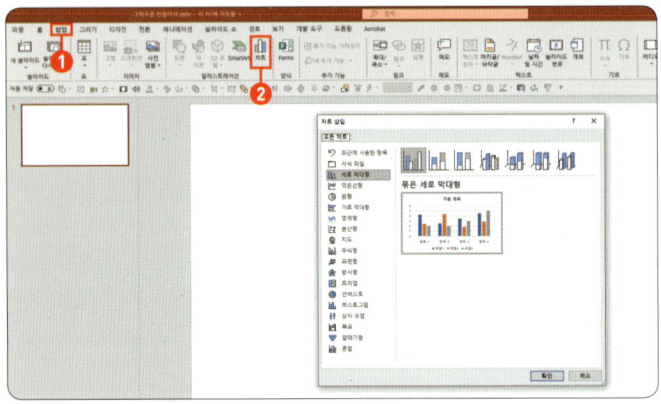

01 슬라이드에 개체를 넣을 때 어떤 탭을 이용했었죠? 맞아요! 바로 [삽입] 탭입니다. [삽입] 탭 - '일러스트레이션' 그룹에서 [차트]를 클릭해 봅시다. 그럼 '차트 삽입' 대화상자가 나타납니다.

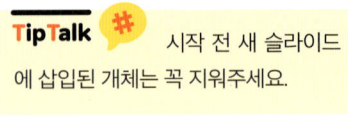 시작 전 새 슬라이드에 삽입된 개체는 꼭 지워주세요.

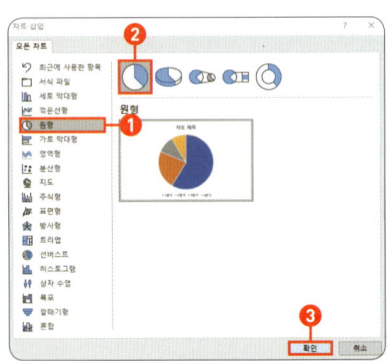

02 '차트 삽입' 대화상자에서 만들 수 있는 차트를 확인해 봅시다. 왼쪽 메뉴의 '모든 차트'에 세로 막대형, 꺾은선형, 원형, 가로 막대형 등 그래프의 종류가 보이죠? 하나씩 선택해 어떤 모양인지 살펴보세요. 여기서는 [원형]을 선택하고 [확인]을 클릭했어요.

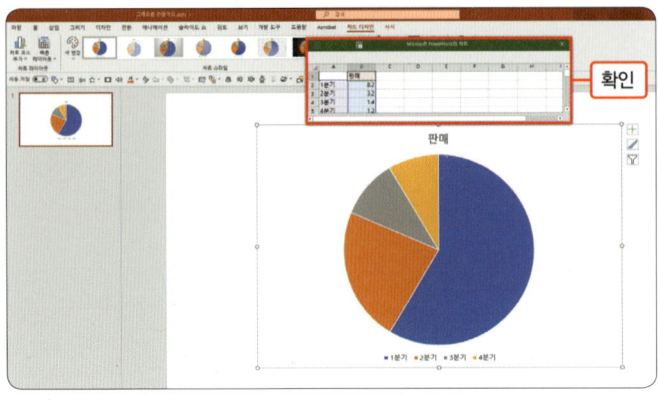

03 슬라이드에 원 모양 차트가 삽입되고 상단에 '엑셀' 창이 나타납니다. 차트로 만들 데이터를 입력하거나 수정하는 곳이라고 생각하면 됩니다.

TipTalk '엑셀'이란, 파워포인트를 만든 '마이크로소프트'가 개발한 문서 작업 프로그램입니다. 다양한 수식과 함수를 활용해 데이터를 처리하고 분석할 수 있습니다.

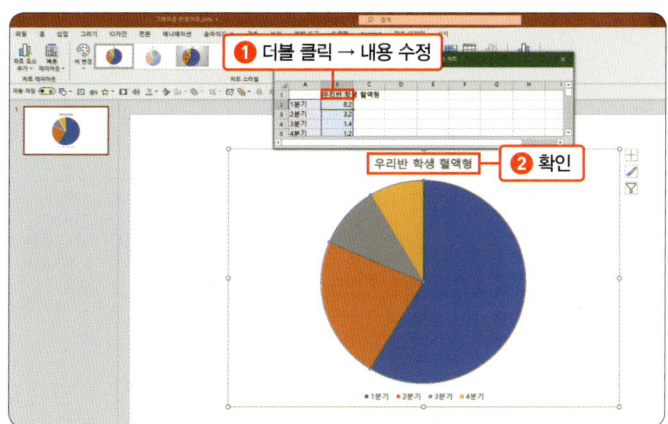

04 엑셀 창에 왼쪽 그림과 같이 내용을 입력하면 그 내용이 차트에 반영되어 나타납니다. 엑셀 창에서 '판매'라고 적혀 있는 부분을 더블 클릭하고 내용을 '우리 반 학생 혈액형'으로 수정한 후 Enter를 눌러 보세요. 차트 제목이 수정됩니다.

> **TipTalk** 만약 실수로 엑셀 창을 닫았다면 슬라이드에 삽입된 그래프를 선택하고 [차트 디자인] 탭 - '데이터' 그룹의 [데이터 편집]을 클릭하면 엑셀 창이 다시 나타납니다.

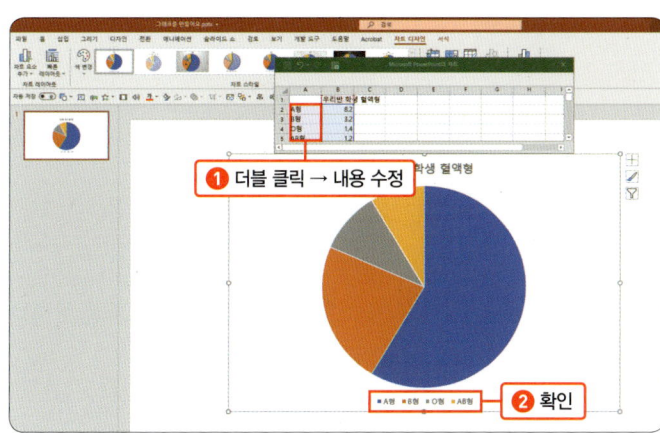

05 엑셀 창에서 차트의 각 항목을 수정해 봅시다. '1분기'부터 '4분기'까지 입력된 내용을 'A형', 'B형', 'O형', 'AB형'으로 수정하고 Enter를 눌러 보세요. 슬라이드의 차트 항목이 바뀐답니다.

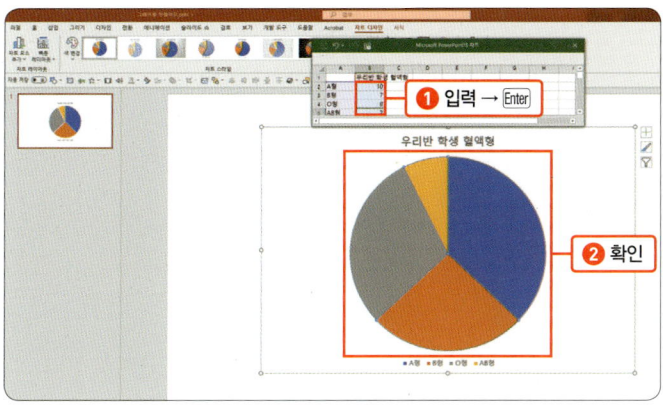

06 각 혈액형에 해당하는 학생 수를 입력해 볼까요? 숫자를 각각 입력하고 Enter를 누르면 차트의 항목별 분포가 자동으로 변경됩니다.

> **TipTalk** 혈액형 별 학생 수을 모두 합하면 우리 반의 총 학생 수인 27명이 나와야해요.

STEP 02 차트 꾸미기

기본 차트 스타일에서 변화를 주려고 합니다. 삽입한 차트를 다양한 방법으로 꾸며 봅시다. 차트의 색상, 제목 및 항목 텍스트의 서식을 여러분이 원하는 스타일로 변경할 수 있어요!

01 차트의 스타일을 변경해 볼게요. 슬라이드에 삽입한 차트를 클릭하면 상단에 [차트 디자인] 탭이 나타납니다. '차트 레이아웃' 그룹의 [빠른 레이아웃]을 클릭하세요. 각 항목의 값과 백분율을 동시에 보여주는 첫 번째 레이아웃을 선택해 볼까요?

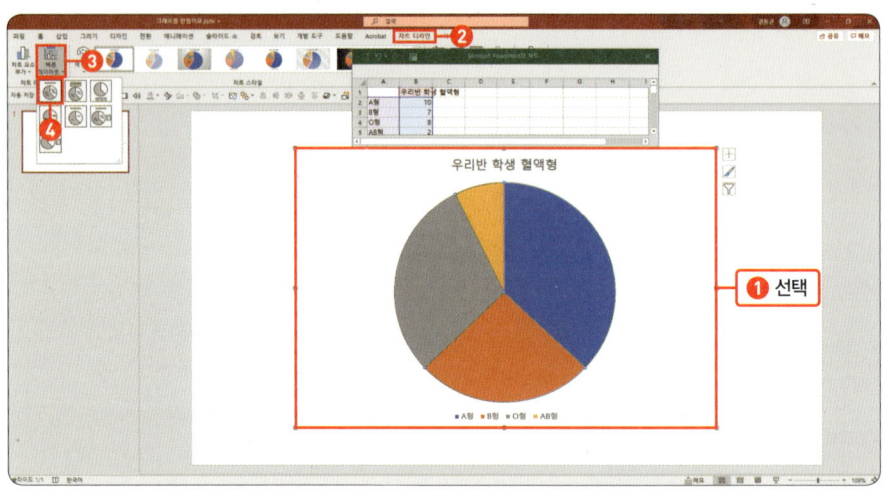

02 차트 색깔을 변경해 봅시다. 차트를 선택하고 [차트 디자인] 탭 - '차트 스타일' 그룹에서 [색 변경]을 클릭하세요. 차트의 항목별 색깔을 확인할 수 있고, 각 색상 테마를 클릭해 그래프 색깔을 변경할 수 있습니다.

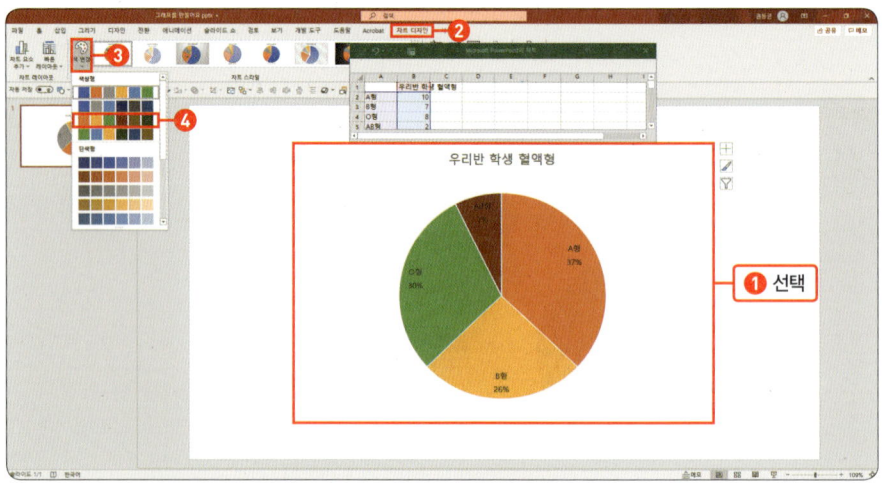

03 차트의 스타일을 변경해 봅시다. 먼저 데이터를 입력하는 엑셀 창을 닫아 봅시다.
[차트 디자인] 탭 - '차트 스타일' 그룹에서 다양한 스타일을 살펴볼 수 있어요. 여기서는 [스타일 8]을 선택했어요.

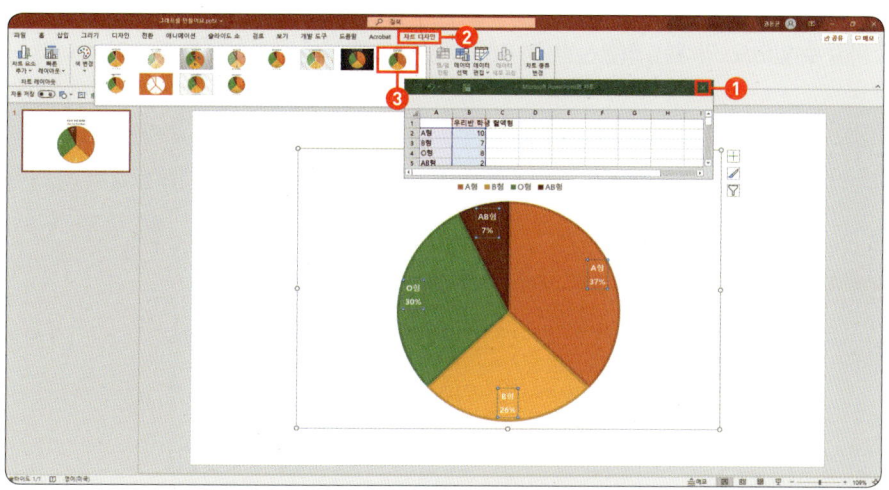

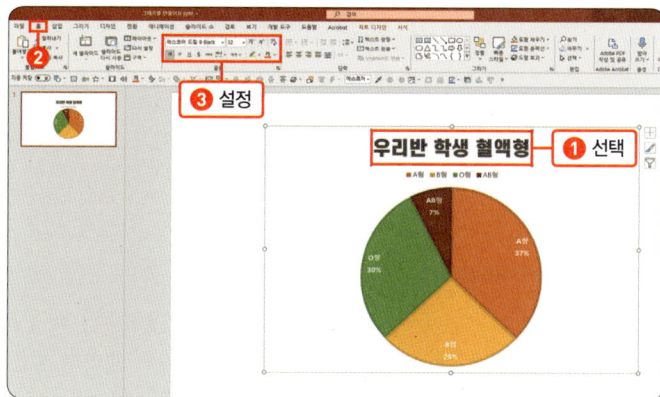

04 제목을 비롯한 각 항목의 텍스트 서식을 변경해 봅시다. 차트의 제목을 선택하고 [홈] 탭 - '글꼴' 그룹에서 텍스트의 글꼴, 크기를 변경합니다.

> **TipTalk** 여기서는 '에스코어 드림 9 Black' 글꼴로 변경했고, 크기는 '32pt'로 설정했어요.

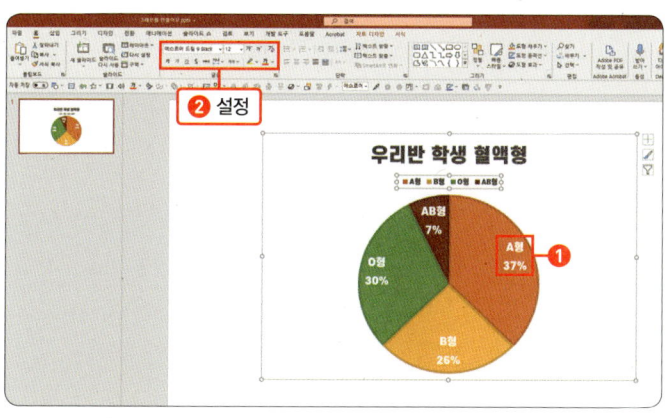

05 각 항목의 텍스트도 설정해 봅시다. 항목 중 하나만 클릭해도 모든 항목이 동시에 선택된답니다. [홈] 탭 - '글꼴' 그룹에서 원하는 글꼴과 크기를 선택해 봅시다. 같은 방법으로 제목과 차트 사이에 있는 '범례'도 변경해 봅시다.

> **TipTalk** 여기서는 '에스코어드림 9 Black' 글꼴을 '18pt'로 지정했어요.

121

STEP 03 차트 종류 변경하기

삽입한 차트의 종류를 다른 것으로 바꾸고 싶다면 어떻게 해야 할까요? 걱정 마세요! 파워포인트에서 삽입한 차트 모양은 다양한 형태로 바꿀 수 있어요. 막대형, 꺾은선형, 영역형, 분산형 등 목적에 맞게 변화를 줄 수 있습니다.

01 차트를 다른 모양으로 바꿀 수 있습니다. 원형 차트를 막대형 차트로 바꿔봅시다. [차트 디자인] 탭 - '종류' 그룹에서 [차트 종류 변경]을 클릭해요. '차트 삽입' 대화상자에서 [세로 막대형]을 클릭하면 차트 모양이 세로 막대형으로 바뀝니다.

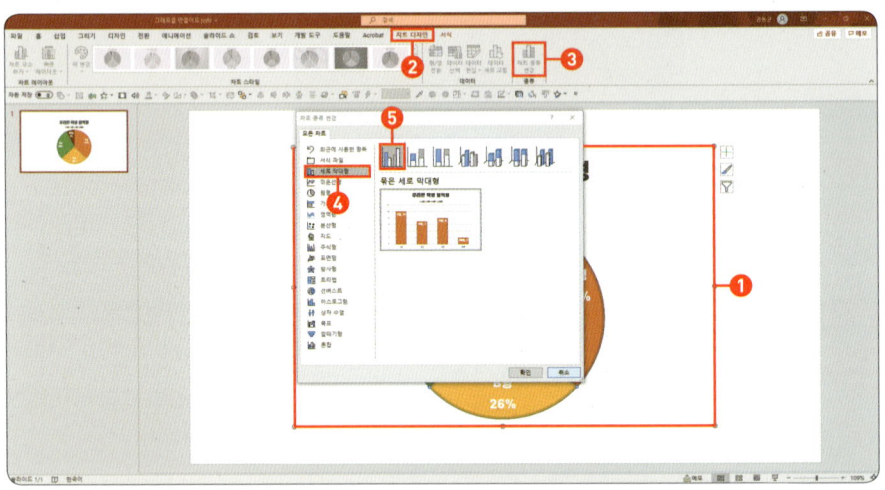

02 각 항목의 막대 색상을 바꿔 볼까요? 'A형' 막대를 더블 클릭하면 파워포인트 슬라이드 오른쪽에 '데이터 요소 서식' 창이 나타납니다. [채우기 및 선(🎨)]에서 [단색 채우기] 클릭하고 색상을 원하는 색으로 변경해 봅시다.

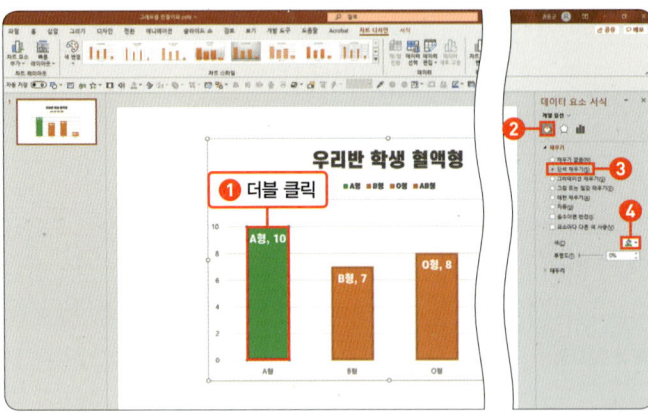

잠깐만요 — 막대형 차트의 색을 바꾸는 다른 방법 알아보기

나머지 막대의 색상은 다른 방법으로 바꿔 볼까요? 각 막대를 클릭하고 [홈] 탭 - '그리기' 그룹의 [도형 채우기]에서 변경할 수도 있습니다.

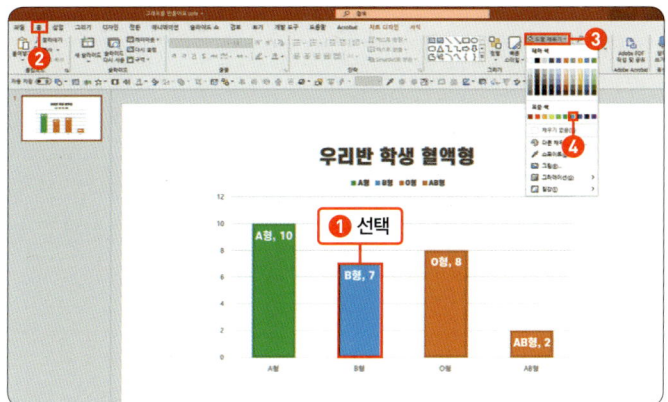

또는 막대를 마우스 오른쪽 버튼으로 클릭하면 '채우기 색상'을 바꿀 수 있는 메뉴가 나타납니다.

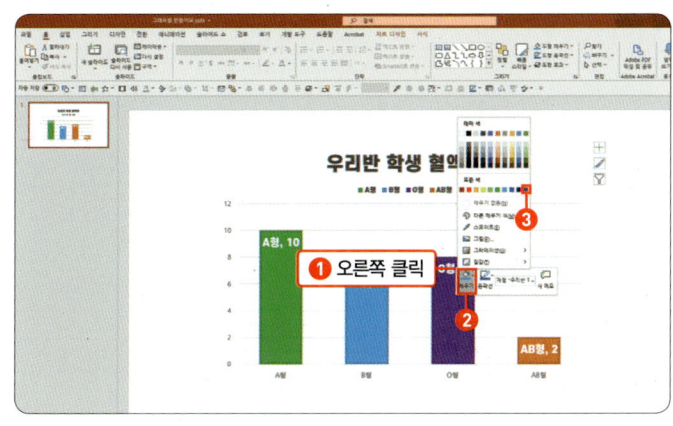

03 차트의 내용을 수정하고 싶다면 슬라이드의 차트를 선택하고 [차트 디자인] 탭 - '데이터' 그룹에서 [데이터 편집]을 클릭합니다. 그래프의 제목, 항목, 수치 등을 수정할 수 있는 엑셀 창이 다시 나타납니다.

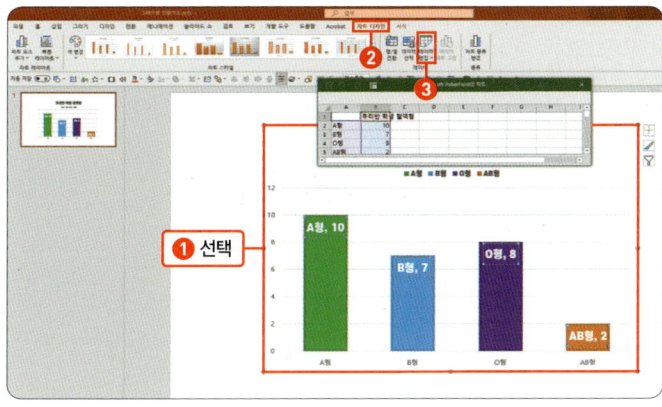

유튜브 썸네일을 만들어요!

★ 6학년-국어-자료를 활용해 발표하기 | 완성파일 : 썸네일.pptx

유튜브 영상을 재생하기 전, 우리는 미리 보기 화면에서 작은 사진을 확인하곤 합니다. 영상의 배경 사진 위에 제목이 써 있는 사진이요! 이 사진이 바로 '썸네일'이에요. 썸네일을 살펴보면 그 영상의 분위기와 내용을 추측할 수 있어요.

'썸네일(Thumbnail)'이란 '엄지손가락(Thumb)'과 '손톱(nail)'이 합쳐진 말로, 손톱만큼 작게 표현한 사진을 의미해요. 쉽게 말해 영상의 광고 사진 역할을 합니다. 광고 사진을 소비자들이 물건을 구매하도록 만드는 것이 목적이므로, 물건에 대한 정보를 보기 쉽게 넣곤 하죠. 이와 마찬가지로, 썸네일은 영상들의 주제와 내용을 보여 주며 시청자들이 영상을 클릭하도록 만들어요.

파워포인트로도 멋진 썸네일을 만들 수 있답니다! 글자에 '그라데이션' 효과를 넣고, '배경 제거' 기능을 이용해 그림만 쏘옥 뽑아 썸네일을 꾸미는 데 사용할 수 있어요. 이렇게 만든 썸네일을 유튜브에 영상을 올릴 때 등록하거나, 발표 자료의 첫 화면으로 활용해 보세요.

미리보기 🔍

학습 목표
- 영상의 주제를 잘 보여주는 '썸네일'에 대해 알아봐요.
- '썸네일'을 어떤 내용으로 구성할지 알아볼 수 있어요.
- '배경 제거' 기능을 활용해 배경을 지워 그림을 활용할 수 있어요.

썸네일 내용 정하기

썸네일에는 어떤 내용이 들어가는 것이 좋을까요? 파워포인트로 썸네일을 만들기 전에 필수 구성 요소를 연습장이나 스마트폰 메모장에 미리 적어 보세요.

영상의 주제나 내용을 생각하며 썸네일에 넣을 내용을 자유롭게 써 봅시다. 썸네일 그림 안에 영상의 제목과 간단한 설명을 넣을 예정이므로 적절한 내용을 적어 보세요. 그리고 어울리는 그림 또는 사진은 무엇이 있을지 생각해 봅시다.

> <썸네일 내용 정하기>
> ☆ 나의 장래 희망 소개
> - 영상의 내용 : 내 꿈 소개, 꿈을 가지게 된 동기, 꿈을 이루기 위해 노력한 일
> - 필요한 것 : 내 꿈에 관한 내용, 컴퓨터 사진, 키보드 사진, 컴퓨터를 보며 작업하는 그림 등

이렇게 메모한 내용을 정리해 썸네일을 구성해 봅시다. 만들고 싶은 썸네일의 모습을 떠올리며 들어갈 그림과 텍스트의 위치를 스케치해 봐요.

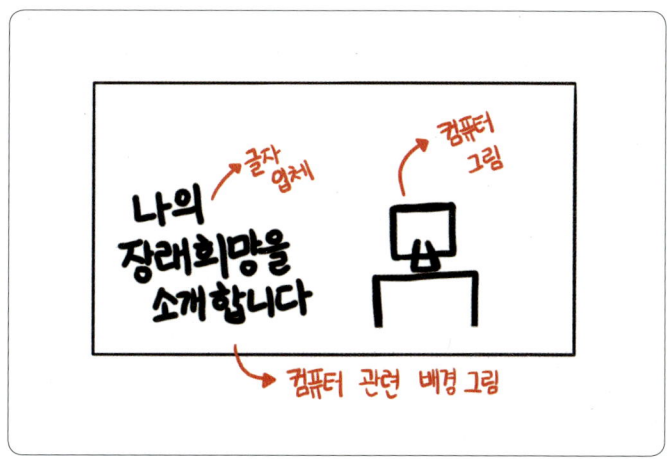

썸네일에 너무 많은 텍스트가 들어가면 눈에 잘 띄지 않을 수 있어요. 꼭 들어가야 하는 내용만 적어 봅시다.

나만의 썸네일 만들기

STEP 01 썸네일 내용 구성하기

썸네일에는 영상의 제목과, 영상의 성격을 잘 보여줄 수 있는 간결한 설명이 들어가면 좋아요. 썸네일은 크기가 작은 그림이므로 그 안에 텍스트가 너무 많으면 잘 보이지 않아요. 따라서 꼭 필요한 내용만 넣어야 합니다.

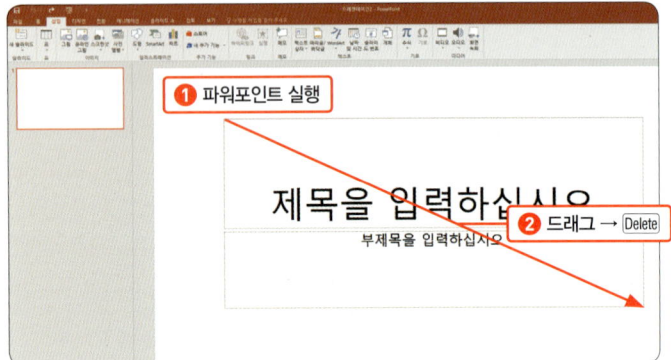

01 파워포인트를 실행하고 첫 슬라이드에 있는 기본 레이아웃을 삭제해요.

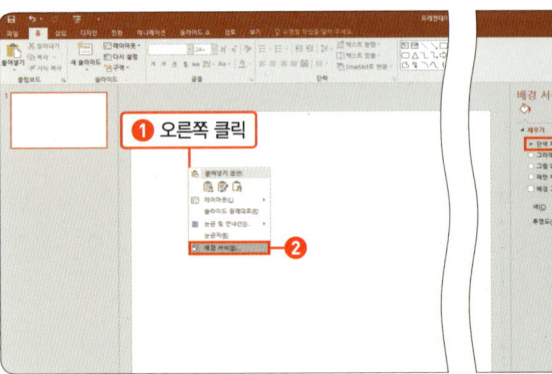

02 배경에 색을 넣기 위해 슬라이드의 빈 공간을 마우스 오른쪽 버튼으로 클릭하고 [배경 서식]을 클릭해요. 오른쪽에 [배경 서식] 창이 나타나면 [단색 채우기]를 클릭하고 '색'에서 마음에 드는 색을 선택하세요.

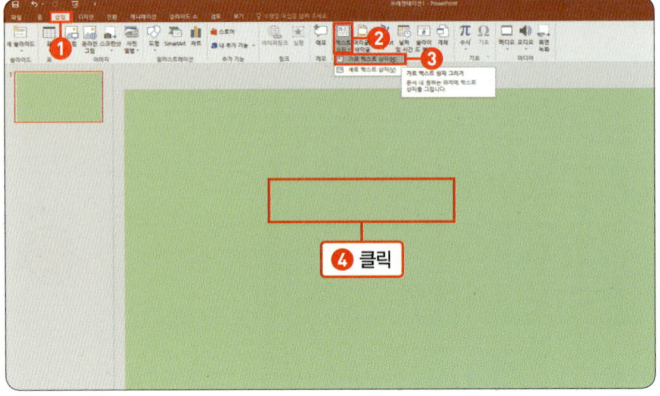

03 썸네일에 제목을 넣어 볼까요? [삽입] 탭 - '텍스트' 그룹에서 [텍스트 상자]를 클릭해요. [가로 텍스트]를 선택하고 제목 텍스트를 삽입할 위치를 클릭해요.

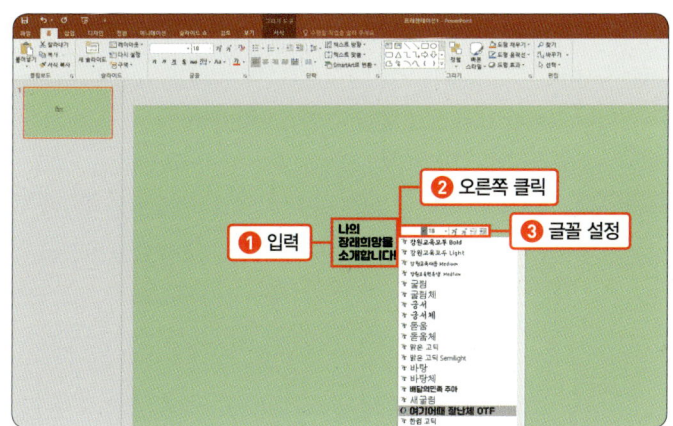

04 텍스트 상자에 썸네일에 어울리는 제목을 쓰고 글꼴을 바꿔요. 잘 보이도록 글씨 크기도 키워 볼까요?

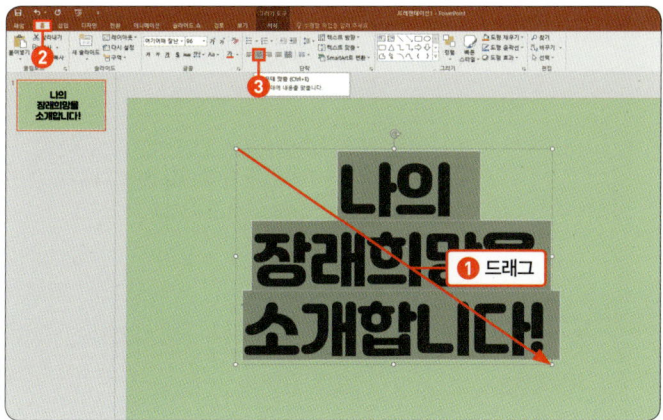

05 제목이 잘 보이도록 꾸며 보겠습니다. 글자를 드래그하고 [홈] 탭 - '단락' 그룹에서 '가운데 맞춤'을 클릭해서 글자 위치를 가운데로 정렬해요.

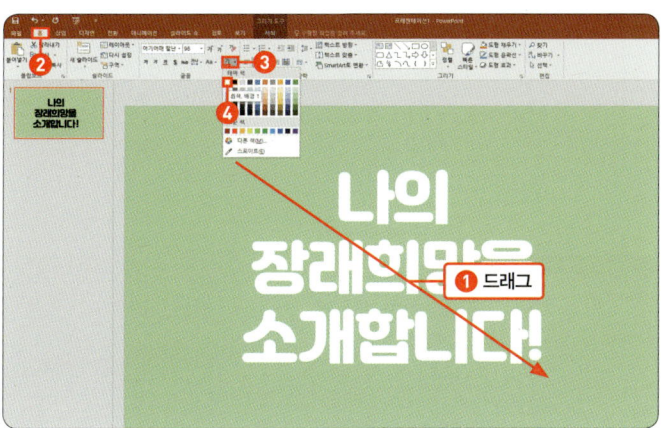

06 글자 색도 바꿔 볼까요? [홈] 탭 - '글꼴' 그룹에서 [글꼴 색]을 클릭해 색을 흰색으로 바꿔요.

STEP 02 썸네일 텍스트 예쁘게 꾸미기

슬라이드에 넣은 텍스트가 더 잘 보이도록 윤곽선이나 그림자 효과 등을 넣어 예쁘게 꾸며 볼까요?

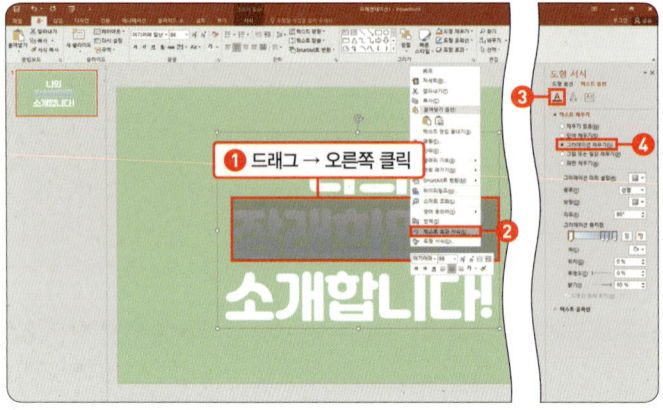

01 텍스트에 '그라데이션' 효과를 넣어 예쁘게 꾸며 보겠습니다. 바꾸고 싶은 텍스트를 드래그한 후 마우스 오른쪽 버튼으로 클릭하고 [텍스트 효과 서식]을 클릭해요. '도형 서식' 창에서 [그라데이션 채우기]를 선택해요.

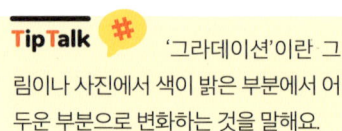
'그라데이션'이란 그림이나 사진에서 색이 밝은 부분에서 어두운 부분으로 변화하는 것을 말해요.

 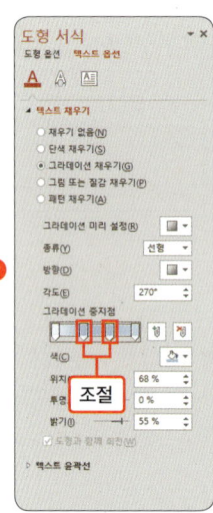 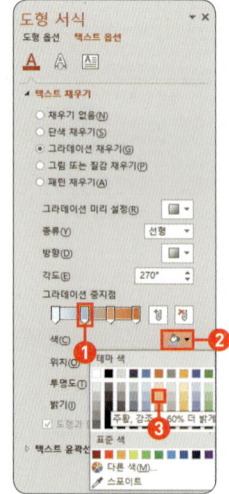

02 아래의 메뉴 중 '방향'에서 색이 퍼지는 방향을 선택해요.

03 '그라데이션 중지점'에서 화살표 모양의 '중지점'이 같은 간격이 되도록 설정하면 글자의 색이 고르게 퍼지도록 할 수 있어요.

04 원하는 색을 한 가지 골라 색을 설정해요. 오른쪽부터 왼쪽으로 갈수록 연해지도록 골라요.

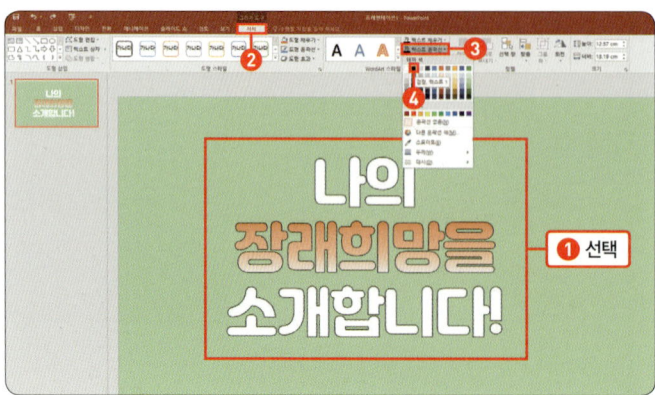

05 텍스트가 눈에 더 잘 띄도록 [서식] 탭 - 'WordArt 스타일' 그룹에서 [텍스트 윤곽선]을 클릭해요. [테마 색]에서 검은색을 고르고 [두께]에서 윤곽선의 두께를 두껍게 바꿔요. 텍스트가 좀 더 또렷해졌죠?

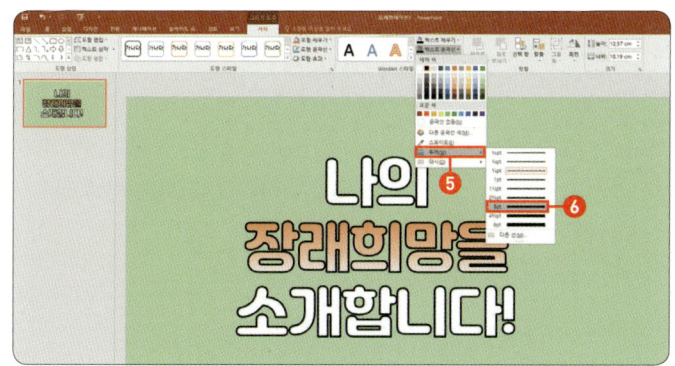

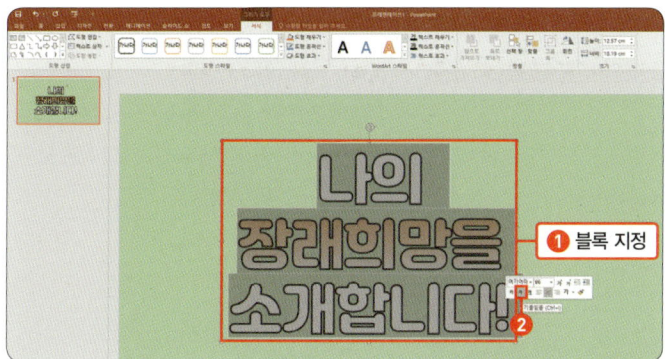

06 글자를 드래그해 블록으로 지정하고 나타나는 메뉴 중에서 [기울임꼴]을 클릭하세요.

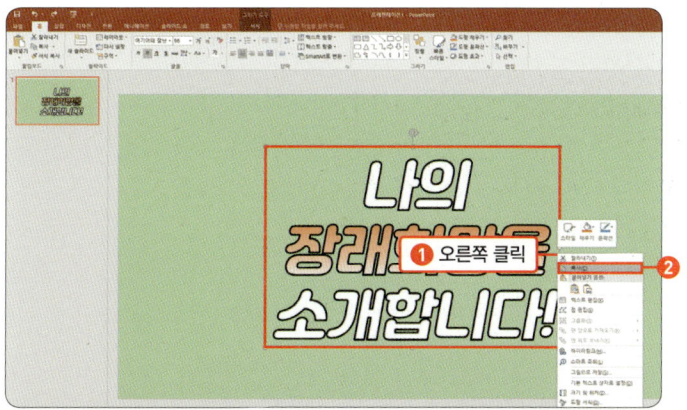

07 글자가 눈에 더 잘 띄도록 두꺼운 테두리를 만들어 볼까요? 글자를 마우스 오른쪽 버튼으로 클릭해 [복사]를 선택해요. 그리고 슬라이드 빈 공간을 마우스 오른쪽 버튼으로 클릭하고 '붙여넣기 옵션'의 [대상 테마 사용]을 클릭해 텍스트를 하나 더 만들어 줍니다.

TipTalk 텍스트가 겹쳐져 있으면 수정하기 불편하므로 붙여넣은 텍스트는 다른 곳으로 옮겨 주세요.

08 원본 글자를 선택하고 [서식] 탭 - 'WordArt 스타일' 그룹에서 [텍스트 윤곽선]을 클릭해요. [테마 색]에서 흰색을 고르고 [두께]에서 윤곽선의 두께를 두껍게 바꿔요. 두꺼운 흰색 테두리가 생겼죠?

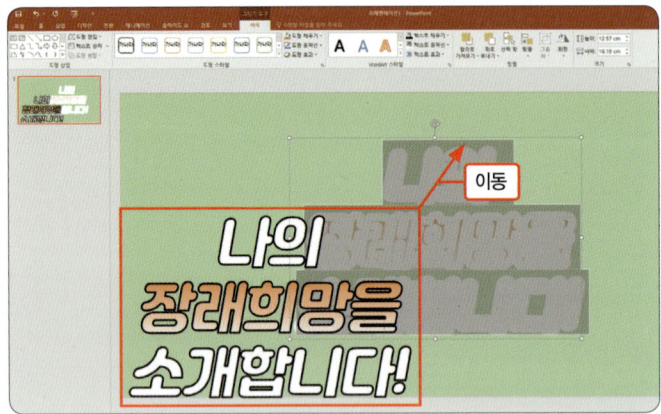

09 두꺼워진 텍스트 위로 붙여넣기한 텍스트를 옮겨 보세요. 검은색 테두리 밖으로 흰색 테두리가 생기므로 텍스트가 더 잘 보여요.

STEP 03 › 썸네일 배경 구성하기

썸네일의 내용을 더 효과적으로 전달하기 위해 배경에 사진을 넣어 꾸며 볼까요?

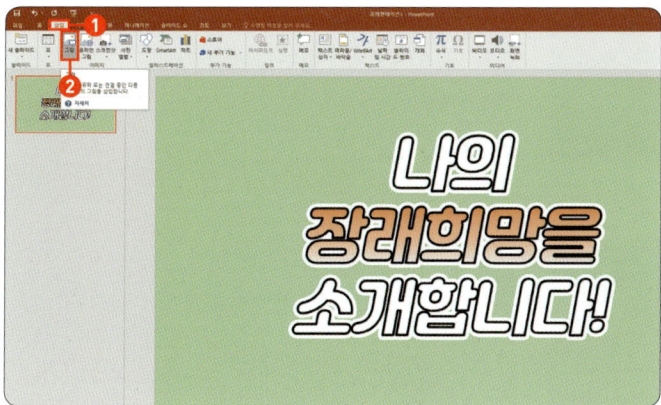

01 [삽입] 탭 - '이미지' 그룹에서 [그림]을 클릭해 배경으로 어울리는 그림을 불러옵니다.

> **TipTalk** 준비해 둔 사진이 없다면 배경으로 사용할 그림은 무료 이미지 제공 웹 사이트에서 다운로드합니다.

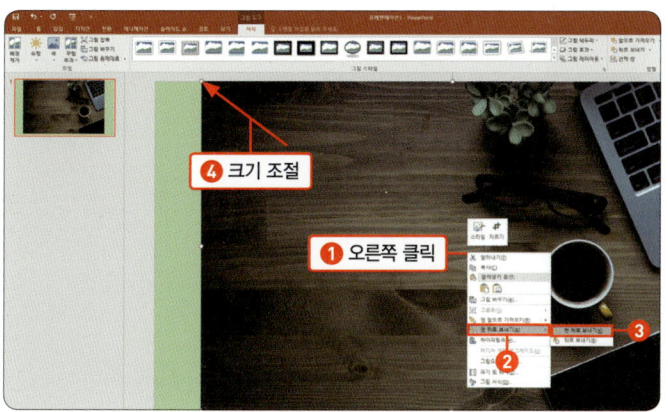

02 그림을 텍스트의 뒤로 옮기기 위해 그림을 마우스 오른쪽 버튼으로 클릭하고 [맨 뒤로 보내기] - [맨 뒤로 보내기]를 클릭합니다. 그림이 배경에 꽉 차도록 모서리를 마우스로 드래그하세요.

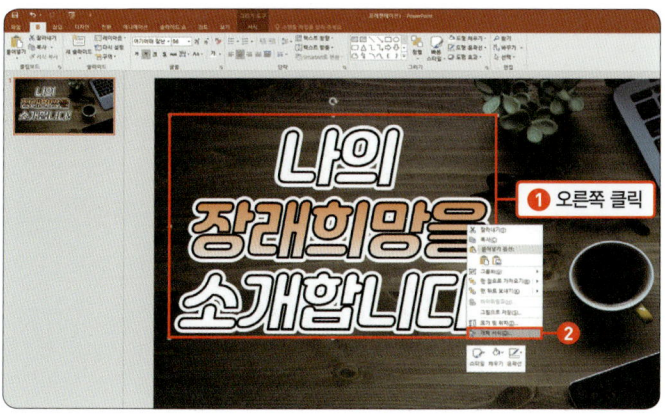

03 텍스트 입체 효과를 넣어 볼게요. 텍스트를 마우스 오른쪽 버튼으로 클릭하고 [개체 서식]을 선택합니다.

> **TipTalk** 버전에 따라 [개체 서식] 대신 [도형 서식]으로 표시되기도 합니다.

04 '도형 서식' 창에서 [텍스트 옵션] - [텍스트 효과]와 [3차원 회전]을 차례로 클릭하세요. 그런 다음 '미리 설정'에서 [원근감(오른쪽)]을 선택합니다.

05 ▲를 클릭해 '원근감'의 숫자를 높여 보세요. 입체 효과가 더 커집니다.

STEP 04 썸네일에 그림 넣기

마지막으로 썸네일의 내용에 어울리는 그림을 넣어 보고 완성한 그림을 저장해 볼까요?

01 영상과 관련된 그림을 넣어 볼까요? [삽입] 탭 - '이미지' 그룹에서 [그림]를 클릭합니다. 미리 준비해 둔 그림이나 웹 사이트에서 다운로드한 그림을 불러오세요.

TipTalk '프리픽' 사이트(https://kr.freepik.com)에 접속하면 여러 가지 사진이나 일러스트를 무료로 받을 수 있는 있어요.

02 '배경 제거' 기능을 활용해 그림의 흰색 부분을 지워 볼게요. [서식] 탭 - '조정' 그룹의 [배경 제거]를 클릭해요.

03 그림에서 분홍색으로 보이는 부분이 투명하게 변할 예정입니다. 그런데 투명해져서는 안 되는 곳이 분홍색으로 표시되어 있나요? [보관할 영역 표시]를 클릭하고, 영역 해제할 부분을 드래그합니다. 지울 부분을 다 선택했다면, [변경 내용 유지]를 클릭하세요. 배경이 깔끔하게 지워져요.

TipTalk 반대로, 투명해져야 할 부분이 분홍색으로 표시되지 않았다면 [제거할 영역]을 클릭하고 분홍색으로 바꾸고자 하는 부분을 드래그하세요.

04 썸네일에 테두리를 만들어 볼게요. [삽입] 탭 - '일러스트레이션' 그룹에서 [도형]을 클릭해요. 기본 도형 중 [액자]를 클릭하고 드래그해 원하는 영역에 도형을 삽입합니다.

TipTalk 썸네일에 테두리를 추가하면 안정감이 생겨요.

05 도형 테두리의 노란색 원을 클릭해 드래그하면 두께를 조절할 수 있어요. 왼쪽으로 드래그하면 얇아지고, 오른쪽으로 드래그하면 두꺼워져요.

06 '그라데이션' 효과를 넣어 테두리를 꾸며 볼게요. 테두리를 마우스 오른쪽 버튼으로 클릭해 [도형 서식]을 클릭해요.

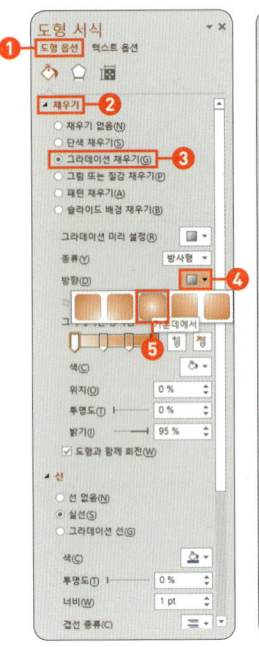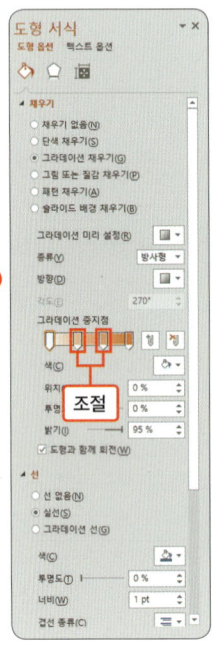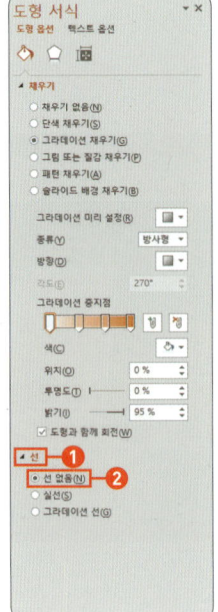

07 '도형 서식' 창에서 [도형 옵션]을 클릭해 [채우기] - [그라데이션 채우기]를 선택합니다. '방향'에서 마음에 드는 항목을 골라요.

08 '그라데이션 중지점'에서 화살표 모양의 '중지점'을 같은 간격이 되도록 옮겨요. 색이 고르게 퍼지도록 할 수 있어요.

09 '선'에서 [선 없음]을 눌러 테두리 선을 지워요.

10 완성된 썸네일을 그림으로 저장합니다. [파일] 탭을 클릭하고 [내보내기]를 선택하세요. [파일 형식 변경]을 클릭하고 '이미지 파일 형식'인 [PNG]을 선택한 후 [다른 이름으로 저장]을 클릭하세요.

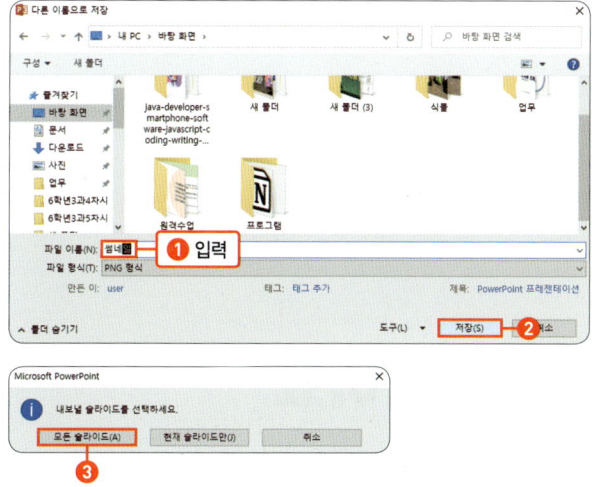

11 [다른 이름으로 저장] 대화상자가 나타나면 파일 이름을 입력하고 [저장]을 클릭합니다. 그리고 '내보낼 슬라이드를 선택하세요' 대화상자에서 [모든 슬라이드]를 클릭합니다.

나만의 템플릿을 만들어요

완성파일 : 템플릿 제작.pptx

여러분의 하루를 떠올려 보세요. 일과 시간 중 매일 반복하는 작업이 있지 않나요? 예를 들어, 어제도, 오늘도, 내일도 비슷한 시각에 아침에 일어나서 이불을 정리하고 밥을 먹고 양치를 했을 거예요.

파워포인트로 작업할 때도 마찬가지입니다. 여러 개의 슬라이드에 비슷한 텍스트와 그림을 넣을 일이 많습니다. 그런데 슬라이드에 텍스트 상자와 그림을 매번 새로 삽입해야 할까요? 그렇지 않아요!

같은 작업을 반복할 때는 '슬라이드 마스터' 기능을 활용해 보세요. '슬라이드 마스터' 기능을 이용해 '템플릿'을 만들어 두고, 주제에 알맞은 내용을 쏙쏙 입력하면 된답니다. 반복 작업을 되풀이할 필요가 없으므로 파워포인트 발표 자료를 더 간단하고 빠르게 완성할 수 있습니다.

미리보기 🔍

> **나만의 템플릿을 만들어요.**
>
> 길벗초등학교 6학년 1반 김고은

▲ 영상 강의

학습 목표
- '슬라이드 마스터' 기능이 무엇인지 알 수 있어요.
- '슬라이드 마스터' 기능을 활용해 나만의 템플릿을 만들 수 있어요.
- 레이아웃을 구성하고 활용할 수 있어요.

슬라이드 레이아웃 살펴보기

파워포인트의 **'템플릿(Template)'이란 발표 자료를 디자인할 때 안내 역할을 하는 디자인 틀**로, 제목과 내용 텍스트, 그림 레이아웃 등을 미리 구성해 놓은 것을 가리킨답니다. 제목 슬라이드, 차례 슬라이드, 내용 슬라이드를 다르게 구성해 두면 각각의 슬라이드를 만들 때마다 알맞은 템플릿을 불러와 사용할 수 있어요.

'슬라이드 마스터'란 템플릿 제작을 도와주는 기능으로, 이 기능을 이용하면 슬라이드에 공통 레이아웃과 스타일을 간단히 적용할 수 있습니다. 슬라이드 마스터 기능을 이용해 템플릿을 제작해 두면 똑같은 작업을 매번 반복하지 않아도 되므로 자료를 만드는 데 걸리는 시간이 줄어듭니다. 또한, 나만의 스타일을 살려 발표 자료를 제작할 수도 있답니다.

'슬라이드 마스터' 기능을 익히기 전에 슬라이드 레이아웃에 대해 좀 더 살펴봅시다. 파워포인트로 발표 자료를 제작할 때는 슬라이드를 삽입하고 편집하는 과정이 꼭 필요합니다. 슬라이드를 삽입하기 위해 [홈] 탭 - '슬라이드' 그룹에서 [새 슬라이드]를 클릭하면 11개의 레이아웃 중에서 원하는 것을 선택할 수 있어요.

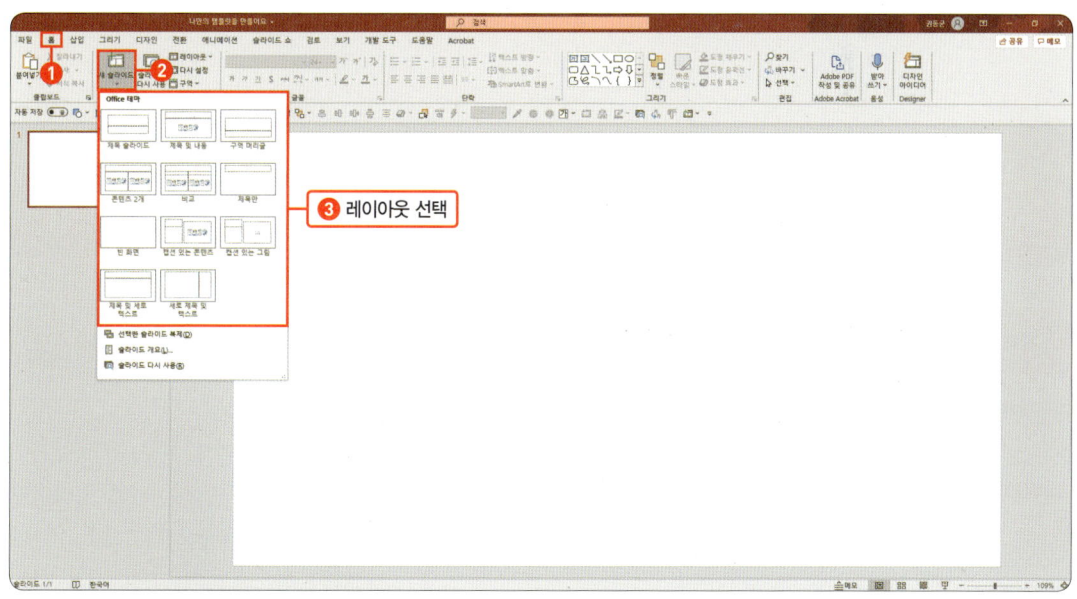

▲ 파워포인트의 여러 가지 슬라이드 레이아웃

 [삽입] 탭의 '슬라이드' 그룹에서도 같은 방법으로 '새 슬라이드'를 삽입할 수 있어요.

이 중에서 원하는 레이아웃을 클릭하면 선택한 슬라이드가 삽입됩니다. 예를 들어 '제목 및 내용' 레이아웃을 선택하면 제목과 내용을 입력할 수 있는 슬라이드가 나타납니다. 빈 슬라이드에 텍스트를 넣으려면 텍스트 상자를 따로 삽입해야 하는 반면, 제목과 내용 텍스트 레이아웃이 포함되어 있다면 이 과정을 생략해도 됩니다. 마찬가지로, 이미지나 차트 등 개체를 삽입하는 부분도 레이아웃 안에 포함되어 있다면 제작 과정이 더 간편해진답니다.

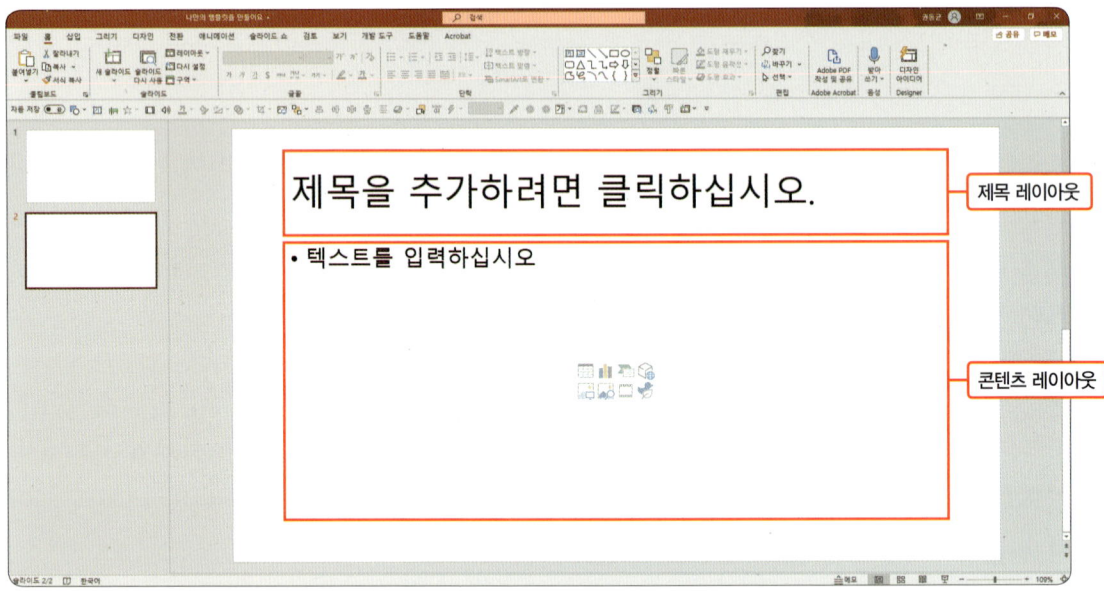

▲ 레이아웃을 활용해 작업을 편리하게 만들기

나만의 템플릿 만들기

STEP 01 슬라이드 마스터 알아보기

지금부터 '슬라이드 마스터' 기능을 이용해 나만의 템플릿을 만드는 방법을 알아보겠습니다.

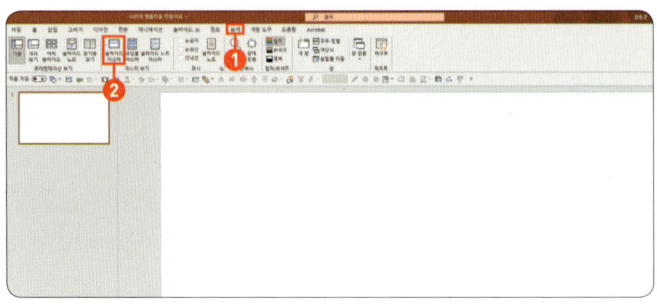

01 템플릿을 만들기 위해 '슬라이드 마스터' 기능을 이용하려고 합니다. [보기] 탭 - '마스터 보기' 그룹에서 [슬라이드 마스터]를 클릭해 봅시다.

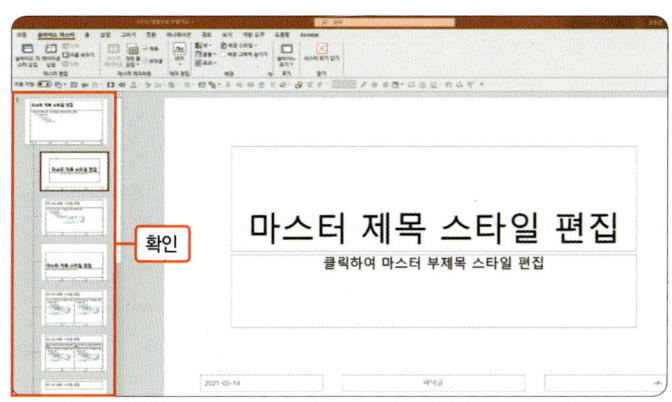

02 '슬라이더 마스터' 화면으로 바뀌었습니다. 왼쪽 슬라이드 축소판에 다양한 서식이 들어간 슬라이드가 자동으로 삽입되어 있습니다.

> **잠깐만요** '슬라이드 마스터' 슬라이드는 무엇인가요?
>
> [슬라이드 마스터] 안에는 크게 '슬라이드 마스터' 슬라이드와 '레이아웃' 슬라이드를 삽입할 수 있습니다. 이 중 '슬라이드 마스터' 슬라이드는 다른 '레이아웃' 슬라이드의 부모 역할을 합니다.
>
> 왼쪽의 여러 슬라이드 중에서 가장 위에 있는 큰 슬라이드가 '슬라이드 마스터' 슬라이드입니다. 그리고 그 아래에 있는 작은 슬라이드들이 '레이아웃' 슬라이드예요. 자세히 살펴보면 '슬라이드 마스터' 슬라이드에 다른 '레이아웃' 슬라이드가 연결되어 있는 것을 확인할 수 있어요.
>
> '슬라이드 마스터' 슬라이드의 설정을 바꾸면 아래에 있는 다른 슬라이드에도 함께 적용됩니다. 공통적으로 설정하는 사항이 있는 경우 '슬라이드 마스터'에서 설정을 변경해 보세요. 슬라이드를 꾸미는 시간이 훨씬 절약되겠죠?
>
>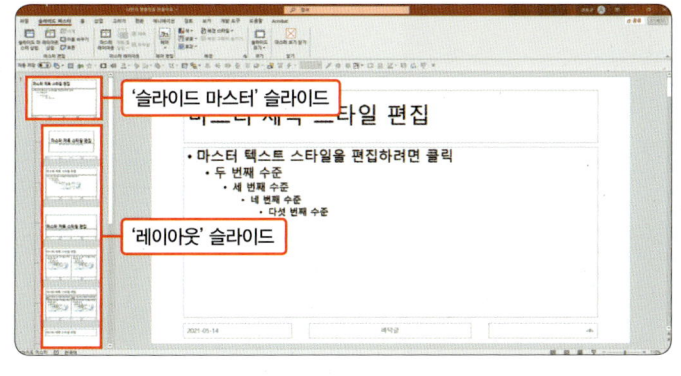

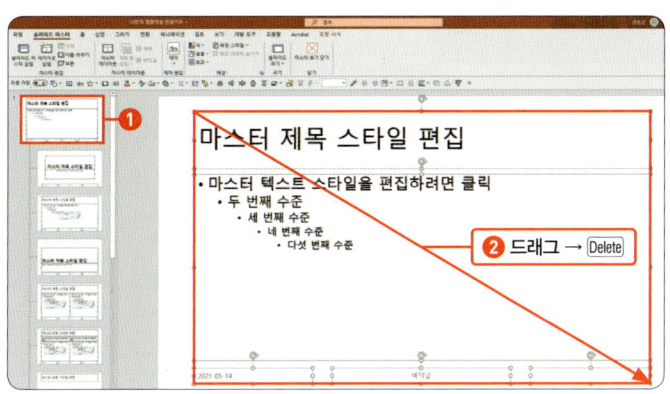

03 가장 위에 있는 '슬라이드 마스터' 슬라이드를 클릭하고 슬라이드 안의 모든 레이아웃을 드래그해 선택한 후, 키보드의 Delete 를 눌러 지워 봅시다. 그럼 빈 슬라이드가 되겠죠?

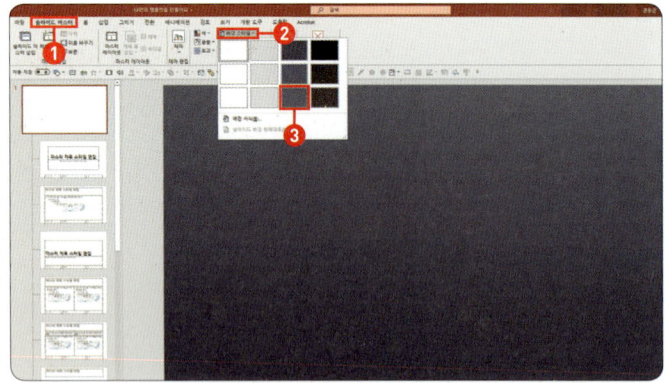

04 '슬라이드 마스터' 슬라이드가 다른 '레이아웃' 슬라이드의 부모 역할을 한다고 했죠? '슬라이드 마스터' 슬라이드의 배경을 바꿔 보겠습니다. '배경' 그룹의 [배경 스타일]을 클릭하고 원하는 색을 선택하세요. '레이아웃' 슬라이드의 배경도 함께 변경된답니다.

05 이렇게 변경한 배경이 슬라이드에 어떤 영향을 주는지 확인해 봅시다. [슬라이드 마스터] 탭 - '닫기' 그룹의 [마스터 보기 닫기]를 클릭합니다.

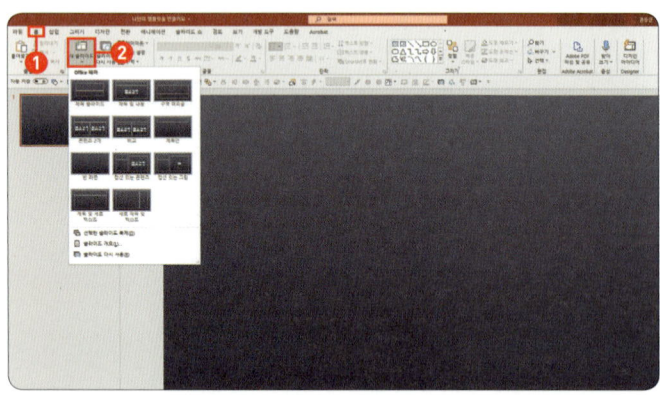

06 [슬라이드 마스터] 편집화면을 벗어나서 원래의 화면으로 바뀌고, 슬라이드의 배경 색상이 설정한 색상으로 변경된 것을 확인할 수 있어요.
또한 새로운 슬라이드를 삽입해도 배경 화면이 변경한 색상으로 자동으로 설정된답니다. [홈] 탭 - '슬라이드' 그룹의 [새 슬라이드]를 클릭해 확인해 보세요.

> **TipTalk** [슬라이드 마스터]에서 설정한 사항은 파워포인트 슬라이드에 자동으로 적용된답니다. 이 점을 활용해서 여러분만의 템플릿을 제작할 수 있을 거예요.

STEP 02 슬라이드 마스터 만들기

나만의 템플릿을 만들기 위해 슬라이드 마스터의 내용을 편집할 차례입니다. 슬라이드의 배경을 변경하고, 글꼴을 설정하는 등 나만의 스타일로 템플릿을 구성해 봅시다.

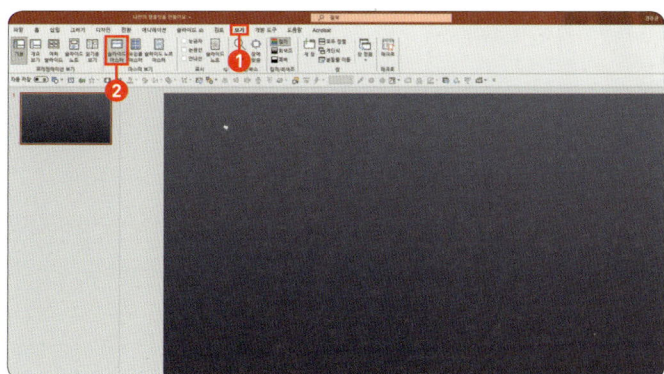

01 다시 [슬라이드 마스터]로 들어가 봅시다. [보기] 탭 – '마스터 보기' 그룹의 [슬라이드 마스터]를 선택하세요.

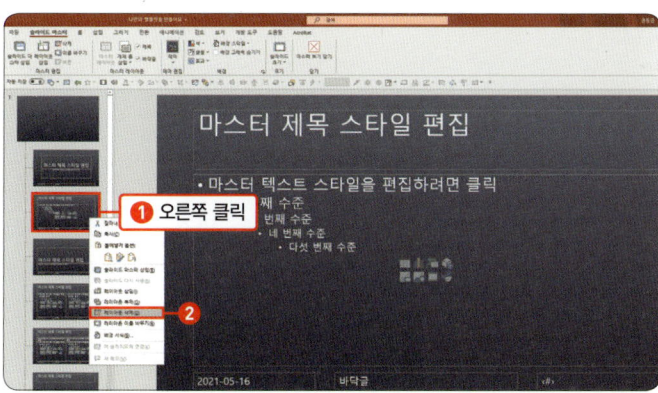

02 [슬라이드 마스터] 편집 화면으로 전환됩니다. 필요하지 않은 '레이아웃 슬라이드'를 삭제해 보겠습니다. '슬라이드 마스터' 바로 아래에 있는 슬라이드만 남기고 나머지는 지워 볼게요. 삭제할 슬라이드를 마우스 오른쪽 버튼으로 클릭하고, [레이아웃 삭제]를 선택하세요.

> **TipTalk** 왼쪽에 있는 여러 슬라이드 중에서 가장 위에 있는 슬라이드가 부모 역할을 하는 '슬라이드 마스터'라고 했었죠? 그래서 '슬라이드 마스터' 슬라이드를 편집하면 아래 있는 다양한 '레이아웃 슬라이드'도 함께 바뀝니다.

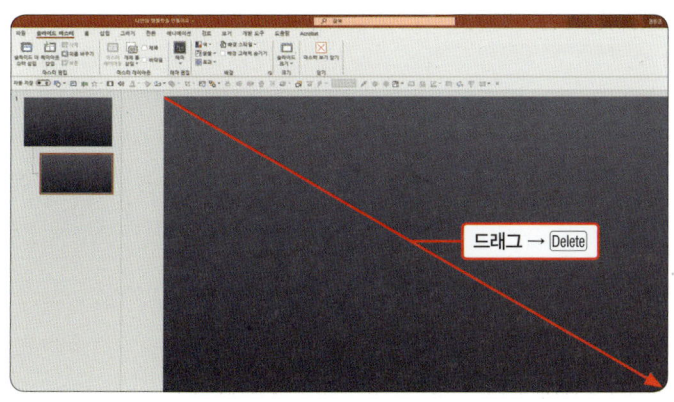

03 하나의 '레이아웃 슬라이드'만 남았다면 '레이아웃 슬라이드' 안에 있는 레이아웃도 선택해서 모두 지워 봅시다. 그럼 빈 슬라이드가 되겠죠?

04 슬라이드 배경에 그림을 넣어 봅시다. '슬라이드 마스터' 슬라이드를 선택하고 슬라이드 빈 공간을 마우스 오른쪽으로 클릭해 [배경 서식]을 선택하세요.

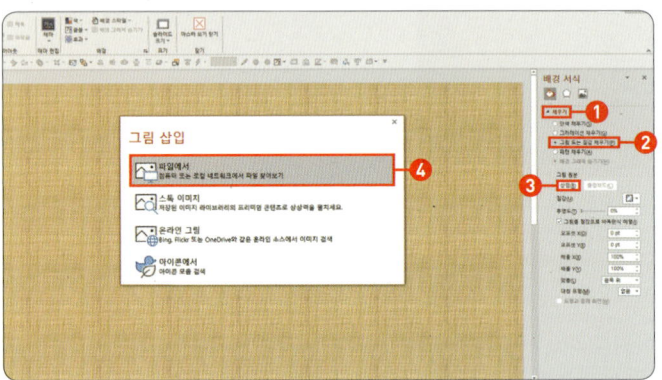

05 오른쪽에 '배경 서식' 창이 나타나면 [채우기] - [그림 또는 질감 채우기]를 선택한 후 '그림 원본' 아래의 [삽입]을 클릭합니다. '그림 삽입' 창의 [파일에서]를 클릭해 이미지를 불러옵니다.

TipTalk 적당한 그림이 없다면 '부록'으로 제공되는 그림을 다운로드해 사용하세요.

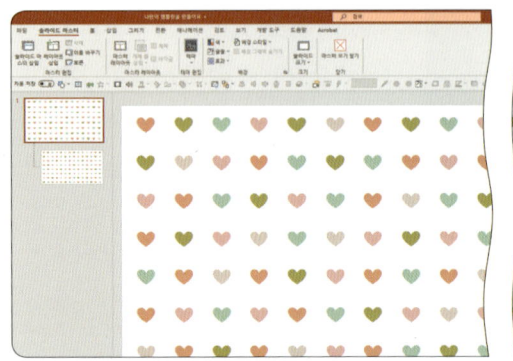 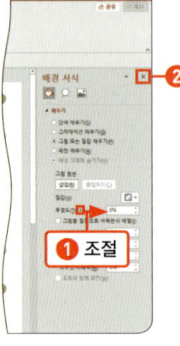

06 '슬라이드 마스터' 슬라이드와 그 아래에 있는 '레이아웃 슬라이드'의 배경 화면이 변경될 거예요. 오른쪽 '배경 서식' 창에서 이미지의 투명도를 조절해 볼게요. '0%'로 설정되어 있던 투명도를 높이면 이미지가 흐리게 변합니다. '배경 서식' 창을 닫아 주세요.

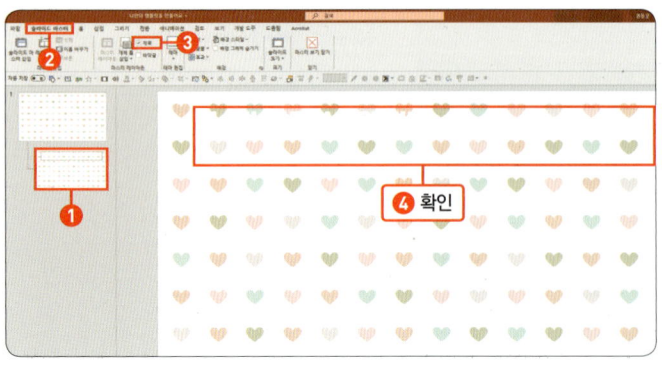

07 아래에 있는 '레이아웃 슬라이드'를 선택해 봅시다. [슬라이드 마스터] 탭 - '마스터 레이아웃' 그룹에서 [제목] 체크박스를 선택해 봅시다. 슬라이드에 '제목'을 입력할 수 있는 텍스트 상자가 생깁니다.

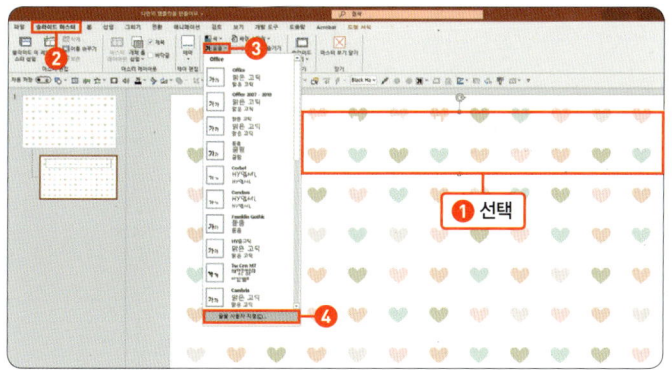

08 슬라이드에 삽입된 제목 텍스트 상자를 선택하고, [슬라이드 마스터] 탭 - '배경' 그룹에서 [글꼴]을 선택해 봅시다. 제목 부분의 텍스트 글꼴을 미리 설정해 둘 수 있어요. 가장 아래쪽에 있는 [글꼴 사용자 지정]을 클릭하세요.

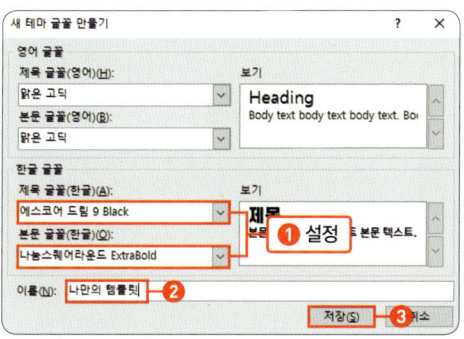

09 대화상자가 나타나면 '한글 글꼴'의 '제목 글꼴'과 '본문 글꼴'을 원하는 대로 설정합니다. '이름'을 '나만의 템플릿'이라고 입력한 후 [저장]을 클릭하세요.

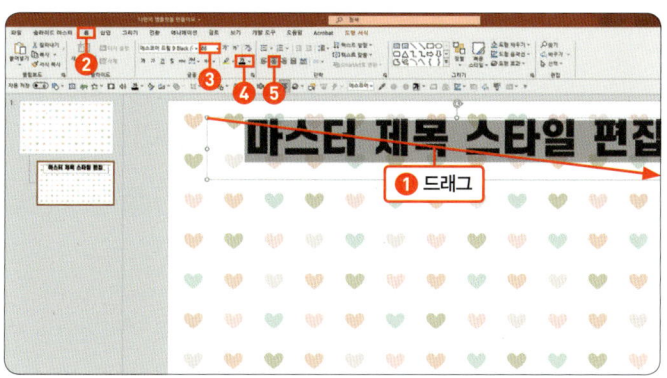

10 제목 텍스트를 설정해 봅시다. 텍스트를 드래그하고 [홈] 탭 - '글꼴' 그룹에서 텍스트의 크기와 색깔을 바꿔 봅시다. 그런 다음 '단락' 그룹에서 텍스트를 [가운데 정렬]로 변경하세요.

11 지금까지 한 작업이 어떻게 적용되었는지 확인해 볼까요? [슬라이드 마스터] 탭 - '닫기' 그룹의 [마스터 보기 닫기]를 클릭해 원래 화면으로 돌아옵니다.

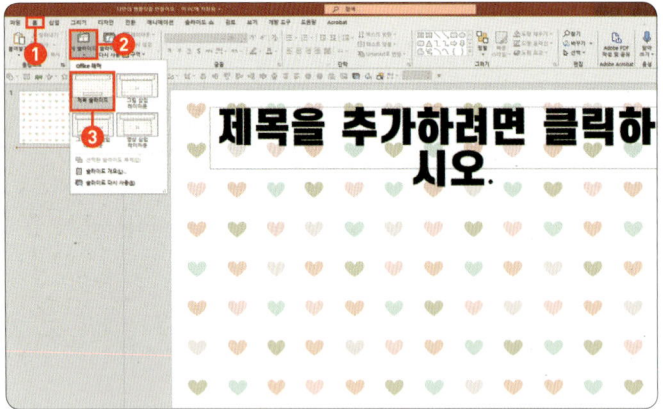

12 지금까지 한 작업이 어떻게 적용되었는지 확인해 볼까요? [슬라이드 마스터] 탭 - '닫기' 그룹의 [마스터 보기 닫기]를 클릭해 원래 화면으로 돌아옵니다.

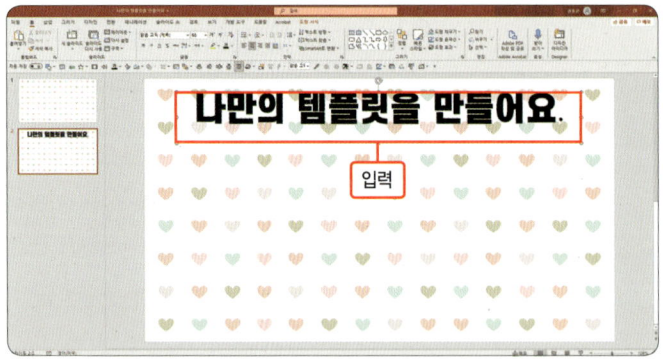

13 삽입된 텍스트 상자를 클릭해 내용을 입력해 봅시다.

> **TipTalk** 같은 방법으로 텍스트와 그림, 차트 등 개체가 삽입되는 부분도 원하는 대로 설정할 수 있어요.

STEP 03 슬라이드 마스터로 나만의 템플릿 제작하기 – 제목 슬라이드

나만의 템플릿에 넣을 제목 슬라이드를 만들어 볼까요? 프레젠테이션의 대문이라고 할 수 있는 제목 슬라이드를 만들고 레이아웃으로 지정하는 방법을 알아봅시다.

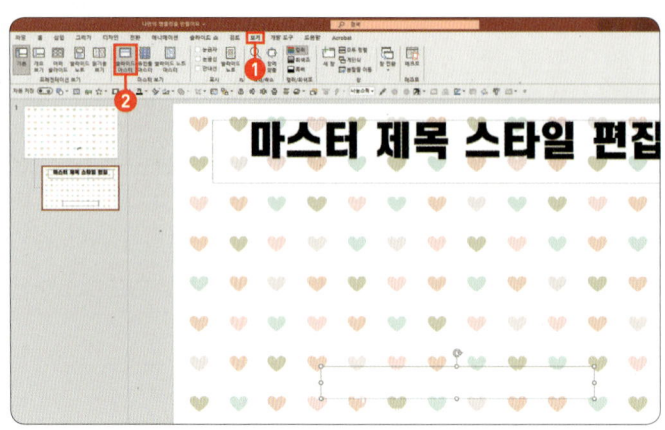

01 이제 본격적으로 여러분만의 템플릿을 만들어 볼까요? [보기] 탭 - '마스터 보기' 그룹에서 [슬라이드 마스터]를 클릭해 봅시다.

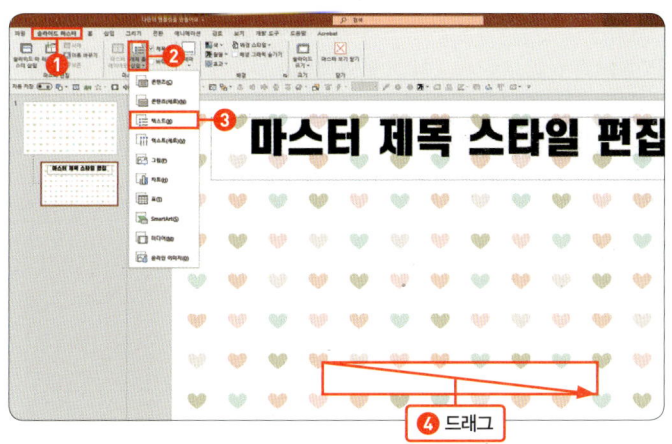

02 슬라이드의 아래쪽에 발표자의 이름을 입력하는 곳을 만들어 볼게요. [슬라이드 마스터] 탭 - '마스터 레이아웃' 그룹에서 [개체 틀 삽입]을 클릭하고 [텍스트]를 선택합니다. 슬라이드의 아래쪽을 마우스로 드래그해 영역을 지정해 봅시다.

> **TipTalk** [슬라이드 마스터] 탭 - '마스터 레이아웃' 그룹에서 [개체 틀 삽입]을 클릭하면 텍스트, 그림, 차트 등의 개체를 삽입할 수 있어요.

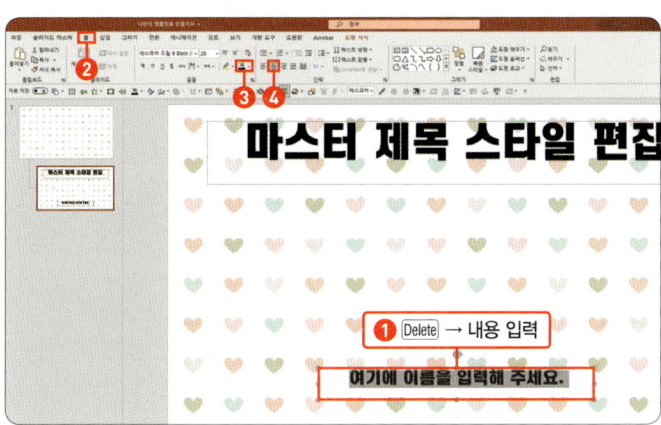

03 Delete 를 눌러 텍스트 틀 안의 내용을 지우고 '여기에 이름을 입력해 주세요'라는 안내 문구를 입력해 봅시다. 다음으로 [홈] 탭 - '글꼴' 그룹과 '단락' 그룹에서 텍스트의 색깔을 검정색으로 바꾸고 가운데 정렬을 해봅시다.

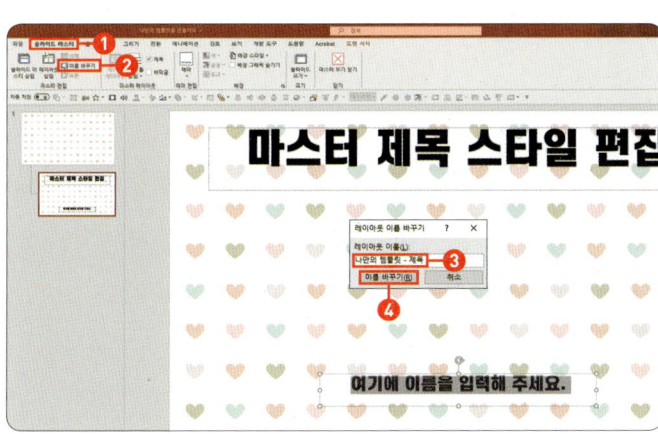

04 지금까지 만든 슬라이드의 이름을 정해볼까요? [슬라이드 마스터] 탭 - '마스터 편집' 그룹에서 [이름 바꾸기]를 클릭하세요. '레이아웃 이름 바꾸기' 대화상자가 나타나면 '레이아웃 이름'을 '나만의 템플릿 - 제목'으로 바꾼 후에 [이름 바꾸기]를 클릭해 봅시다.

05 [슬라이드 마스터] 탭 - '닫기' 그룹에서 [마스터 보기 닫기]를 클릭해서 나가 봅시다.

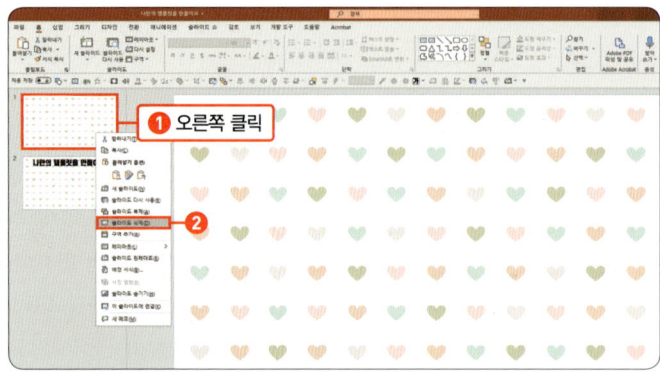

06 슬라이드 축소판에서 슬라이드를 마우스 오른쪽 버튼으로 클릭하고 [슬라이드 삭제]를 선택합니다.

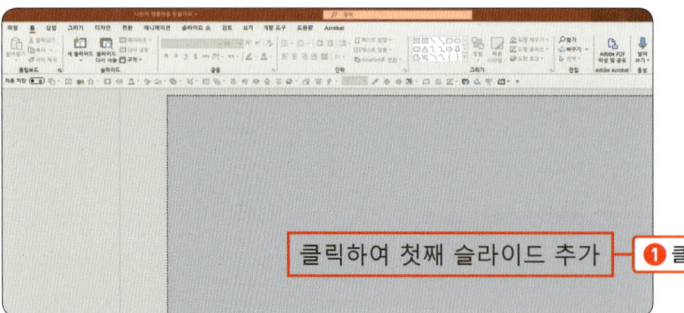

07 모든 슬라이드를 삭제하면 '클릭하여 첫째 슬라이드 추가'라는 안내가 나타납니다. 안내 문구를 클릭해 볼까요? [슬라이드 마스터]에서 만들었던 제목 슬라이드가 자동으로 추가됩니다.

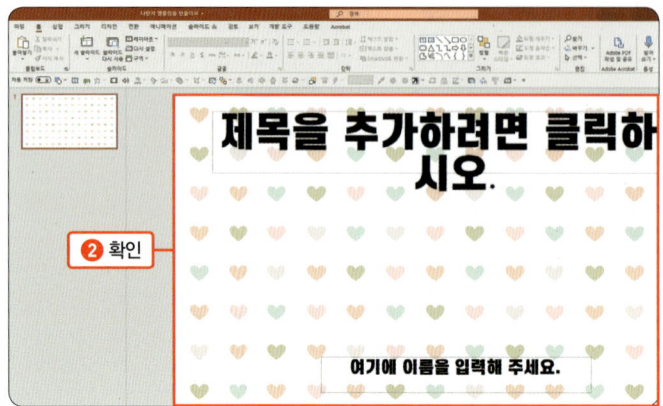

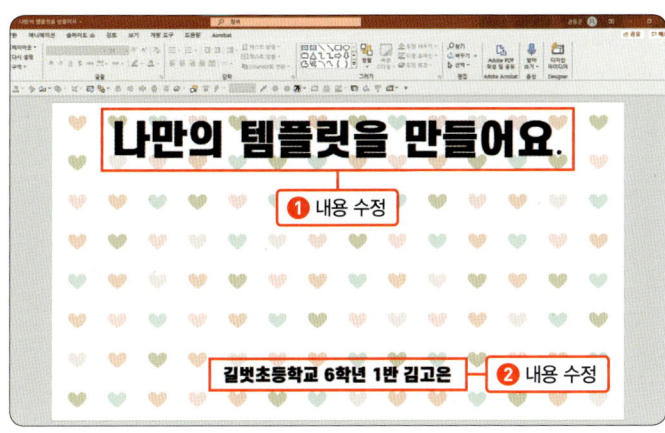

08 제목과 이름 텍스트 개체 틀을 클릭해서 내용을 수정해 봅시다. [슬라이드 마스터]에서 슬라이드 레이아웃을 편집해 두면 개체 틀을 클릭해 텍스트만 간단하게 수정할 수 있어요.

STEP 04 슬라이드 마스터로 나만의 템플릿 제작하기 – 내용 슬라이드

발표 내용을 담는 슬라이드를 제작해 볼까요? 그림, 비디오 등의 개체를 쉽게 삽입할 수 있게 도와주는 슬라이드를 만들고 레이아웃으로 지정하는 방법을 알아봅시다.

01 다른 레이아웃 슬라이드를 만들어 봅시다. [보기] 탭 - '마스터 보기' 그룹에서 [슬라이드 마스터]로 들어가 봅시다.

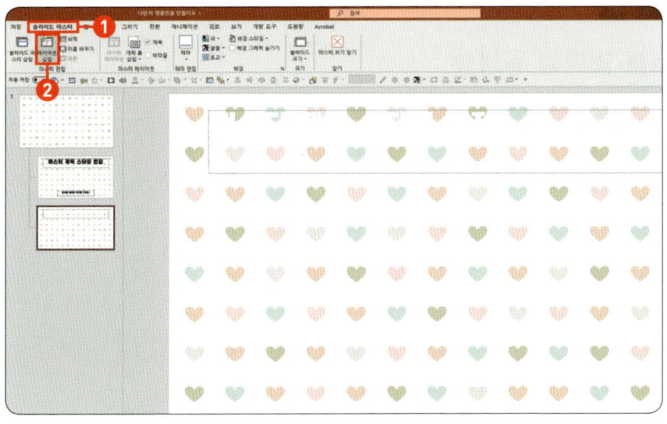

02 [슬라이드 마스터] 탭 - '마스터 편집' 그룹의 [레이아웃 삽입]을 클릭해요.

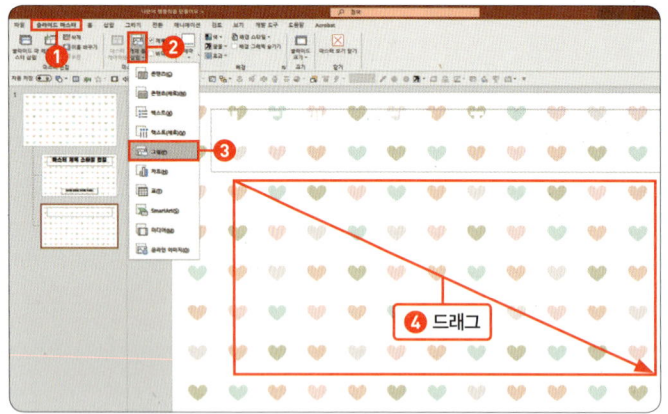

03 새로 삽입한 레이아웃 슬라이드에 그림을 삽입할 수 있는 개체 틀을 삽입해 봅시다. [슬라이드 마스터] 탭 – '마스터 레이아웃' 그룹에서 [개체 틀 삽입]을 클릭하고 [그림]을 선택해요. 그리고 슬라이드의 빈 공간을 드래그해 그림을 삽입할 영역을 지정해요.

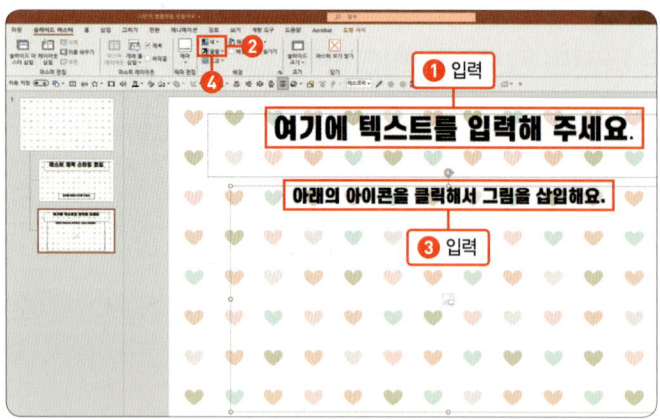

04 레이아웃에 포함된 텍스트를 수정해 봅시다. 상단 텍스트를 먼저 수정해 볼까요? '여기에 텍스트를 입력해 주세요.'라고 변경하고 글꼴, 색깔, 정렬 속성을 바꿔 봅시다. 그리고 아래 그림 개체 틀에도 '아래의 아이콘을 클릭해서 그림을 삽입해요.'라고 입력하고 텍스트의 글꼴, 색깔, 정렬을 변경하세요.

> **TipTalk** [슬라이드 마스터]의 개체 틀에 삽입된 텍스트는 실제 파워포인트 편집 창에서 안내 역할을 합니다. 텍스트를 클릭하면 새로운 내용으로 수정할 수 있답니다. 즉, '아래의 아이콘을 클릭해서 그림을 삽입해요.'라는 텍스트도 그림을 삽입하면 자동으로 삭제됩니다.

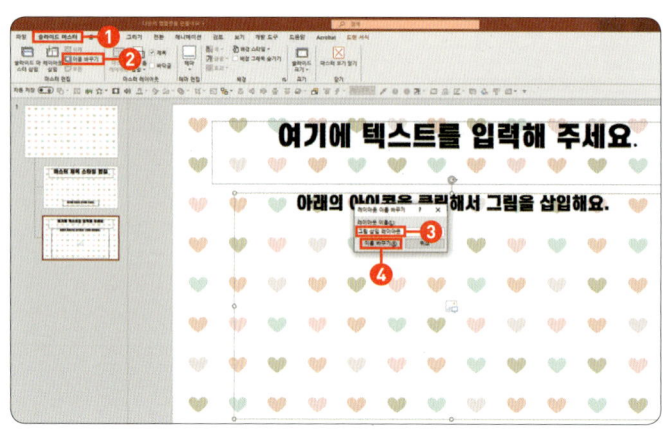

05 레이아웃 슬라이드의 이름을 변경해 봅시다. [슬라이드 마스터] 탭 – '마스터 편집' 그룹에서 [이름 바꾸기]를 클릭합니다. 대화상자가 나타나면 레이아웃 이름을 '그림 삽입 레이아웃'으로 수정하고 [이름 바꾸기]를 클릭해요.

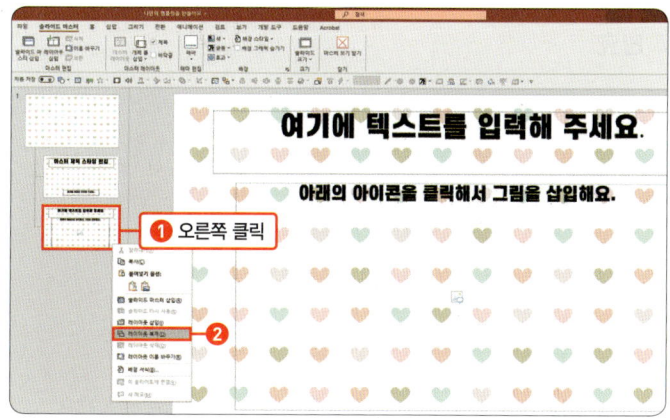

06 레이아웃을 복제해 새로운 레이아웃 슬라이드를 만들어 볼게요. 왼쪽 슬라이드 축소판에서 방금 만든 레이아웃 슬라이드를 마우스 오른쪽 버튼으로 클릭하고 [레이아웃 복제]를 선택해요. 똑같은 레이아웃이 하나 더 생깁니다.

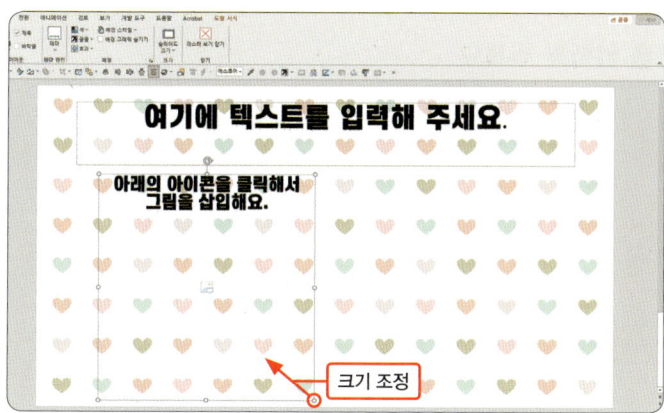

07 그림 삽입 개체 틀의 크기를 줄이고 개체 틀을 하나 더 만들어 볼까요? 개체 틀의 선 경계선을 선택하고 꼭지점의 원(○)을 드래그해 크기를 줄이세요.

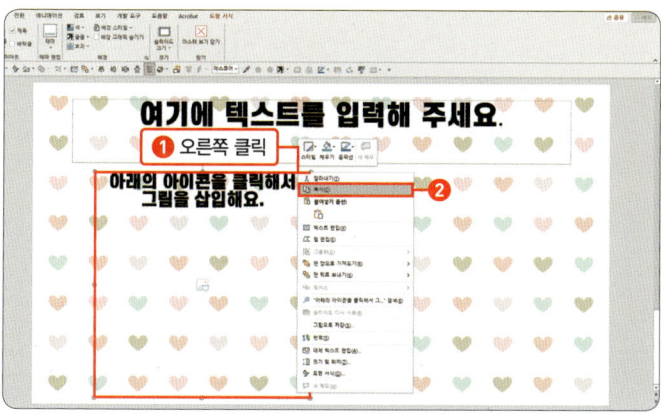

08 그림 개체 틀을 복사해 봅시다. 체 틀 경계선을 클릭하고 마우스 오른쪽 버튼으로 클릭해 [복사]를 선택해요.

149

09 슬라이드의 빈 공간을 마우스 오른쪽 버튼으로 클릭한 후 '붙여 넣기 옵션'의 [대상 테마 사용]을 선택해서 그림 삽입 개체 틀을 붙여넣어 봅시다.

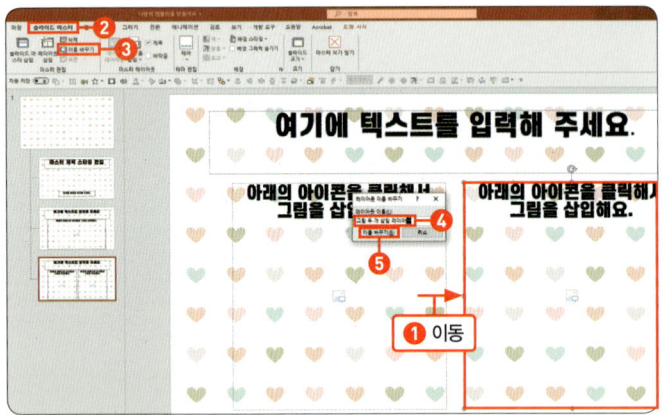

10 붙여넣은 그림 삽입 개체 틀을 오른쪽으로 옮기고 [슬라이드 마스터] 탭 – '마스터 편집' 그룹의 [이름 바꾸기]를 클릭해 레이아웃의 이름을 수정해 볼게요. 대화상자가 나타나면 레이아웃 이름을 수정한 후 [이름 바꾸기]를 클릭해요.

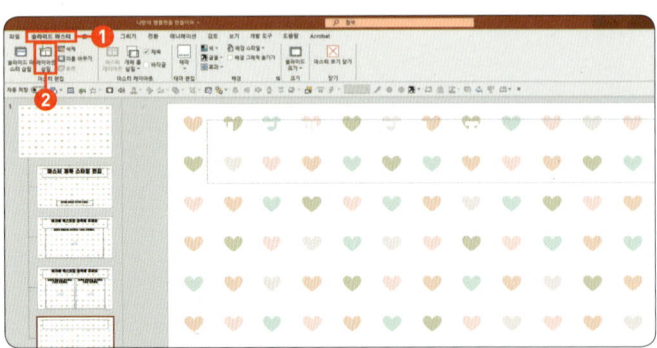

11 이번에는 비디오를 삽입할 수 있는 레이아웃을 만들어 봅시다. [슬라이드 마스터] 탭 – '마스터 편집' 그룹의 [레이아웃 삽입]을 클릭해요. 새로운 레이아웃 슬라이드가 삽입됩니다.

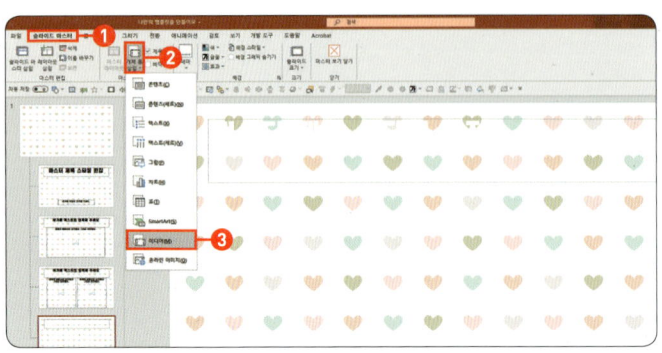

12 비디오 삽입 개체 틀을 만들어 봅시다. [슬라이드 마스터] 탭 – '마스터 레이아웃' 그룹에서 [개체 틀 삽입]을 클릭하고 [미디어]를 선택하세요.

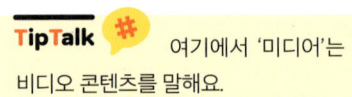 여기에서 '미디어'는 비디오 콘텐츠를 말해요.

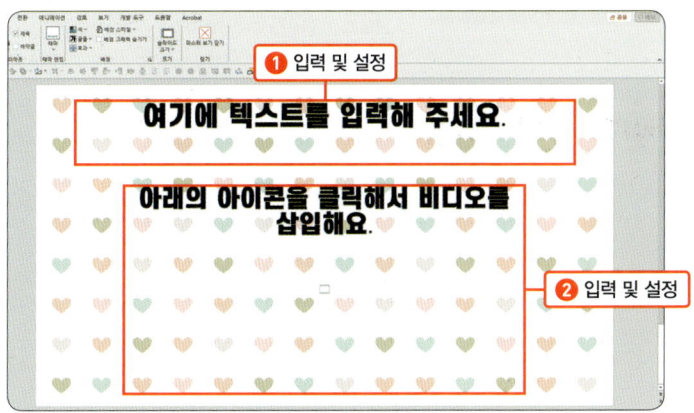

13 슬라이드의 빈 공간을 드래그해 미디어 개체 삽입 틀을 만들어 봅시다. 그리고 **STEP 04**에서 했던 것처럼 글꼴, 색깔, 정렬 속성 등을 변경해 봅시다.

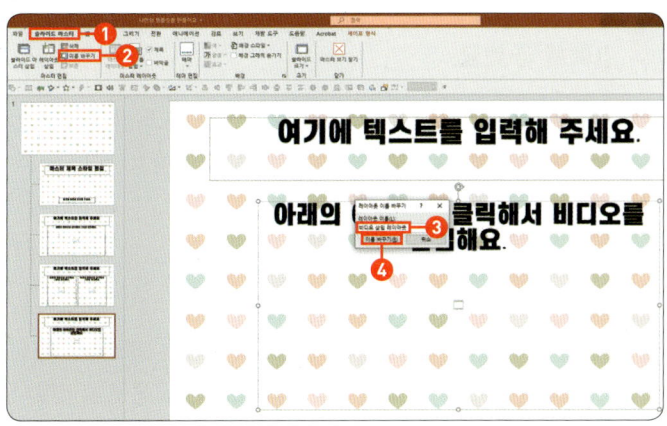

14 [슬라이드 마스터] 탭 - '마스터 편집' 그룹의 [이름 바꾸기]를 클릭해 이름을 수정해 볼게요. 대화상자가 나타나면 이름을 '비디오 삽입 레이아웃'으로 수정한 후 [이름 바꾸기]를 클릭해요.

STEP 05 템플릿 작업 결과 확인하기

지금까지 만든 템플릿을 확인해 볼까요? 템플릿을 전체적으로 살펴보고 수정할 부분은 없는지, 추가할 부분은 없는지 점검해 보아요! 텍스트, 그림, 비디오를 삽입하면서 꼼꼼하게 확인해 봅시다.

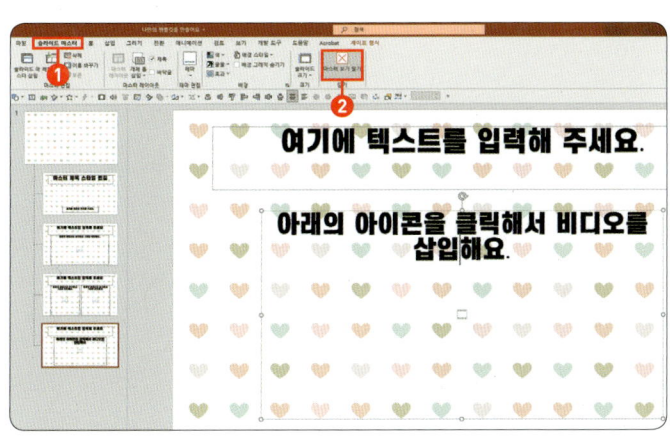

01 지금까지 제작한 템플릿이 어떻게 적용되는지 확인해 봅시다. [슬라이드 마스터] 탭 - '닫기' 그룹에서 [마스터 보기 닫기]를 클릭해 봅시다.

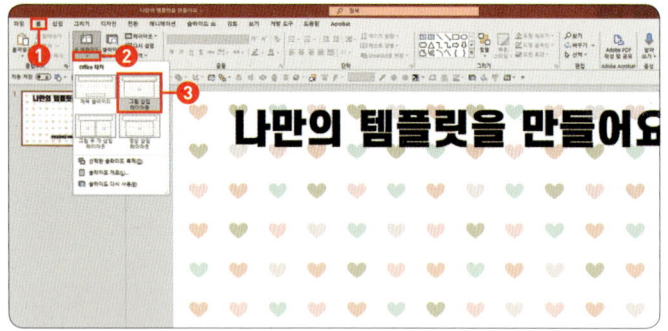

02 이전에 만들었던 제목 슬라이드만 나타납니다. [슬라이드 마스터]에서 만든 레이아웃을 불러오기 위해서 [홈] 탭 - '슬라이드' 그룹에서 [새 슬라이드] 아래의 화살표를 클릭합니다. **STEP 03~04**에서 만들었던 레이아웃을 모두 확인할 수 있어요. 이 중 [그림 삽입 레이아웃]을 선택해 봅시다.

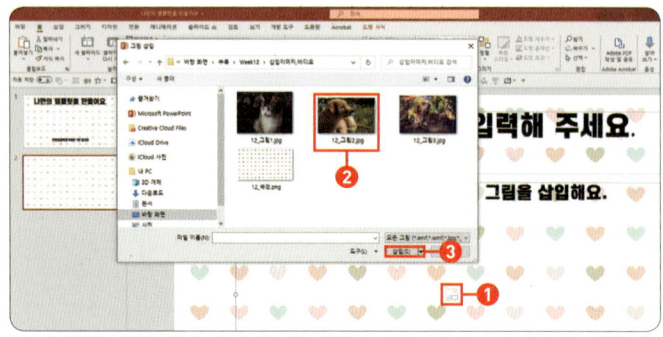

03 [슬라이드 마스터]에서 만들었던 그림 삽입 레이아웃이 나타났죠? 그림을 삽입하기 위해 '그림 개체 틀'의 아이콘을 클릭해 봅시다. 대화상자가 나타나면 삽입하고 싶은 그림을 찾아서 선택한 후 [삽입]을 클릭해 봅시다.

04 그림에 어울리는 텍스트를 삽입해 봅시다. 텍스트 개체 틀을 클릭해 내용을 수정하세요. 텍스트의 글꼴, 색상 등의 서식을 변경하고 싶다면 [홈] 탭 - '글꼴' 그룹에서 설정합니다.

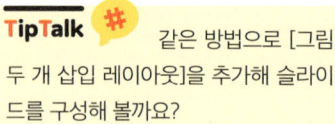

같은 방법으로 [그림 두 개 삽입 레이아웃]을 추가해 슬라이드를 구성해 볼까요?

05 비디오를 삽입할 수 있는 슬라이드를 삽입해 봅시다. [홈] 탭 - '슬라이드' 그룹에서 [새 슬라이드] 아래의 화살표를 클릭해 봅시다. 그리고 [비디오 삽입 레이아웃]을 선택해요.

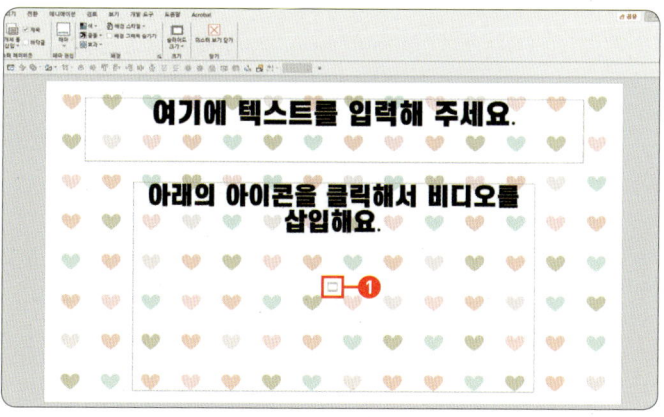

06 비디오 삽입 개체 틀의 아이콘을 클릭하세요. 대화상자가 나타나면 삽입하고 싶은 비디오 파일을 선택한 후 [삽입]을 클릭해 봅시다.

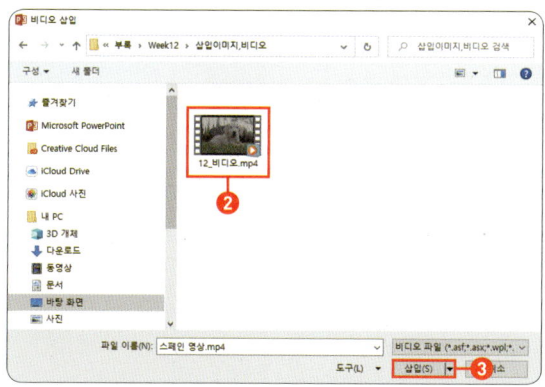

07 삽입한 비디오의 내용에 알맞게 텍스트 내용을 수정해 봅시다. 만약 텍스트의 글꼴, 색상 등의 서식을 변경하고 싶다면 [홈] 탭 - '글꼴' 그룹에서 변경할 수 있어요.

08 이와 같이 [슬라이드 마스터] 기능을 이용해 다양한 레이아웃 슬라이드를 만들어 놓으면 간편한 클릭 몇 번 만으로 슬라이드에 텍스트와 그림, 비디오 등을 삽입할 수 있답니다. 나만의 템플릿을 만들어 두고 계속 활용할 수 있겠죠?

셋째마당

한 걸음 더!
파워포인트 마스터

파워포인트의 기능을 응용해
이제 좀 더 다양한 자료를 만들어 봅시다.
유튜브 썸네일을 만들고,
간단한 동영상도 제작할 수 있어요!

WEEK 13 ··· 애니메이션을 활용해 롤 모델을 소개해요!
WEEK 14 ··· 수업 내용을 복습하여 퀴즈를 만들어요!
WEEK 15 ··· 인포그래픽을 만들어 정보를 전달해요!
WEEK 16 ··· 파워포인트로 간단하게 영상을 만들어요!

WEEK 13
애니메이션을 활용해 롤 모델을 소개해요!

★ 5학년-국어-알리고 싶은 인물 소개하기 | 완성파일 : 롤모델.pptx

지금까지 파워포인트의 기본적인 메뉴와 기능을 익히고, 학교 수업에서 필요한 파워포인트 발표 자료를 만들어 보았어요. 예제를 따라하면서 파워포인트의 기능을 쉽게 익힐 수 있었죠? 이제부터는 지금까지 배운 파워포인트의 기능을 활용해 조금 더 멋지고 생생한 발표 자료를 만들어 볼 거예요. 이번 시간에는 '애니메이션' 기능을 응용해 발표 자료를 만들어 봅시다. '애니메이션'은 파워포인트 슬라이드의 개체에 움직임을 주어서 밋밋한 발표를 생동감 있게 바꿔 주는 기능이었죠? 강조하고 싶은 부분에 애니메이션 효과를 넣으면 내용을 더 잘 전달할 수 있고, 청중들이 발표에 더 집중할 수 있도록 도와 준답니다. 앞에서 배운 내용을 바탕으로 본받고 싶은 인물을 소개하는 자료를 만들어 볼까요? 글자가 하나씩 적히는 것처럼 보이는 '타이핑 효과'를 넣어 보고, 슬라이드 내의 도형을 클릭하면 사라지도록 효과를 넣어 퀴즈도 진행해 볼게요.

미리보기 🔍

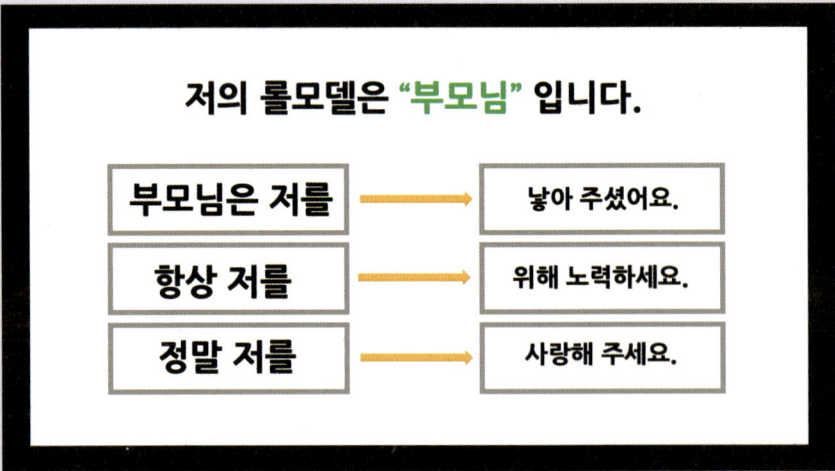

▲ 영상 강의

학습 목표
- 파워포인트의 기능을 활용해 색다른 발표 자료를 만들 수 있어요.
- 다양한 애니메이션을 응용해 슬라이드를 꾸밀 수 있어요.

 # 롤 모델 떠올리며 내용 구성하기

롤 모델을 소개하는 파워포인트 발표 자료를 만들기 전에 전달하려고 하는 내용을 떠올려 봅시다. 연습장이나 스마트폰 메모장에 내용을 적어 보세요. 그런 다음 비슷한 내용끼리 묶고, 중요하다고 생각하는 것은 형광펜이나 밑줄로 표시해 봅시다.

> <나의 롤 모델>
> 김연아 - 꾸준한 노력으로 최고의 자리에 올랐다.
> 부모님 - 나를 사랑해 주시고 나를 위해 헌신하신다.
> 이순신 - 어려운 순간에도 포기하지 않고 노력하셨다.
> 유관순 - 우리나라의 독립 운동을 위해 목숨을 바치셨다.

소개하고 싶은 인물을 정했나요? 인물에 대한 자신의 생각이나 느낌 등을 떠올려 보고 발표 자료에 넣을 내용을 정리합니다.

> <나의 롤 모델이신 부모님>
> 1번 슬라이드 : 제목 슬라이드
> 2번 슬라이드 : 나의 롤 모델을 추측해 보세요!
> 3번 슬라이드 : 롤 모델 그림 퀴즈
> 4번 슬라이드 : 롤 모델에 대한 소개

이렇게 정리한 내용을 바탕으로 파워포인트 발표 자료를 만들어 볼게요. 기억이 잘 나지 않으면 앞에서 다뤘던 내용을 참고해서 봅시다.

멋진 애니메이션 효과를 삽입하고, 퀴즈 슬라이드도 만들어 친구들도 함께 즐길 수 있는 발표 자료를 만들어 볼게요!

롤 모델 소개 자료 만들기

STEP 01 '글자 등장' 애니메이션 넣기

파워포인트의 '슬라이드 쇼'를 실행 했을 때 글자가 등장하도록 애니메이션을 넣어 볼까요? 내용 슬라이드를 차례 대로 구성하고 애니메이션 효과를 넣어 보아요.

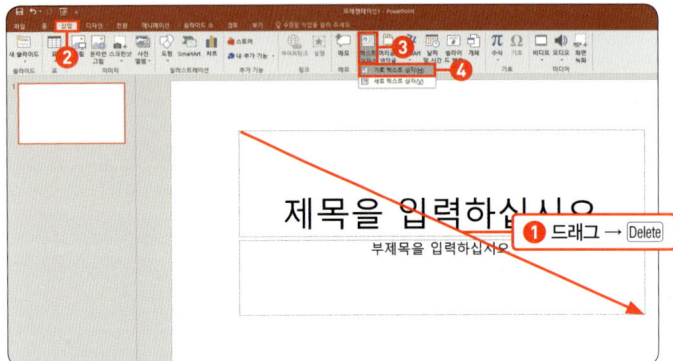

01 파워포인트를 실행하고 첫 슬라이드에 있는 기본 레이아웃 틀은 드래그하여 삭제합니다. 먼저 슬라이드의 제목을 넣어 볼게요. [삽입] 탭 - '텍스트' 그룹에서 [텍스트 상자]를 클릭해 삽입하세요.

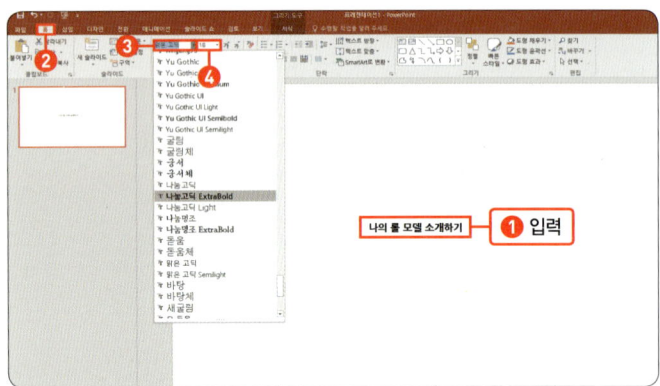

02 제목 슬라이드 내용을 입력하고 글씨 크기나 글씨 색깔, 글꼴도 알맞게 바꿔요.

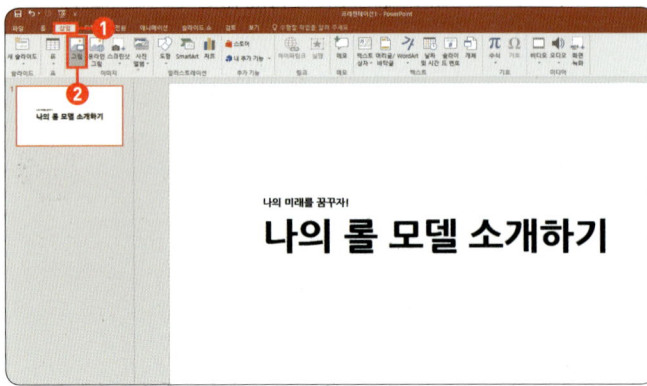

03 제목 슬라이드의 배경을 그림으로 채워서 꾸며 볼까요? [삽입] 탭 - [그림]을 클릭해 배경으로 컴퓨터에 저장된 그림을 불러옵니다.

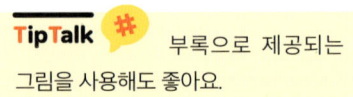 부록으로 제공되는 그림을 사용해도 좋아요.

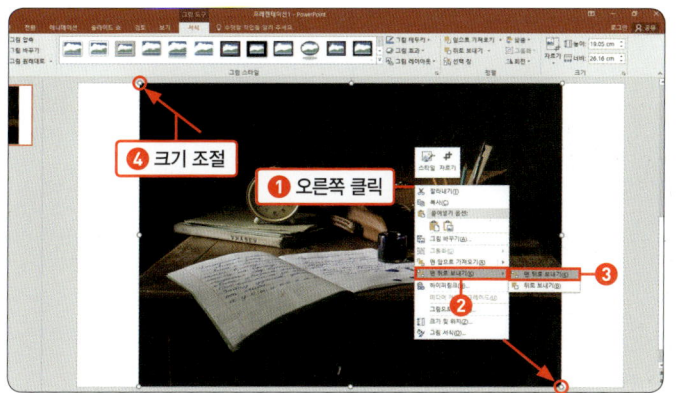

04 그림이 글씨를 가렸죠? 그림을 마우스 오른쪽 버튼으로 클릭하고 [맨 뒤로 보내기] - [맨 뒤로 보내기]를 클릭하면 그림이 텍스트 상자 뒤로 이동해요. 사진을 클릭하고 테두리의 작은 원을 드래그해 전체 크기에 맞게 조절하세요.

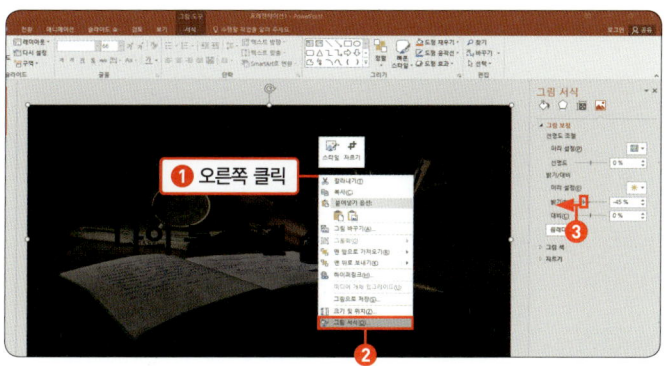

05 제목을 더 잘 보이도록 만들어 줄게요. 그림을 마우스 오른쪽 버튼으로 클릭하고 [그림 서식]을 클릭합니다. '그림 서식' 창이 나타나면 밝기를 낮춰서 어둡게 만들어요.

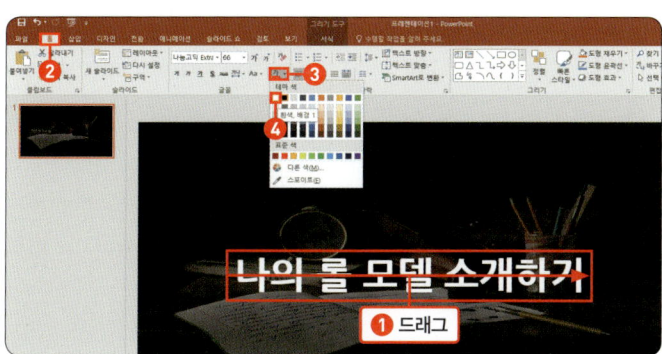

06 제목을 드래그해 블록으로 지정하고 [서식] 탭 - '글꼴' 그룹에서 글자의 색을 흰색으로 바꿔요. 제목이 더 잘 보이죠?

> **TipTalk** 제목 텍스트 위에 텍스트 상자를 추가해 내용을 보충 설명해도 좋아요.

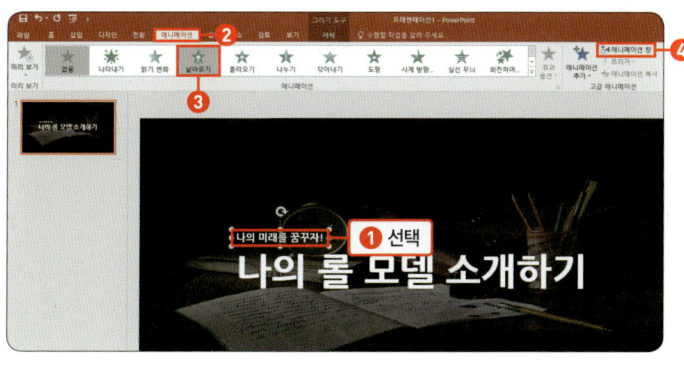

07 애니메이션 효과를 넣을 텍스트 상자를 선택하고 [애니메이션] 탭 - '애니메이션' 그룹의 여러 애니메이션 중 [날아오기]를 클릭해요. [애니메이션] 탭 - '고급 애니메이션' 그룹에서 [애니메이션 창]을 클릭해 애니메이션이 잘 적용되었는지 재생해 봅시다.

08 애니메이션 효과를 조절해 볼까요? '애니메이션 창'에서 애니메이션 효과를 마우스 오른쪽 버튼으로 클릭해 [효과 옵션]을 선택합니다.

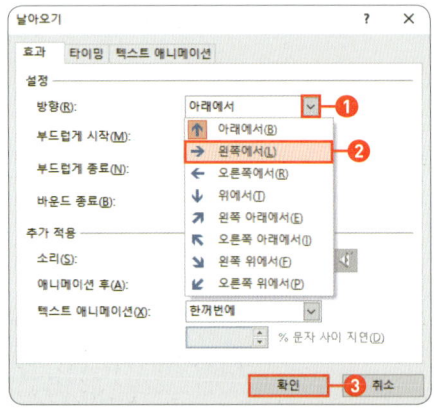

09 '날아오기' 대화상자가 나타나면 '방향'에서 글자가 나타나는 방향을 바꾸고 [확인]을 클릭하세요. 같은 방법으로 다른 텍스트 상자에도 애니메이션 효과를 적용해요.

10 작은 글자가 먼저 나오고 큰 글자가 이어서 나오도록 조절해 봅시다. '애니메이션 창'에서 첫 번째 애니메이션 효과를 마우스 오른쪽 버튼으로 클릭해 [클릭할 때 시작]을 선택하고, 두 번째 효과를 마우스 오른쪽 버튼으로 클릭해 [이전 효과 다음에 시작]을 적용합니다.

잠깐만요 애니메이션 시작 방법을 설정하고 싶어요.

❶ **클릭할 때 시작**: 마우스로 클릭하면 애니메이션이 시작됩니다.
❷ **이전 효과와 함께 시작**: 전 애니메이션 효과가 시작되면 같이 시작됩니다.
❸ **이전 효과 다음에 시작**: 전 애니메이션 효과가 끝난 후 자동으로 시작됩니다.

STEP 02 '타이핑' 애니메이션 넣기

글자가 하나씩 나타나는 '타이핑' 애니메이션을 넣어 보겠습니다. 마치 키보드로 글자를 쓰는 것처럼 보이는 효과예요.

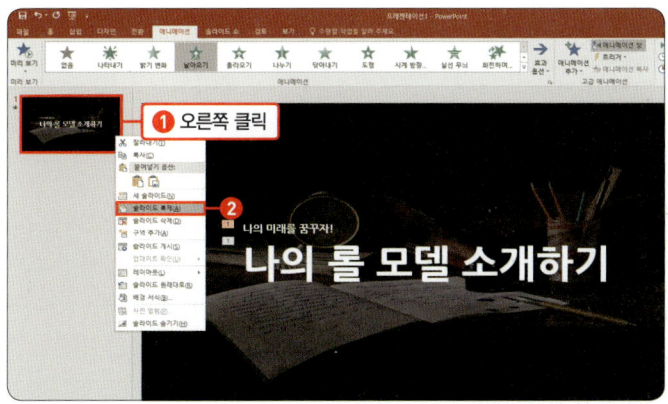

01 다음 슬라이드를 만들어 볼까요? 왼쪽의 슬라이드 축소판에서 첫 번째 슬라이드를 마우스 오른쪽 버튼으로 클릭하고 [슬라이드 복제]를 선택하면 똑같은 슬라이드가 하나 더 생깁니다.

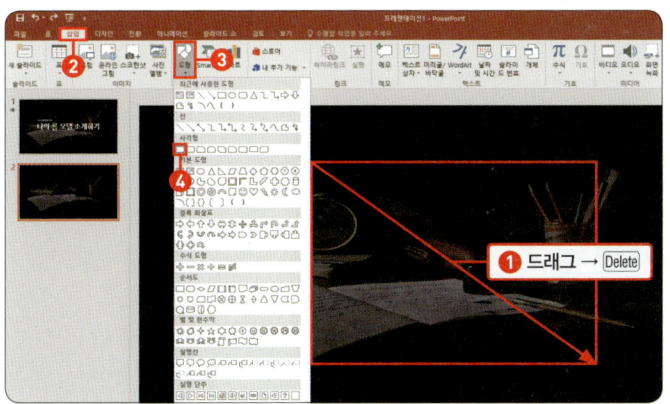

02 두 번째 슬라이드 위에 있는 글자를 지운 후 [삽입] 탭 - '일러스트레이션' 그룹에서 [도형]을 클릭해 [직사각형]을 선택하세요. 마우스를 드래그해 직사각형을 만들고 색도 바꿔요.

> **TipTalk** 도형의 색과 윤곽선을 바꿀 때는 [서식] 탭 - '도형 스타일' 그룹에서 설정했던 것이 기억나죠?

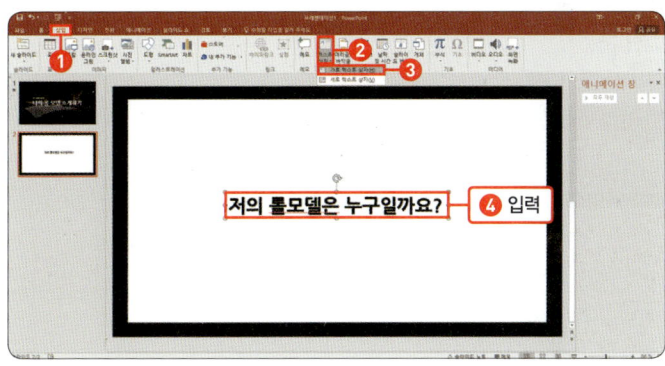

03 [삽입] 탭 - '텍스트' 그룹에서 [텍스트 상자]를 추가해 필요한 내용을 입력하고 글꼴과 색깔을 바꿔 보세요.

WEEK 13

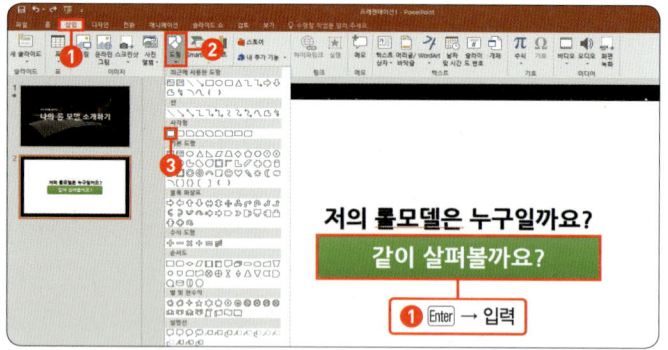

04 [삽입] 탭 - '일러스트레이션' 그룹의 [도형]을 클릭해 상자를 만들고 글자를 더 돋보이게 꾸며 보아요.

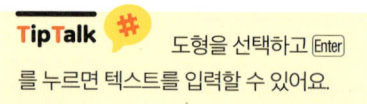
도형을 선택하고 Enter 를 누르면 텍스트를 입력할 수 있어요.

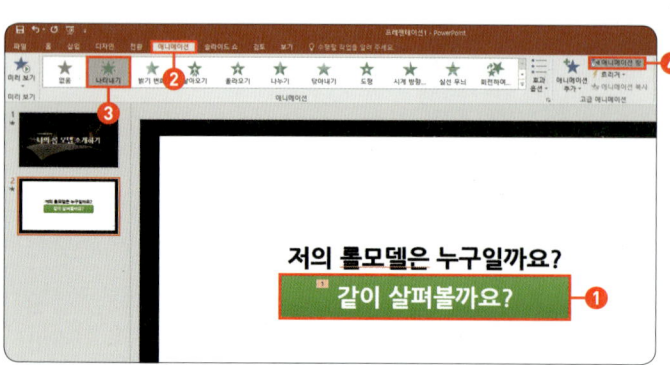

05 글자가 적히는 듯한 '타이핑' 효과를 넣어 볼까요? 효과를 넣을 텍스트를 선택하고 [애니메이션] 탭 - '애니메이션' 그룹의 [나타내기]를 클릭해요. 그리고 [애니메이션] 탭 - '고급 애니메이션' 그룹에서 [애니메이션 창]을 클릭하세요.

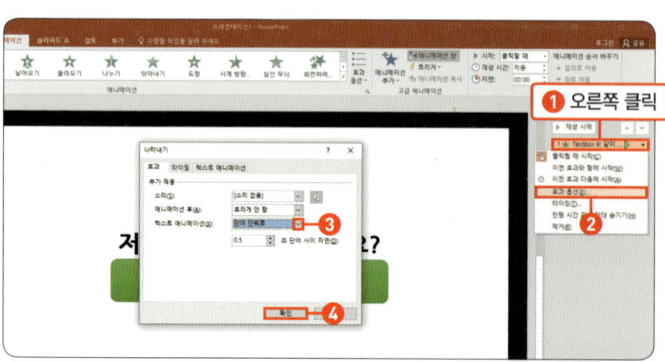

06 '애니메이션 창'에서 효과를 마우스 오른쪽 버튼으로 클릭하고 [효과 옵션]을 선택하세요.
대화상자가 나타나면 '텍스트 애니메이션' 옆의 화살표(∨)를 클릭해 [단어 단위로]로 바꾸고 [확인]을 클릭합니다.

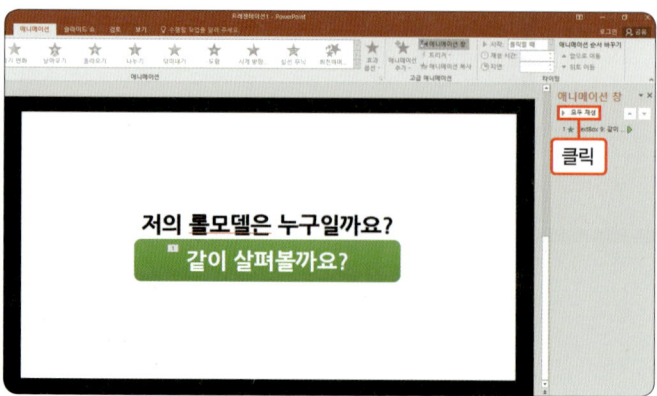

07 오른쪽 '애니메이션 창'의 [모두 재생]을 클릭하면, 글자가 타이핑되는 효과가 적용된 것을 확인할 수 있어요.

STEP 03 '사라지기' 애니메이션 넣기

마우스로 클릭하면 개체가 없어지는 '사라지기' 애니메이션을 넣어 보겠습니다. 이 효과를 활용해 퀴즈를 만들어 볼 거예요. 여러 개의 도형으로 그림을 가린 후, 도형을 하나씩 클릭해 사라지게 하면 그림이 차츰 드러납니다.

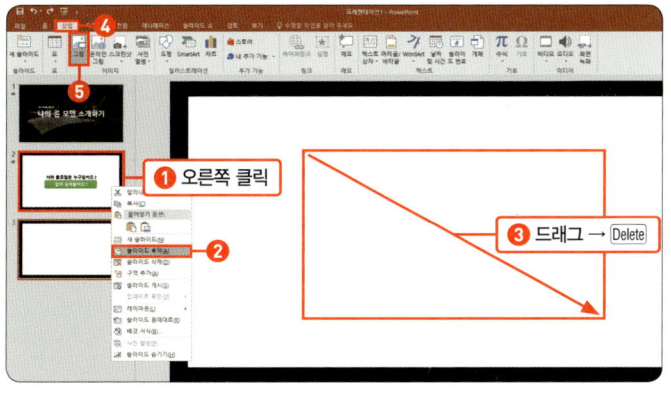

01 다음 슬라이드를 만들기 위해 왼쪽 슬라이드 축소판에서 두 번째 슬라이드를 마우스 오른쪽으로 클릭해 [슬라이드 복제]를 클릭합니다.
텍스트 상자를 지우고 [삽입] 탭 - [그림]을 클릭해 롤 모델 그림을 불러와요.

02 불러온 그림을 가릴 상자를 만들어 볼게요. [삽입] 탭 - '일러스트레이션' 그룹에서 [도형]을 클릭해 [직사각형]을 선택하고 마우스를 드래그해 슬라이드의 가로 길이의 1/3 정도 되는 상자를 만들어요.

03 도형을 클릭하고 [서식] 탭의 '도형 스타일' 그룹에서 스타일과 색깔을 선택해요.

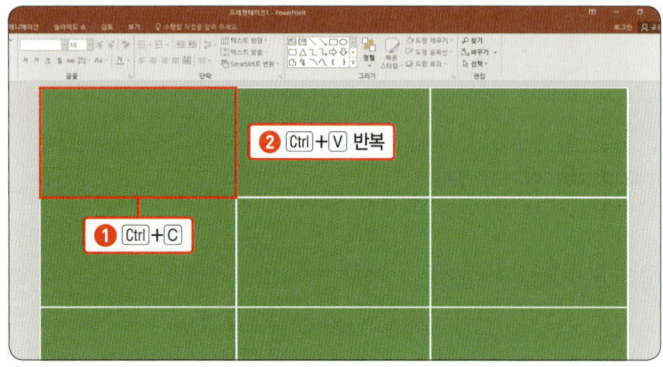

04 상자를 복사하고 붙여넣어 그림을 모두 가려요.

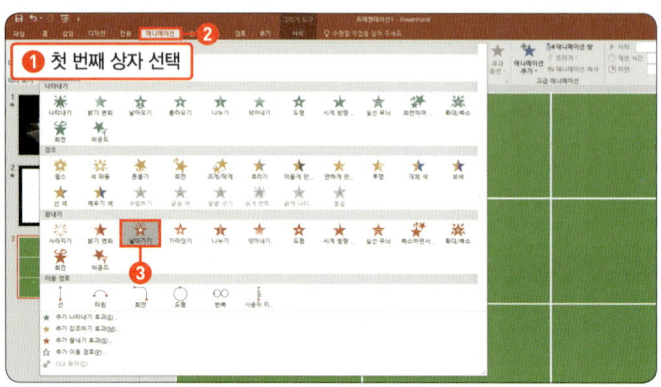

05 마우스로 상자를 누르면 사라지도록 애니메이션을 넣습니다. 첫 번째 상자를 선택하고 [애니메이션] 탭- '애니메이션' 그룹의 [날아가기]를 클릭해요.

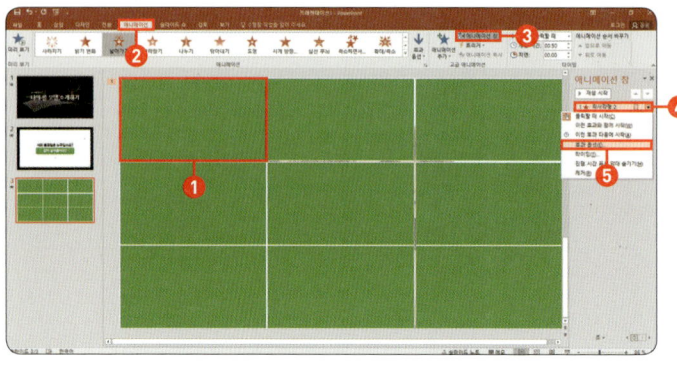

06 도형을 선택한 상태에서 [애니메이션] 탭 - '고급 애니메이션' 그룹에서 [애니메이션 창]을 클릭합니다. 오른쪽에 창이 나타나면 효과를 마우스 오른쪽 버튼으로 클릭해 [효과 옵션]을 선택하세요.

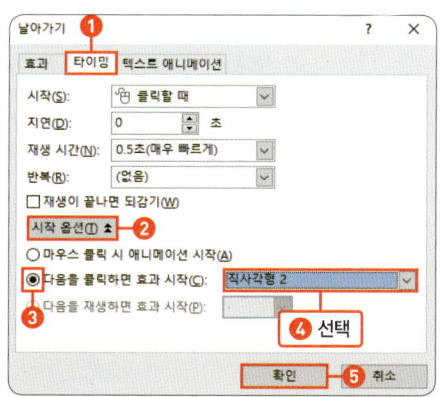

07 대화상자가 나타나면 [타이밍] 탭에서 [시작 옵션]을 클릭하세요. '다음을 클릭하면 효과 시작'에서 '애니메이션 창'에 있는 항목과 같은 이름을 찾아 고른 후 [확인]을 클릭하세요. 네모 상자를 클릭하면 '사라지기' 효과가 실행됩니다.

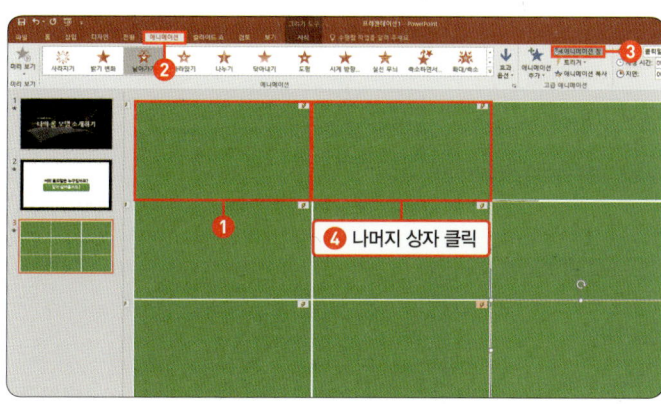

08 나머지 상자에도 효과를 넣어 볼까요? 첫 번째 상자를 선택하고 [애니메이션] 탭 - '고급 애니메이션' 그룹에서 [애니메이션 복사]를 클릭합니다. 나머지 상자를 순서대로 클릭하면 똑같이 '사라지기' 효과를 적용할 수 있어요.

>  '애니메이션 복사' 기능은 애니메이션 효과를 똑같이 복사하는 기능으로 단축키는 Alt + Shift + C 입니다.

잠깐만요 애니메이션이 잘 적용되었는지 확인해요

애니메이션 효과를 넣은 후에는, 내가 생각한 대로 효과가 적용되는지 반드시 확인해 보세요. [슬라이드 쇼] 탭의 '슬라이드 쇼 시작' 그룹에서 [현재 슬라이드부터]를 클릭합니다. 슬라이드 쇼가 시작되면 애니메이션을 확인합니다. 이 경우에는 슬라이드가 시작되었을 때, 마우스로 상자를 하나씩 눌러 사라지는지 확인해 보면 되겠죠?

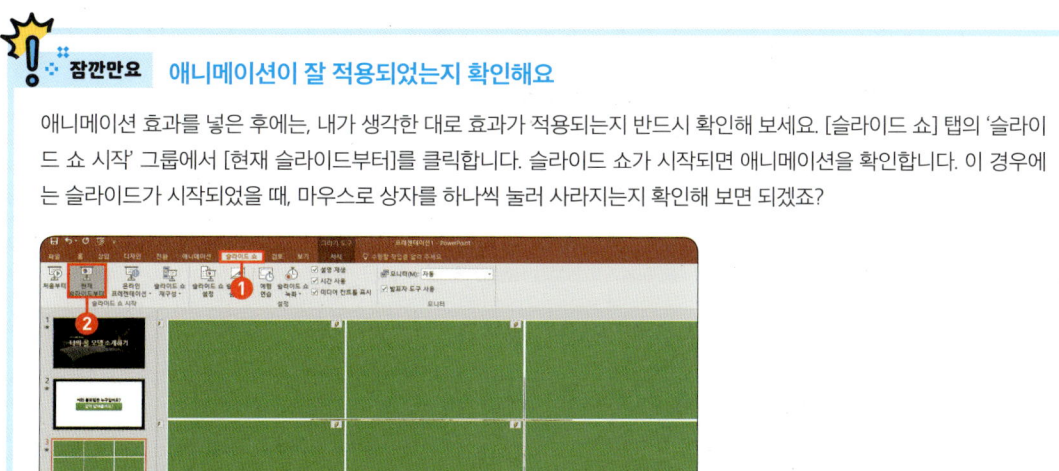

STEP 04 '선 잇기' 애니메이션 넣기

마우스로 클릭하면 선이 연결되도록 '선 잇기' 애니메이션을 넣어 볼게요. 이 효과를 활용해 서로 관계 있는 글자끼리 이어 보겠습니다.

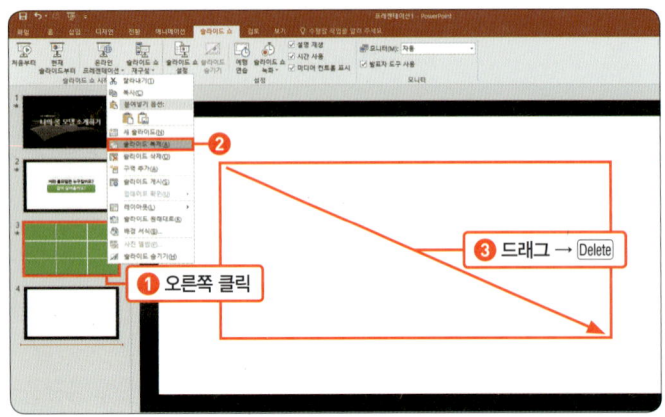

01 마지막 슬라이드를 만들어 볼까요? 왼쪽 슬라이드 축소판에서 두 번째 슬라이드를 마우스 오른쪽으로 클릭하고 [슬라이드 복제]를 선택하세요. 텍스트 상자를 전부 지웁니다.

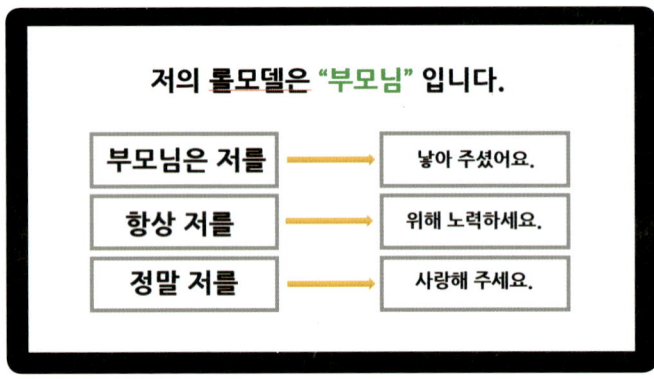

02 앞에서 배운 내용을 떠올리며 새로운 [텍스트 상자]를 넣어 봅니다. 그림과 같이 필요한 내용을 넣고 글꼴과 색깔을 바꿔 보세요. 그리고 [도형]을 이용하여 화살표 도형 및 글자 상자를 만듭니다.

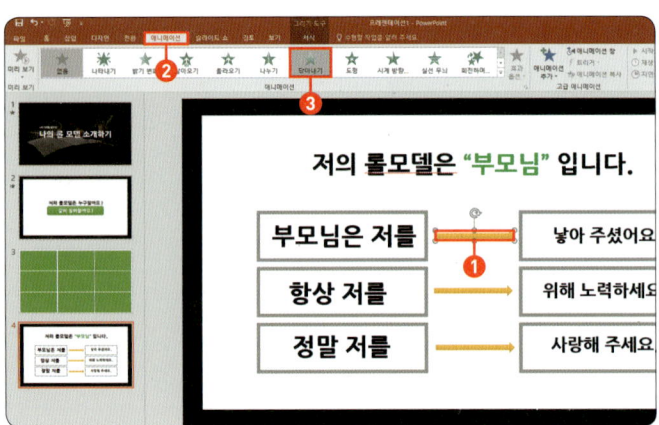

03 선이 이어지는 것처럼 보이도록 애니메이션을 넣어 볼까요? 화살표 도형을 선택하고 [애니메이션] 탭 - '애니메이션' 그룹에서 [닦아내기]를 클릭해요.

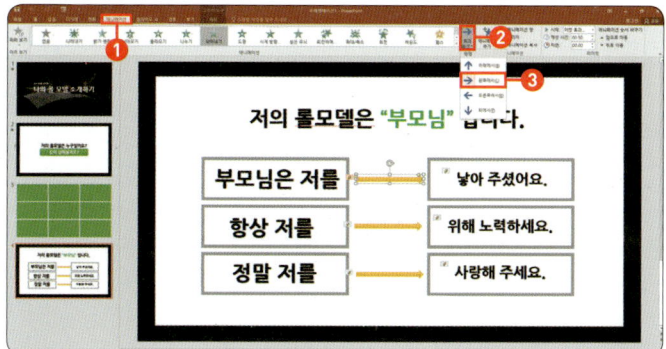

04 [애니메이션] 탭 - '고급 애니메이션' 그룹에서 [효과 옵션]을 클릭해 효과의 방향을 [왼쪽에서]로 적용해요. 나머지 화살표에도 같은 애니메이션을 적용해요.

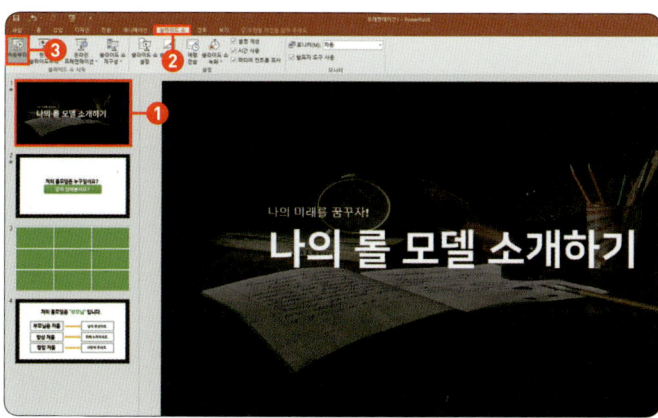

05 애니메이션이 잘 적용되었는지 확인해 볼까요? 첫 번째 슬라이드로 돌아가 [슬라이드 쇼] 탭 - '슬라이드 쇼 시작' 그룹에서 [처음부터 재생]을 클릭합니다. 슬라이드 쇼가 시작되면 마우스를 눌러 전체 애니메이션이 잘 적용되었는지 확인해요.

WEEK 14
수업 내용을 복습하며 퀴즈를 만들어요!

★ 6학년-사회-단원 학습 내용 정리하기 | 완성파일 : 퀴즈 만들기.pptx

학교 수업 시간 중에 파워포인트로 만든 퀴즈를 만나 본 적이 있나요? 파워포인트 퀴즈에는 다양한 그림과 애니메이션이 활용되기 때문에 글자로만 이뤄진 단순한 퀴즈를 푸는 것보다 더 흥미진진하고 재밌었을 거예요.

파워포인트를 활용하면 학교에서 배운 내용을 퀴즈로 만들어 복습할 수 있어요. 이렇게 만든 퀴즈를 친구들과 함께 풀면 공부한 내용을 잘 이해하고 있는지 서로 점검할 수 있답니다.

또한, 조사한 내용을 발표할 때도 퀴즈를 넣어 볼까요? 내가 알고 있는 내용을 친구들에게 흥미롭게 전달할 수 있고, 발표한 내용을 친구들이 얼마나 잘 이해했는지 파악할 수 있어요.

파워포인트의 여러 가지 효과를 활용해 신나는 퀴즈를 만들어 봅시다. 퀴즈 번호를 클릭하면 정해진 슬라이드로 넘어가도록 '하이퍼링크' 기능을 활용하고 정답을 맞히면 점수가 나오도록 '애니메이션' 기능을 응용해 볼게요.

미리보기

▲ 영상 강의

학습 목표
- 수업 시간에 배운 내용을 퀴즈로 정리할 수 있어요.
- 파워포인트의 여러 기능을 활용해 퀴즈를 만들 수 있어요.
- '하이퍼링크' 기능을 응용해 퀴즈를 고르도록 만들 수 있어요.

퀴즈 내용과 유형 정하기

학교 수업 시간에 배운 내용을 퀴즈로 만들어 볼게요. 퀴즈로 만들고자 하는 내용을 연습장이나 스마트폰 메모장에 적어 봅시다. 주제를 자유롭게 쓴 다음, 비슷한 내용은 묶고 중요하다고 생각하는 내용은 형광펜이나 밑줄로 표시해 봅시다.

<퀴즈 내용 정하기>
6학년 사회 2단원 - 우리나라 경제 발전
가계의 합리적인 선택, 가계와 기업이 만나는 시장, 이윤, 시장, 자유, 경쟁, 자유, 경쟁
공정거래위원회, 경제발전, 경제 개발 5개년 계획, 섬유 공업, 국내 총생산, 서비스, 빈부격차

메모한 내용 중에서 퀴즈로 만들고 싶은 내용만 간추려요. 너무 쉽거나 너무 어려울 것 같다면 내용을 조금씩 바꿔도 좋아요. 그리고 퀴즈에 필요한 그림이나 비디오 자료가 있을지 생각해 보세요.

<퀴즈 내용 간추리기>
1번 문제 : 물건이나 서비스를 생산하거나 판매해서 얻게 되는 순수한 이익 → 정답 : 이윤
2번 문제 : 우리나라 경제의 특징 → 정답 : 자유와 경쟁
3번 문제 : 물건을 사고팔기 위해 가게와 기업이 만나는 곳 → 정답 : 시장(시장 사진 자료 필요!)

어떤 퀴즈로 만드는 것이 잘 어울릴까요? 주관식·객관식 퀴즈, OX 퀴즈, 빈칸 퀴즈 등 다양한 종류의 퀴즈 중 각각의 내용과 어울리는 것을 골라 보세요.

<퀴즈 유형 정하기>
1번 문제 : (OX) 물건이나 서비스를 생산·판매해서 얻게 되는 순수한 이익을 '이득'이라고 한다. → 정답 : X
2번 문제 : (단답형) 우리나라 경제의 특징을 2가지 쓰시오. → 정답 : 자유, 경쟁
3번 문제 : (서술형) 시장에 대해 설명하시오. → 정답 : 물건을 사고 팔기 위해 가게와 기업이 만나는 곳

이제 정리한 내용을 바탕으로 파워포인트 퀴즈를 만들어 볼까요?

배운 내용 퀴즈로 만들기

STEP 01 ▶ 제목 슬라이드 구성하기

퀴즈의 시작을 알리며 친구들의 관심을 집중시키는 '제목 슬라이드'를 만들어 볼까요? 앞에서 배운 내용을 활용해 제목의 글자의 글꼴을 바꾸거나 어울리는 그림을 넣어 제목 슬라이드를 구성해 보아요.

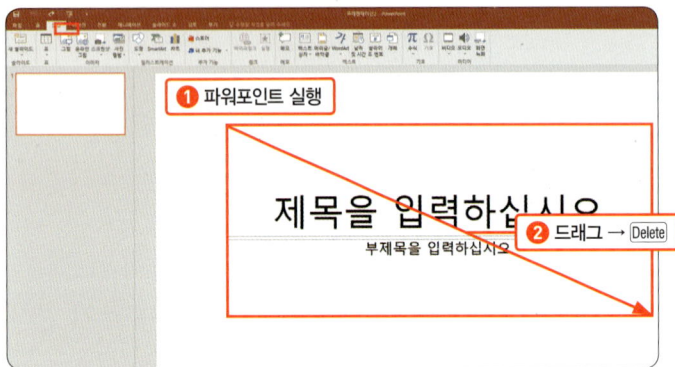

01 파워포인트를 실행하고 첫 슬라이드에 있는 기본 레이아웃은 드래그해서 삭제합니다.

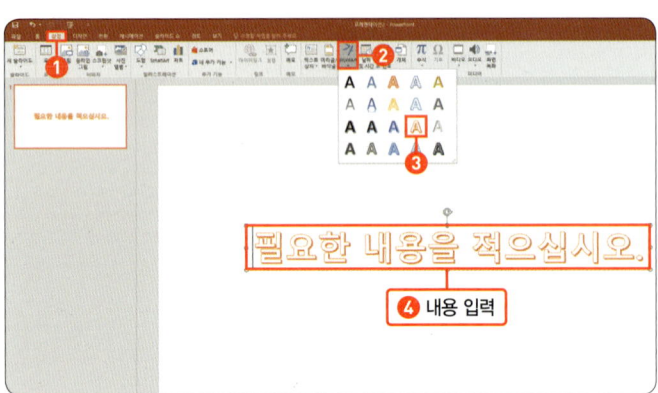

02 퀴즈의 제목을 넣어 볼게요. [삽입] 탭 - '텍스트' 그룹에서 [WordArt]를 클릭하고 마음에 드는 것을 선택해 슬라이드에 글자를 삽입해요. '필요한 내용을 적으십시오.'라는 글자를 클릭해 퀴즈의 제목에 어울리는 내용으로 바꿔요.

03 텍스트 상자를 선택하고 [홈] 탭 - '글꼴' 그룹에서 제목에 어울리는 글꼴로 바꾸고 크기를 키워요.

TipTalk 두께가 얇은 글꼴이나 필기체의 글꼴은 보기엔 예쁘지만 잘 보이지 않을 수 있어요. 제목은 한눈에 잘 보이고 읽기 쉬워야 하므로 굵고 깔끔한 글꼴로 설정하는 것이 좋아요.

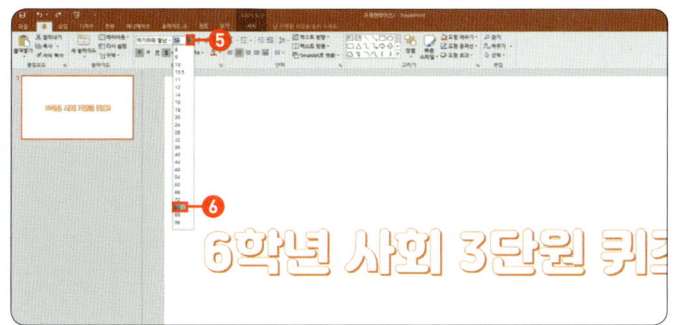

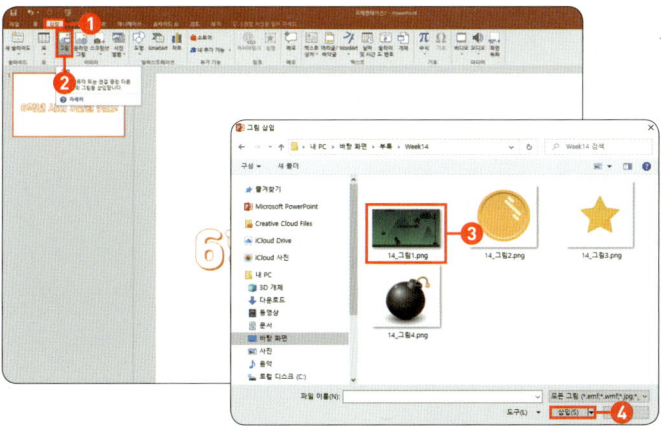

04 이번에는 제목 슬라이드의 배경을 그림으로 채워 볼까요? [삽입] 탭 - [그림]을 클릭해 컴퓨터에 저장되어 있는 그림을 불러오세요.

> **TipTalk** '픽사베이(pixabay.com)'에서는 저작권 침해 걱정 없이 배경으로 쓸 수 있는 사진을 무료로 받을 수 있어요. 부록으로 제공되는 사진을 활용해도 좋아요.

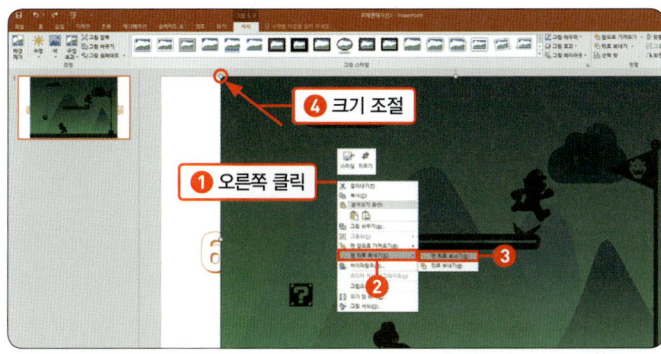

05 그림을 마우스 오른쪽 버튼으로 클릭하고 [맨 뒤로 보내기] - [맨 뒤로 보내기]를 선택해 글씨 뒤로 옮겨요. 그림 경계선의 원을 드래그해 슬라이드 전체 크기에 맞게 조정해요.

06 글자의 색을 바꿔 중요한 내용을 강조해 보세요. 바꾸고 싶은 부분을 드래그해 블록으로 지정하고 [홈] 탭 - '글꼴' 그룹에서 원하는 색깔로 변경해요.

STEP 02 점수 슬라이드 구성하기

퀴즈를 맞혔을 때 점수가 몇 점인지 확인할 수 있도록 '점수 슬라이드'를 만들어 볼까요? '배경 지우기' 기능을 활용해 점수와 관련된 그림의 배경을 투명하게 만들고, 그림과 관련 있는 글자를 써 볼게요.

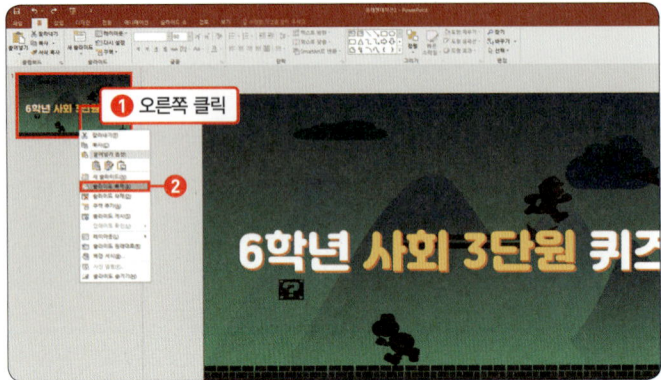

01 퀴즈를 맞히면 나오는 점수 슬라이드를 만들어 볼까요? 왼쪽 슬라이드 축소판에서 첫 번째 슬라이드를 마우스 오른쪽 버튼으로 클릭하고 [슬라이드 복제]를 선택해요.

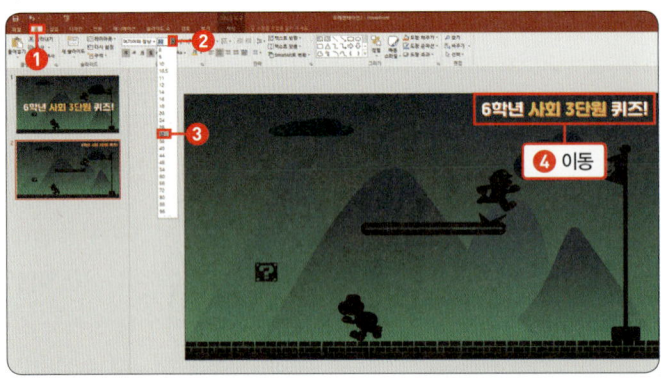

02 두 번째 슬라이드가 만들어지면, [홈] 탭 - '글꼴' 그룹에서 제목의 글씨 크기를 줄이고 위쪽으로 옮겨요.

03 퀴즈를 맞히면 동전 그림이 나타나도록 할 거예요. 필요한 그림을 불러와 배경을 제거해 볼까요? [삽입] 탭 - [그림]을 클릭해 퀴즈에 사용할 그림을 불러옵니다.

> **TipTalk** '플래티콘(flaticon.com)'이나 '픽사베이(pixabay.com)'에서는 다양한 그림을 다운로드할 수 있어요. 필요한 그림을 검색하고 마음에 드는 것을 다운로드해 사용해요.

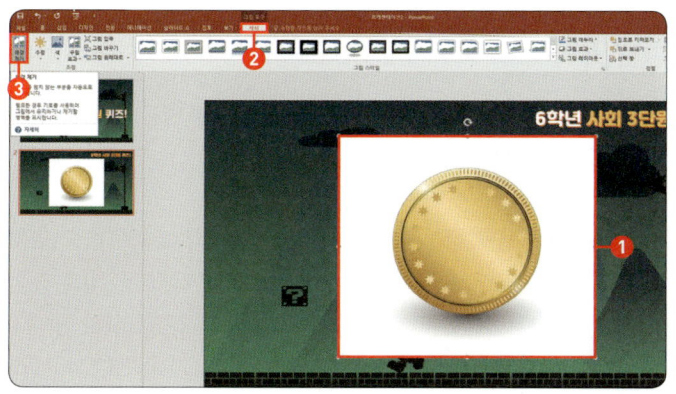

04 불러온 그림을 선택하고 [서식] 탭에서 [배경 제거]를 클릭해요.

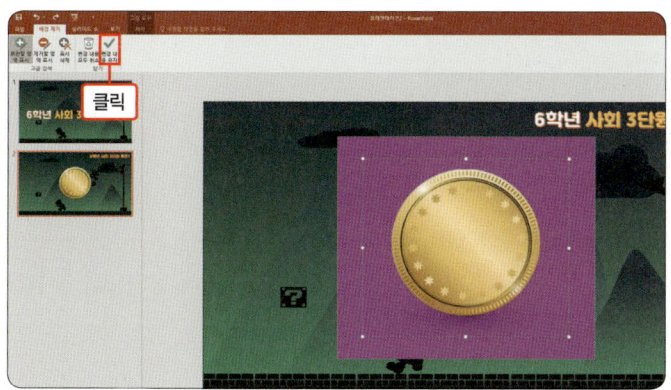

05 배경의 색깔이 분홍색으로 변했죠? 분홍색으로 변한 부분이 지워질 예정입니다. 배경 제거가 끝났다면 [변경 내용 유지]를 클릭하세요.

TipTalk 지워야 할 부분이 더 있다면 필요 없는 부분을 드래그하고 [배경 제거] 탭에서 [제거할 영역 표시]를 클릭해요.

06 같은 방법으로 퀴즈에 필요한 다른 그림을 불러와 배경을 제거해요. 크기를 조절하고 알맞은 위치로 옮긴 후, [삽입] 탭 - '텍스트' 그룹에서 [텍스트 상자]를 클릭해 퀴즈 점수판에 알맞은 내용을 입력해요. 글씨 크기나 글씨 색깔, 글꼴도 알맞게 바꿔 봅니다.

WEEK 14

173

STEP 03 · 퀴즈 슬라이드 구성하기

어떤 퀴즈를 풀지 고를 수 있도록 '퀴즈 슬라이드'를 만들어 볼게요. 도형과 글자를 넣어 문제를 만든 후 '대상 테마 사용' 기능을 활용해 내용을 간단하게 복사하겠습니다.

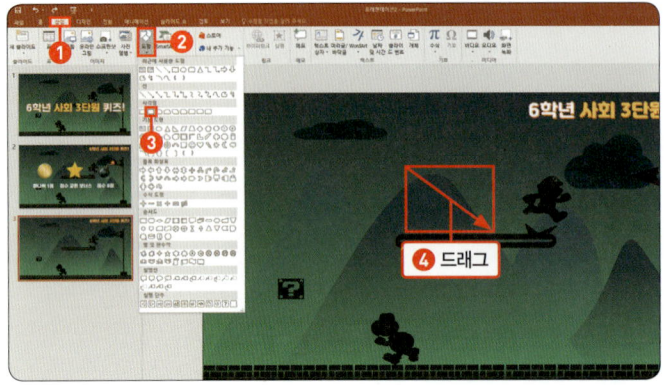

01 퀴즈 번호를 고르는 슬라이드를 만들어 볼까요? 앞에서 배운 대로 두 번째 슬라이드를 [슬라이드 복제] 합니다. 그림과 글씨를 지우고 [삽입] 탭 - '일러스트레이션' 그룹에서 [도형] - [모서리가 둥근 직사각형]을 선택해요.

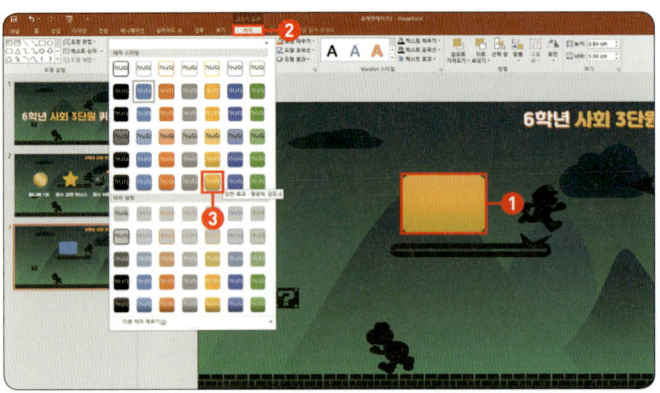

02 도형을 선택하고 [서식] 탭 - '도형 스타일' 그룹에서 스타일과 색깔을 골라요.

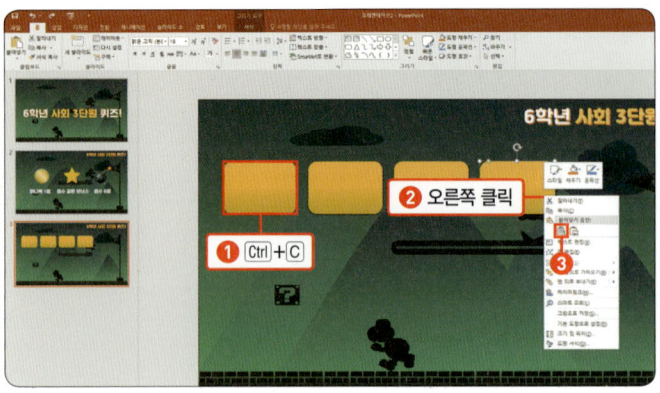

03 도형을 선택하고 Ctrl+C를 눌러 복사합니다. 슬라이드 빈 공간을 마우스 오른쪽 버튼으로 클릭하고 '붙여넣기 옵션'에서 [대상 테마 사용]을 클릭해 퀴즈 개수에 맞게 붙여넣어요.

잠깐만요 도형을 일정하게 놓으려면 어떻게 해야 하나요?

파워포인트의 '정렬' 기능을 활용해 도형 간 간격을 일정하게 맞추면 슬라이드가 깔끔해 보입니다. 정렬할 도형을 전부 선택하고 [서식] 탭 - '그리기' 그룹에서 [정렬]을 클릭합니다. '개체 위치' - [맞춤]을 클릭하면 도형의 간격이나 위치를 변경할 수 있어요. 도형 여러 개를 함께 선택하려면 어떻게 하냐고요? 키보드의 Ctrl이나 Shift를 누른 상태에서 도형을 클릭하거나, 마우스로 도형을 전부 드래그하면 된답니다.

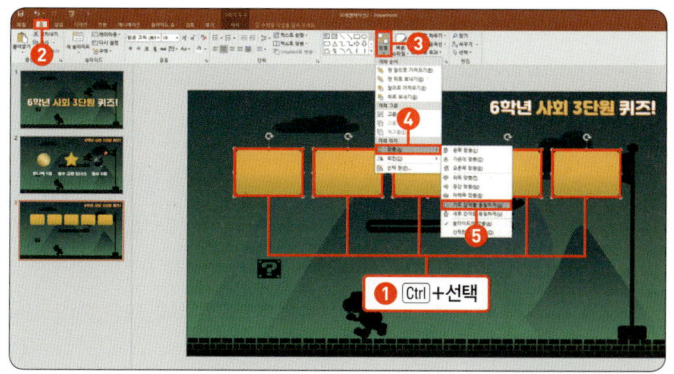

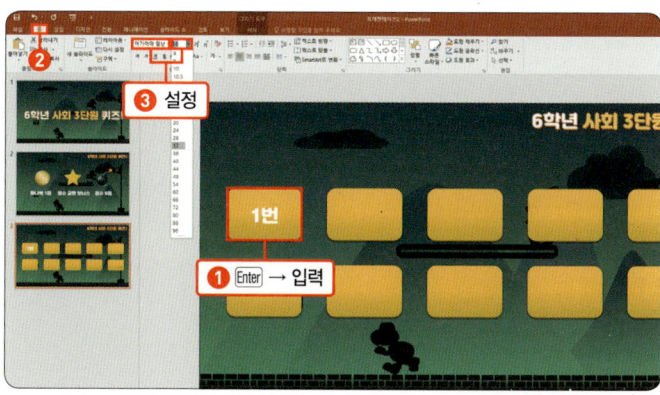

04 도형을 클릭하고 Enter를 누르면 글씨를 쓸 수 있어요. 도형 위에 퀴즈 번호를 입력해요. 글씨 크기나 색깔, 글꼴도 알맞게 바꿔요.

05 퀴즈 슬라이드를 만들어 볼까요? 왼쪽 축소판의 세 번째 슬라이드를 복제하고 삽입한 도형과 글씨를 지워요. [삽입] 탭 - '일러스트레이션' 그룹에서 [도형] - [모서리가 둥근 직사각형]을 선택해 퀴즈 상자를 만들어요. [서식] 탭 - '도형 스타일' 그룹에서 채우기 색과 테두리의 두께를 설정해요.

06 도형을 선택하고 Enter를 누르면 도형에 글씨를 쓸 수 있어요. 도형에 퀴즈 내용을 입력하고 글씨 크기나 글씨 색깔, 글꼴도 알맞게 바꿔요.

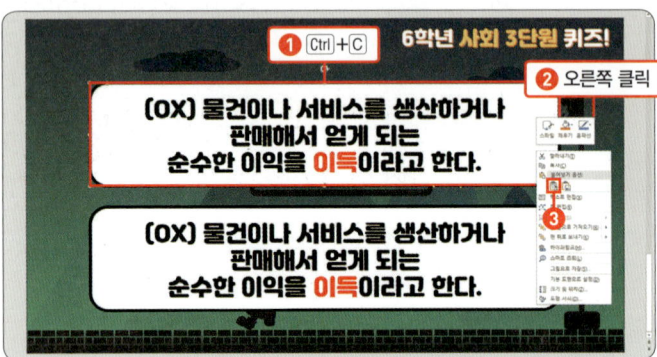

07 퀴즈 상자를 선택하고 Ctrl+C를 눌러 복사합니다. 슬라이드의 빈 공간을 마우스 오른쪽 버튼으로 클릭하고 '붙여넣기 옵션'에서 [대상 테마 사용]을 클릭하세요.

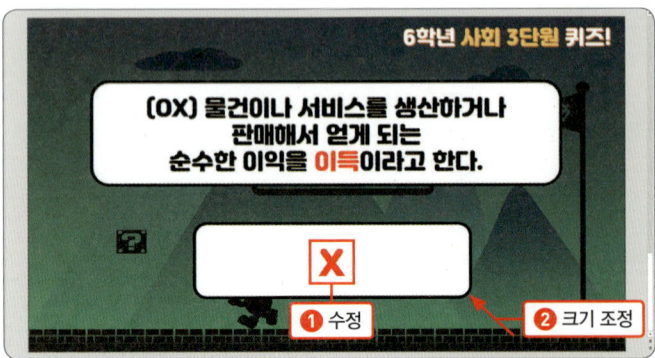

08 붙여넣은 텍스트 상자에 정답을 써 넣고, 크기를 조절하세요.

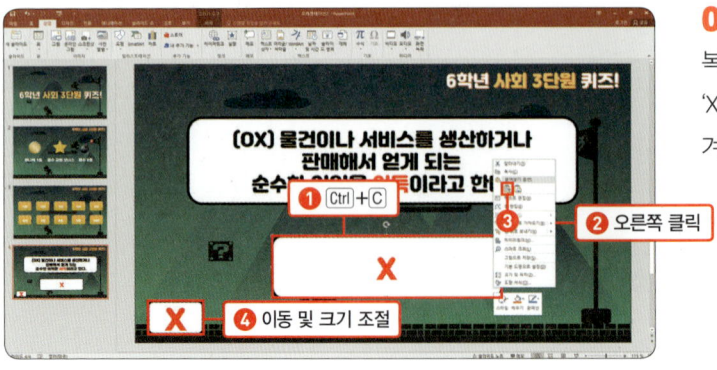

09 같은 방법으로 텍스트 상자를 2개 복사해 퀴즈를 맞췄는지 확인하는 'O'와 'X' 상자를 하나씩 만들고 아래쪽으로 옮겨요.

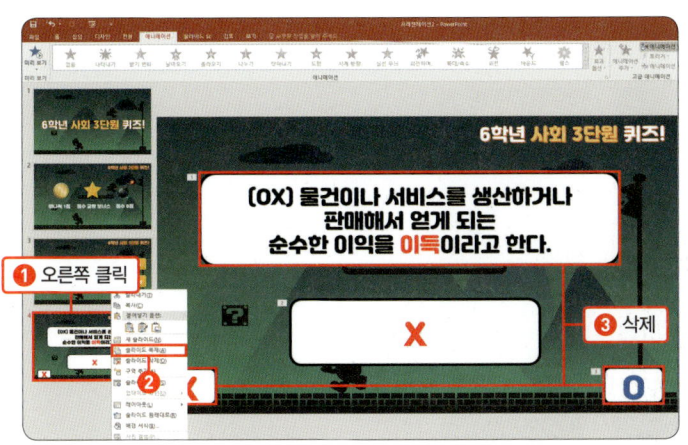

10 점수가 나오는 슬라이드를 만들어 볼까요? 왼쪽 슬라이드 축소판에서 네 번째 슬라이드를 마우스 오른쪽 버튼으로 클릭하고 [슬라이드 복제]를 클릭해요. 그리고 정답 상자를 제외한 도형과 텍스트를 삭제하세요.

11 정답 상자에 점수를 써 넣고 텍스트의 색을 바꿔 보세요.

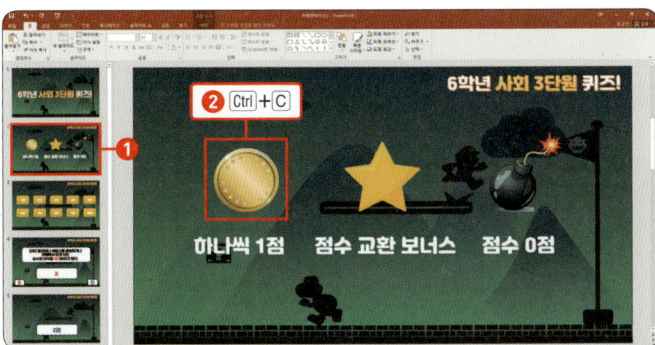

12 두 번째 슬라이드에 있는 동전 그림을 복사해서 다섯 번째 슬라이드에 붙여 넣어요. 여기서는 점수가 '2점'이므로 Ctrl+V를 2번 눌러 동전을 2개 붙여 넣었어요.

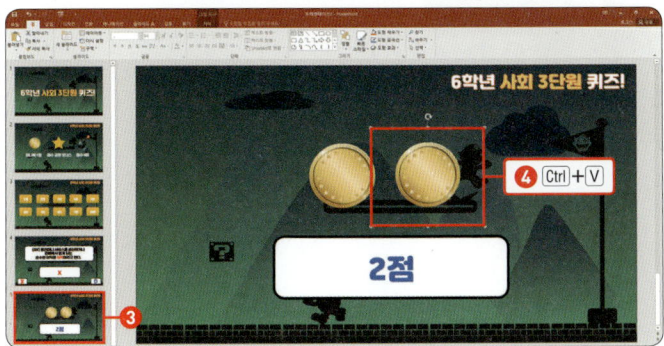

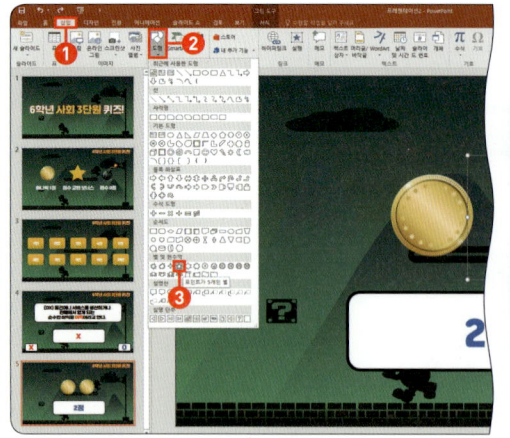 

13 세 번째 슬라이드로 돌아가 퀴즈를 고를 수 있도록 버튼을 만들어 볼게요. [삽입] 탭 - '일러스트레이션' 그룹에서 [도형]을 클릭해 원하는 도형을 삽입해요.

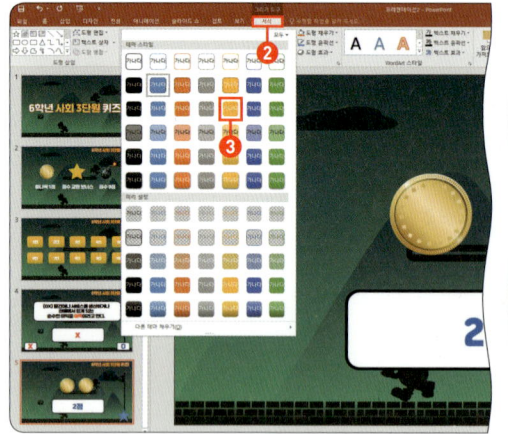 

14 만든 도형을 선택하고 [서식] 탭 - '도형 스타일' 그룹에서 스타일과 색깔을 골라요.

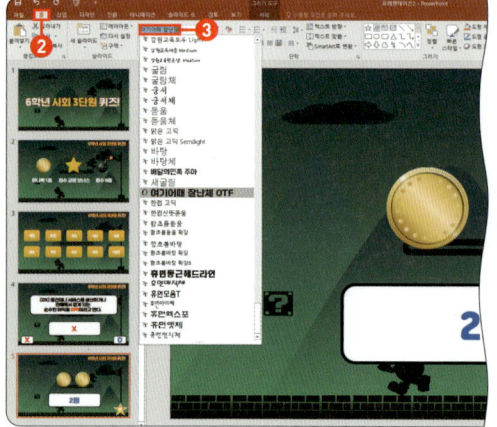 

15 삽입한 도형을 선택하고 Enter를 누르면 글씨를 쓸 수 있어요. 도형에 알맞은 내용을 입력하고 글꼴을 바꿔요.

STEP 04 ▶ 애니메이션 효과 넣기

퀴즈 슬라이드를 만들었어요. 실감나는 퀴즈를 위해 그림이나 글자가 움직이는 애니메이션 효과를 넣어볼까요?

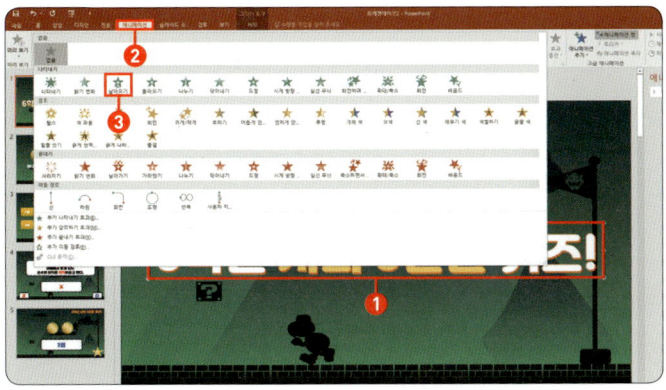

01 첫 번째 슬라이드부터 애니메이션 효과를 넣어 볼까요? 퀴즈의 제목을 선택하고 [애니메이션] 탭 - '애니메이션' 그룹에서 '나타내기' 효과 중 하나를 클릭해요.

02 애니메이션과 함께 효과음이 나오도록 설정해 볼까요? '고급 애니메이션' 그룹에서 [애니메이션 창]을 눌러 방금 넣은 효과를 마우스 오른쪽 버튼으로 클릭하고 [효과 옵션]을 선택하세요.

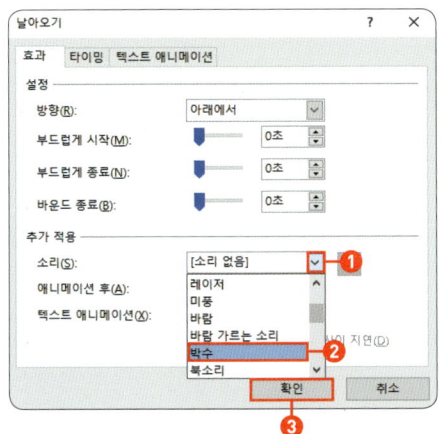

03 '날아오기' 대화상자가 나타나면 [효과] 탭 - '추가 적용'에서 원하는 소리를 선택하고 [확인]을 클릭합니다.

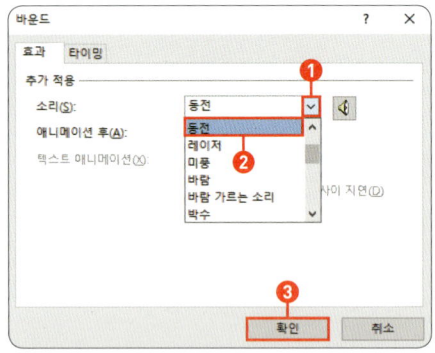

04 같은 방법으로 세 번째 슬라이드를 제외한 나머지 슬라이드에도 애니메이션 효과를 넣어 보세요.

05 이미 푼 퀴즈는 사라지도록 애니메이션을 넣어 볼게요. 퀴즈 상자가 있는 두 번째 슬라이드로 이동해 퀴즈 상자 하나를 고르고 [애니메이션] 탭 – '애니메이션' 그룹에서 '끝내기' 효과 중 하나를 선택해요. 다른 퀴즈 상자 모두 같은 애니메이션 효과를 적용해요.

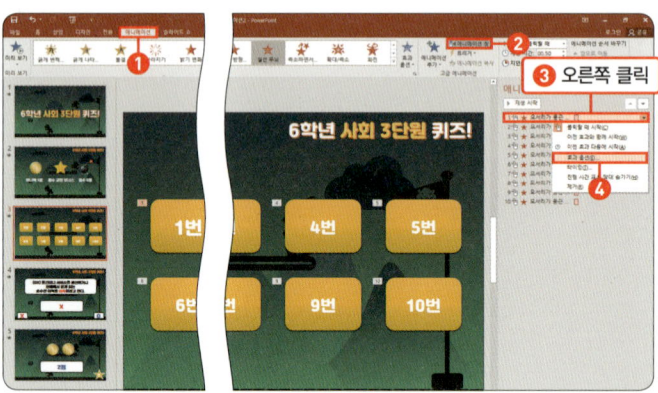

06 [애니메이션] 탭 – '고급 애니메이션' 그룹에서 [애니메이션 창]을 클릭하면 오른쪽 창이 나타나요. 효과를 마우스 오른쪽 버튼으로 클릭하고 [효과 옵션]을 클릭합니다.

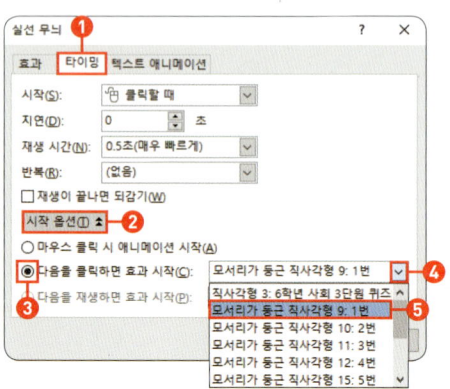

07 '실선 무늬' 대화상자의 [타이밍] 탭에서 [시작 옵션]을 클릭해 [다음을 클릭하면 효과 시작]을 선택하고, 오른쪽에서 퀴즈 상자에 해당하는 항목을 선택한 후 [확인]을 눌러요. 다른 퀴즈 상자도 같은 방법으로 효과를 적용해요.

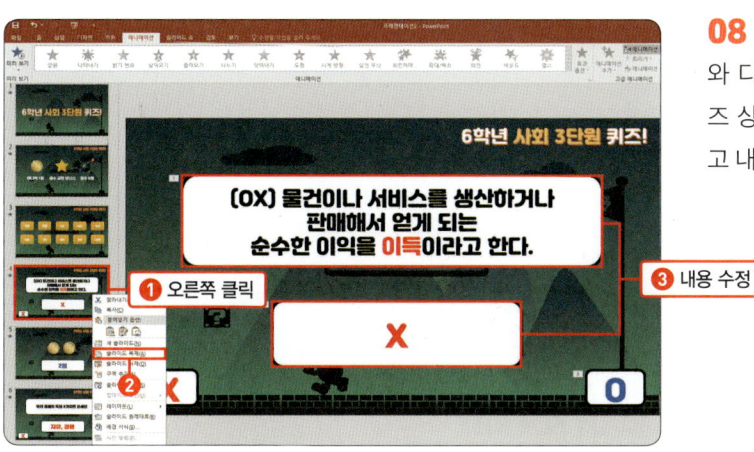

08 퀴즈 내용과 점수가 있는 네 번째 와 다섯 번째 슬라이드를 복사해서 퀴 즈 상자의 개수에 맞게 문제를 더 만들 고 내용을 수정해요.

STEP 05 ▸ 하이퍼링크 넣기

마지막으로 퀴즈 박스를 누르면 퀴즈로 넘어가고, 다 풀면 다시 퀴즈를 고르는 슬라이드로 돌아올 수 있도록 '하이 퍼링크' 기능을 넣어 볼까요?

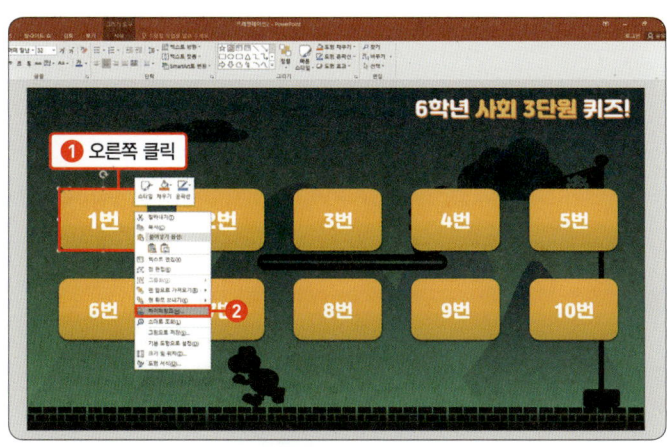

01 퀴즈를 고르는 세 번째 슬라이드 에 '하이퍼링크' 기능을 넣어 퀴즈 슬라 이드로 연결되도록 해 볼까요? 퀴즈 상 자를 마우스 오른쪽 버튼으로 클릭하고 [하이퍼링크]를 선택해요.

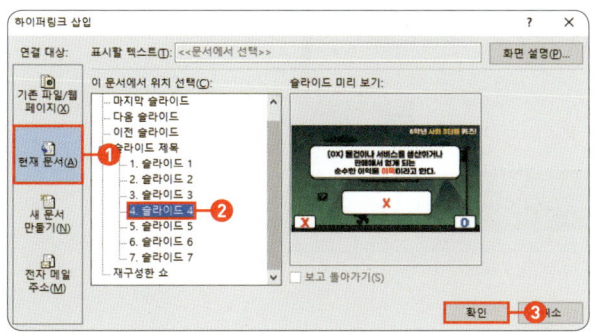

02 '하이퍼링크 삽입' 대화 상자가 나타나면 [현재 문서]를 클릭하고 1번 문제에 해당하는 슬라이드를 선택해 [확인]을 눌러요. 나머지 퀴즈 상자도 같은 방법으로 각각의 퀴즈 슬라이드와 연결해요.

03 퀴즈 슬라이드에서 문제를 맞히지 못한 경우, 'X' 상자를 클릭해 문제를 고르는 세 번째 슬라이드로 돌아갈 수 있도록 '하이퍼링크' 기능을 적용할 거예요.
네 번째 슬라이드로 이동해 왼쪽 'X' 상자를 마우스 오른쪽 버튼으로 클릭하고, 같은 방법으로 하이퍼링크를 넣어 봅시다. 이번에는 '슬라이드 3'으로 이동하도록 설정하면 되겠죠?

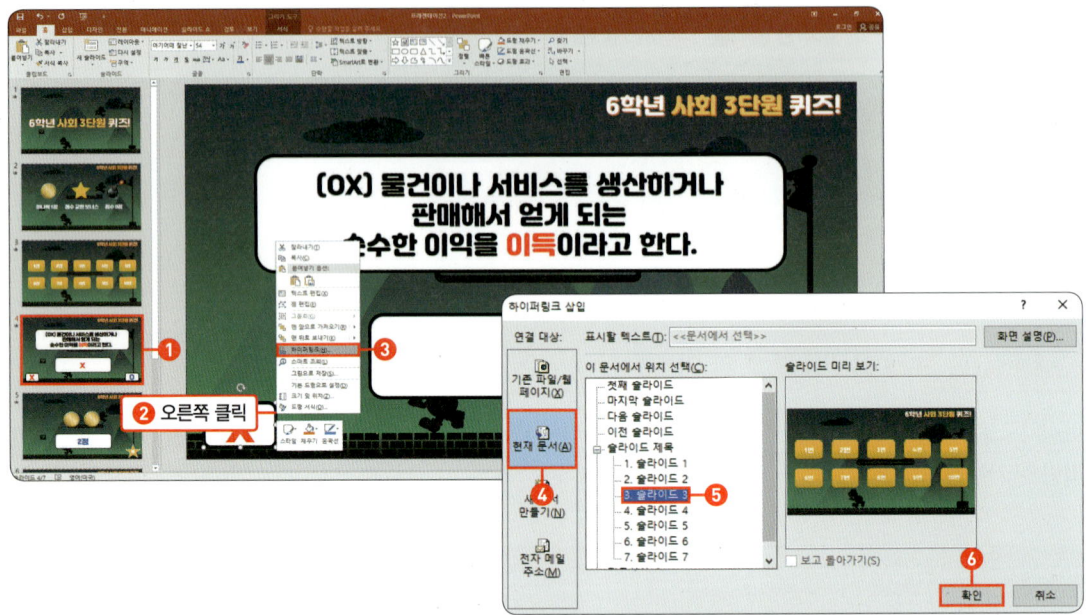

04 퀴즈 슬라이드에서 문제를 맞힌 경우, 'O' 상자를 클릭해 점수가 나오는 슬라이드로 넘어갈 수 있도록 '하이퍼링크' 기능을 넣어 주세요. 'O' 상자를 마우스 오른쪽 버튼으로 클릭하고 [하이퍼링크]를 선택한 후, 대화상자에서 [현재 문서]를 클릭하고 점수가 있는 슬라이드를 고르면 되겠죠?

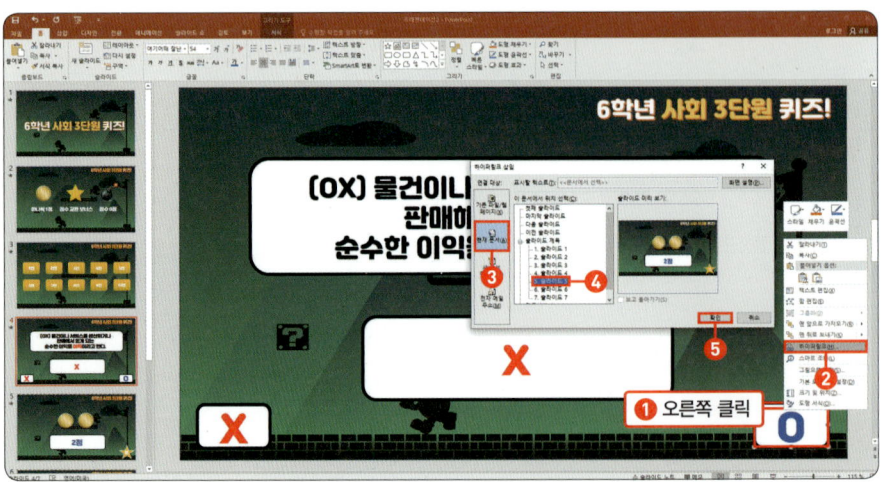

05 점수 슬라이드로 이동하세요. 점수를 확인하고 나면 도형을 클릭해 퀴즈를 고르는 슬라이드로 넘어갈 수 있도록 '하이퍼링크' 기능을 적용해요. 같은 방법으로 하이퍼링크를 넣을 수 있겠죠?

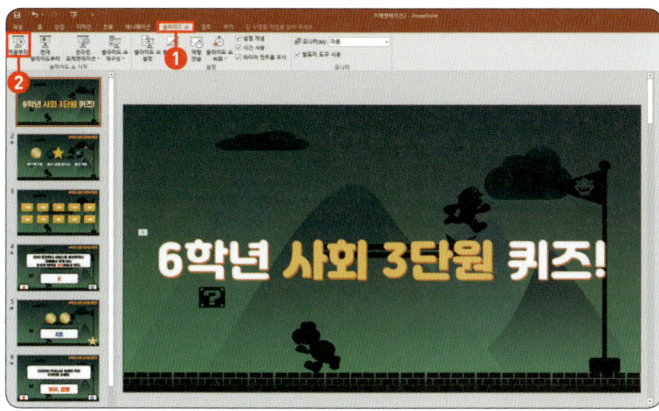

06 퀴즈가 잘 만들어졌는지 확인해 볼까요? [슬라이드 쇼] 탭 - [처음부터]를 클릭해 파워포인트 슬라이드를 하나씩 살펴보며 퀴즈를 확인합니다.

인포그래픽을 만들어 정보를 전달해요!

★ 6학년-국어-효과적인 발표 자료 만들기 | 완성파일 : 인포그래픽.pptx

'인포그래픽'이란 '인포메이션 그래픽(Information Graphic)'의 줄임말로, 정보를 시각적으로 표현한 것을 말해요. 쉽게 말해 복잡한 정보를 한 눈에 볼 수 있도록 그림, 숫자, 문자, 그래프 등을 활용해 만든 자료예요. 인포그래픽은 글로 된 설명보다 자리를 적게 차지하고, 보는 사람들도 정보를 쉽고 빠르게 이해할 수 있기 때문에 발표 자료에 넣기 적합해요.

인포그래픽을 제작해 정보를 정확히 전달하기 위해서는 내용을 정확히 이해하고 있어야 해요. 그래야 정보의 특징, 전달 목적에 맞게 시각적으로 표현할 수 있거든요.

인포그래픽 만들기, 복잡할 것 같다고요? 파워포인트를 활용해 간단하게 인포그래픽을 만들 수 있답니다! '도형 병합' 기능을 활용해 정보를 시각화해 보고, '그림 바꾸기' 기능을 통해 삽입한 이미지를 간단하게 수정할 수 있어요. 정보를 한 장에 담은 인포그래픽을 만들어 알리고 싶은 주제를 효과적으로 전달해 보아요.

미리보기

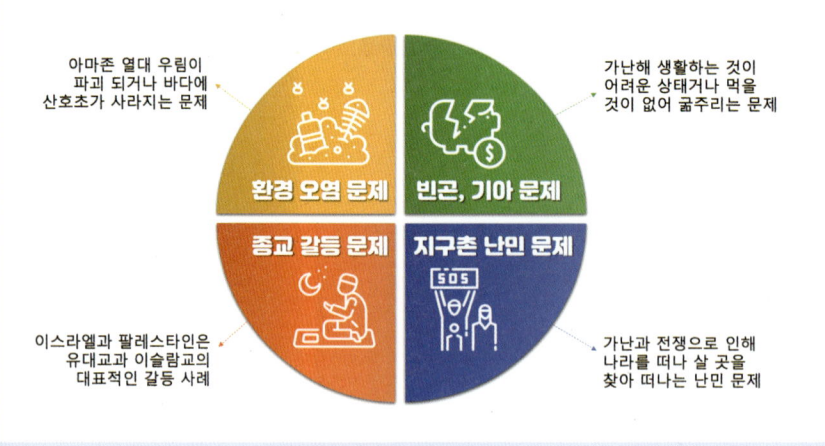

▲ 영상 강의

학습목표
- '인포그래픽'이 무엇이고 어떤 역할을 하는지 알 수 있어요.
- 파워포인트를 활용해 인포그래픽을 만들 수 있어요.
- '도형 병합' 기능을 응용해 여러 가지 모양의 도형을 만들 수 있어요.

인포그래픽의 종류 알아보기

〉지도형 인포그래픽 〈

'지도형 인포그래픽'은 <mark>특정 지역에 대한 정보를 담은 인포그래픽</mark>입니다. 다양한 기호나 이미지 등을 활용해 지역의 특징을 시각화한 자료입니다. 예를 들어, 우리나라의 인구 분포를 표현하거나, 각 지역의 특산물을 소개할 수 있어요. 세계 여러 나라의 위치와 특징을 보여줄 때도 효과적이랍니다.

▲ 지역에 대한 정보를 전달하는 '지도형 인포그래픽'

〉비교형 인포그래픽 〈

'비교형 인포그래픽'은 <mark>특정 주제에 대해 상반되는 의견이나 정보를 구분해 보여 주는 인포그래픽</mark>입니다. 두 가지 이상의 정보 중에서 서로 비슷하거나 다른 부분을 쉽게 비교할 수 있어요. 어떤 주제에 대한 찬성과 반대의 수치를 비교하거나, 옛날과 오늘날 경제 성장 모습의 차이점을 비교할 때 사용하면 효과적이에요.

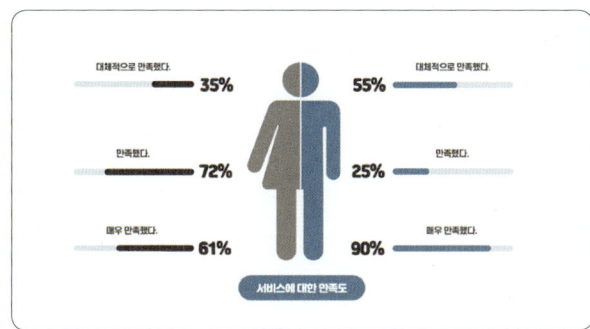

▲ 공통점과 차이점을 비교하기 쉬운 '비교형 인포그래픽'

〉 통계형 인포그래픽 〈

'통계형 인포그래픽'은 **도표를 활용해 많은 정보를 보기 쉽게 나타내는 인포그래픽**입니다. 가장 흔하게 볼 수 있는 인포그래픽으로, 조사한 정보를 효과적으로 전달할 수 있어 다양한 곳에 활용됩니다. 예를 들어, 설문 조사나 투표 결과를 막대 그래프나 꺾은선 그래프 등으로 나타내곤 해요.

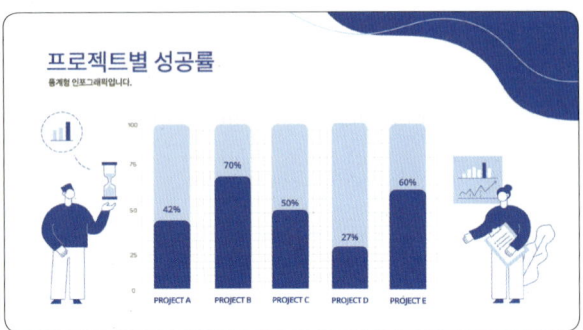

▲ 조사 결과를 보기 좋게 전달하는 '통계형 인포그래픽'

〉 이미지형 인포그래픽 〈

'이미지형 인포그래픽'은 **정보를 담은 이미지를 활용해 사람들에게 내용을 전달하는 인포그래픽**입니다. 그림으로 나타내면 글로 길게 설명하는 것보다 더 강렬한 인상을 줄 수 있어요. 따라서 페이스북, 인스타그램 등 SNS상에서 정보를 빠르고 효과적으로 전달하는 데 효과적이랍니다. 상품을 판매하기 위해 광고 포스터를 만들 수도 있고, 정보를 함축한 픽토그램으로 정보를 전달할 수도 있어요. 우리가 이번 시간에 만들 인포그래픽 역시 '이미지형 인포그래픽'이랍니다.

▲ 정보를 함축해서 전달하는 '이미지형 인포그래픽'

인포그래픽 내용 정하기

정보를 전달하기 위해 이미지형 인포그래픽을 만들려고 합니다. 인포그래픽으로 만들고 싶은 주제나 내용을 생각하며, 연습장이나 스마트폰 메모장에 내용을 써 봅시다. 그리고 비슷한 내용은 묶고, 중요한 부분은 형광펜이나 밑줄로 표시해 봅시다.

> <인포그래픽 내용 정하기>
> 6학년 사회 2단원 통일 한국의 미래와 지구촌의 평화
> 남북통일을 위한 다양한 노력, 지구촌 갈등 해결을 위한 국제기구, 환경을 생각하는 생산과 소비,
> 지속가능한 미래를 위한 노력, 세계 시민으로서 우리가 할 수 있는 노력, 지구촌 문제

메모한 내용을 정리해 보고 인포그래픽으로 나타냈을 때 효과적으로 전달될 것 같은 주제를 정해요. 그리고 인포그래픽을 만들 때 필요한 이미지를 떠올려 보세요.

> <인포그래픽 내용 간추리기>
> 1번 인포그래픽 : UN에서 정한 지속 가능한 미래를 위한 노력, 주제와 관련된 픽토그램
> 2번 인포그래픽 : 지구촌에서 발생하는 문제, 환경 오염 그림, 종교와 관련된 그림 등

정리한 내용을 바탕으로, 필요한 그림 자료를 미리 다운로드해요. '플래티콘(flaticon.com)'이나 '픽사베이(pixabay.com)'에서 저작권 침해 우려 없는 그림을 다운로드할 수 있었죠? 내용과 어울리거나 정보를 담고 있는 그림을 검색해 다운로드합니다. 이제 파워포인트를 이용해 인포그래픽을 만들어 볼까요?

그림형 인포그래픽 만들기

STEP 01 기본 인포그래픽 만들기

전달하고 싶은 주제에 어울리도록 도형과 그림을 활용하여 그림형 인포그래픽을 만들어 볼까요?

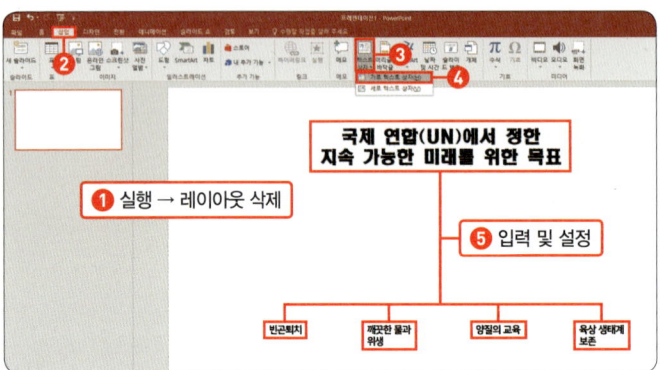

01 파워포인트를 실행하고 첫 슬라이드의 기본 레이아웃을 삭제합니다. 그런 다음 [삽입] 탭 - '텍스트' 그룹에서 [텍스트 상자]를 클릭해요. 마우스를 드래그해 제목에 알맞은 내용을 입력하고 글씨 크기나 글씨 색깔, 글꼴도 알맞게 바꿔요.

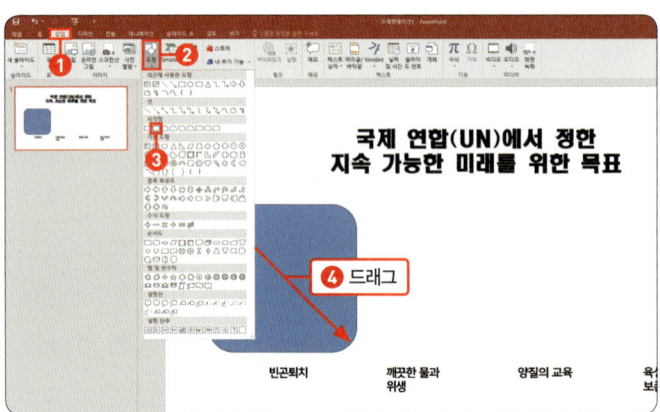

02 인포그래픽의 내용을 담은 상자를 만들어 볼게요. [삽입] 탭 - '일러스트레이션' 그룹에서 [도형] -[모서리가 둥근 직사각형]을 클릭하고 드래그해 도형을 삽입해요.

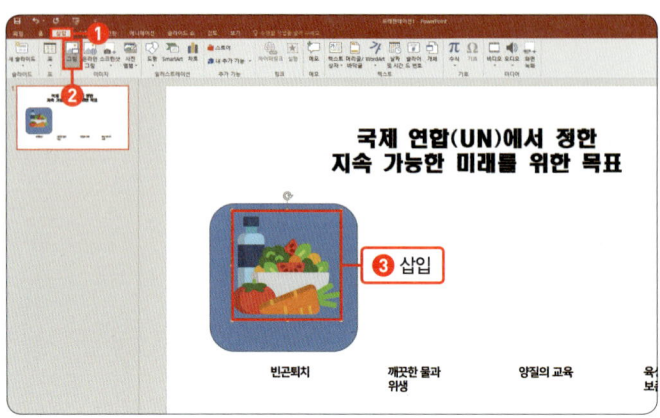

03 [삽입] 탭의 '이미지' 그룹에서 [그림]을 클릭해 사용할 그림을 불러오고 도형 안에 넣어요.

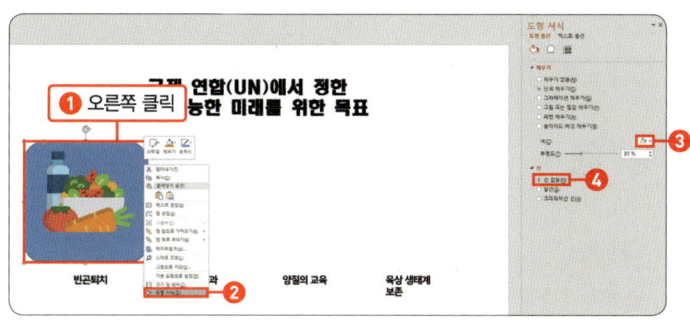

04 도형의 색을 바꿔 볼게요. 도형을 마우스 오른쪽 버튼으로 클릭하고 [도형 서식]을 클릭합니다. '도형 서식' 창의 '채우기'에서 색을 바꾸고, '선'에서 [선 없음] 항목을 클릭해요.

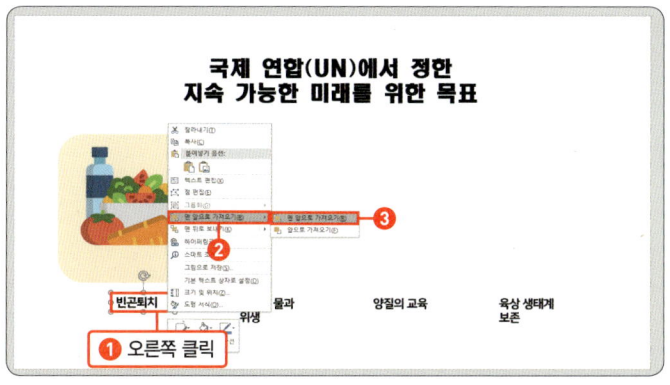

05 텍스트를 도형 안에 넣어 볼게요. 텍스트를 마우스 오른쪽 버튼으로 클릭하고 [맨 앞으로 가져오기] - [맨 앞으로 가져오기]를 선택하세요.

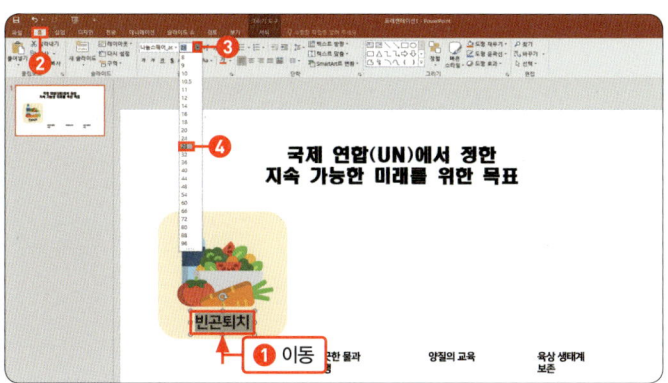

06 텍스트의 위치를 옮기고 크기도 변경해 보세요.

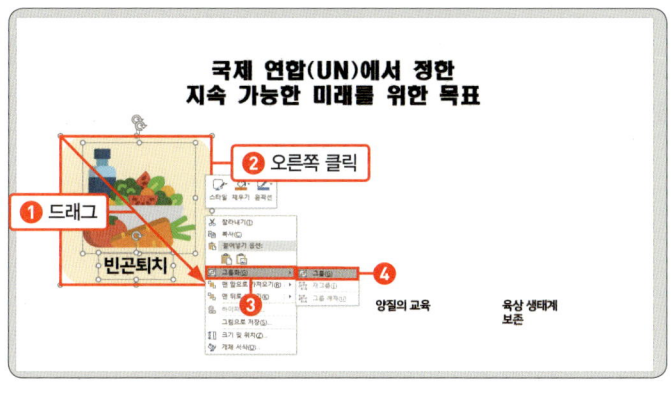

07 도형, 그림, 텍스트를 드래그해 전부 선택하고 마우스 오른쪽 버튼으로 클릭하세요. [그룹화] - [그룹]을 클릭해 같은 그룹으로 묶어 줍니다.

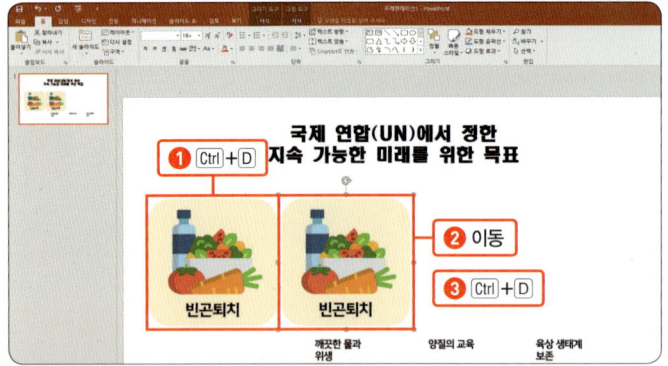

08 만든 항목을 복제해 나머지 내용에도 활용해 볼게요. 그룹화한 항목을 누르고 Ctrl+D를 눌러 복제해요. 복제된 항목의 위치를 알맞은 곳으로 옮기고 Ctrl+D를 누르면 일정한 간격으로 복제됩니다. 복제된 항목을 전부 드래그하고 위치를 가운데로 옮겨요.

TipTalk 단축키 Ctrl+D를 활용하면 복사해 붙여놓았던 개체와 위치, 간격이 일정한 개체를 복제할 수 있답니다. 복사하고 정렬하는 시간을 줄일 수 있겠죠?

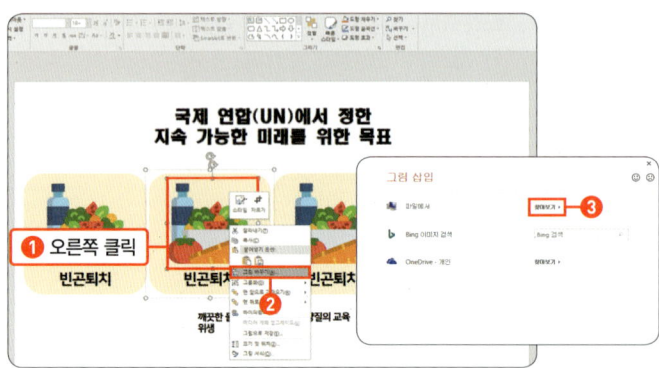

09 복사한 항목의 내용을 수정해 볼게요. 그림을 마우스 오른쪽 버튼으로 클릭하고 [그림 바꾸기]를 선택해요. '파일에서'의 [찾아보기]를 클릭해 다른 그림으로 바꿔요.

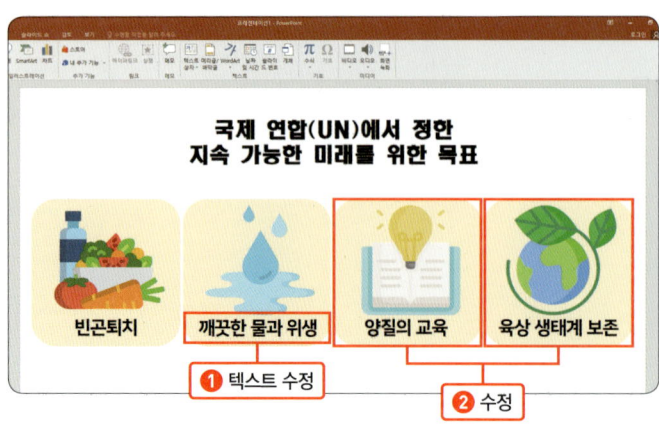

10 텍스트를 더블 클릭해 그림과 어울리는 내용으로 바꾸고 위치와 크기를 조절해요. 나머지 항목도 동일하게 그림과 글자를 수정해요.

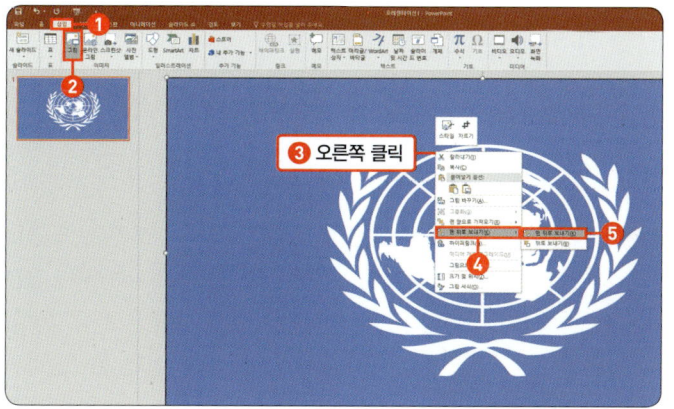

11 배경을 넣어 꾸며 볼까요? [삽입] 탭 - [그림]을 클릭해 그림을 불러오고 마우스 오른쪽 버튼으로 클릭해 [맨 뒤로 보내기] - [맨 뒤로 보내기]를 선택하세요.

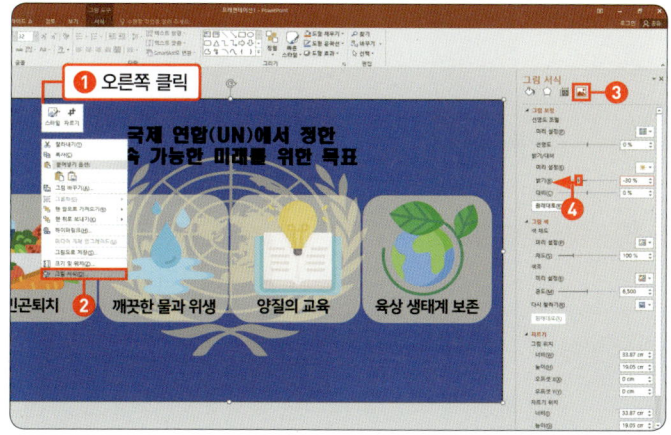

12 배경 그림을 마우스 오른쪽 버튼으로 클릭해 [그림 서식]을 클릭하세요. 오른쪽 창에서 선명도, 밝기, 대비 등을 조절해 내용이 잘 보이도록 합니다.

13 항목의 위치를 수정하고 글자의 색을 배경과 어울리게 바꿔 주면 인포그래픽 슬라이드가 완성됩니다.

STEP 02 응용 인포그래픽 만들기

'도형 병합' 기능을 활용하여 여러 가지 모양의 도형을 만들어 보겠습니다. 좀 더 응용된 인포그래픽을 만들 수 있어요.

01 새로운 슬라이드를 만들어 볼까요? 왼쪽 슬라이드 축소판에서 빈 공간을 마우스 오른쪽 버튼으로 클릭하고 [새 슬라이드]를 클릭해요. 2번 슬라이드가 만들어지면, 기본 레이아웃 틀은 드래그해서 삭제해요.

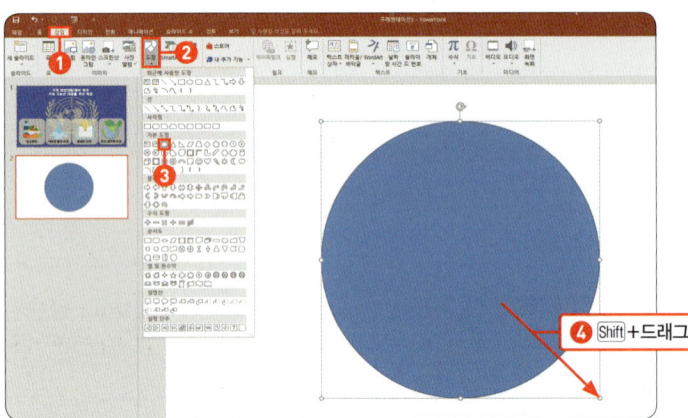

02 인포그래픽의 내용을 담은 상자를 만들어 볼게요. [삽입] 탭 - '일러스트레이션' 그룹에서 [도형] - [타원]을 선택하고 Shift 를 누른 상태에서 마우스를 드래그해서 원을 만들어요.

TipTalk 도형을 만들 때 Shift 키를 누른 상태로 드래그하면 가로, 세로의 길이가 같은 도형을 만들 수 있습니다.

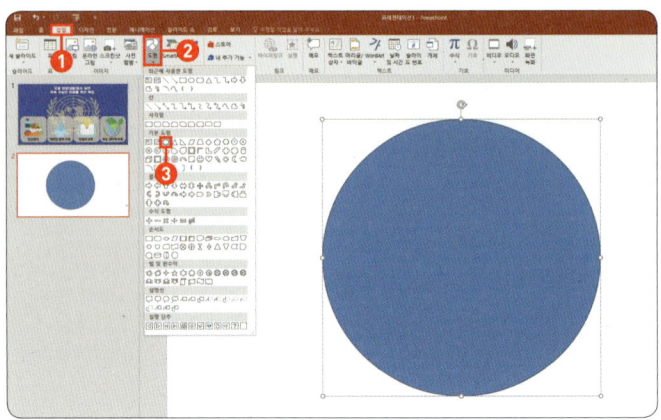

03 '도형 병합' 기능을 활용해 원을 여러 개로 쪼개 볼게요. [삽입] 탭 - '일러스트레이션' 그룹에서 [도형] - [직사각형]을 클릭하고 마우스를 드래그해서 길이가 긴 직사각형을 만들어요.

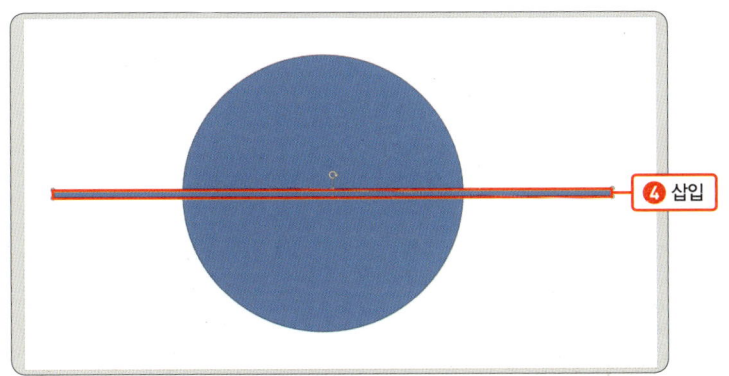

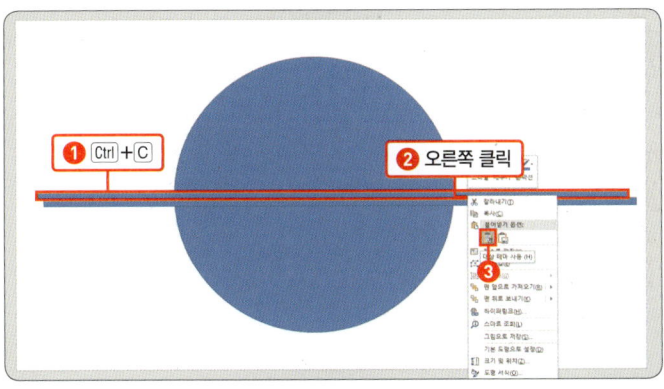

04 만든 도형을 선택하고 Ctrl+C를 눌러 복사합니다. 빈 공간을 마우스 오른쪽 버튼으로 클릭하고 [대상 테마 사용] 붙여넣기를 선택해 도형을 복사해요. 그리고 가운데 회전 화살표를 드래그해 원래의 도형과 수직이 되도록 회전시켜요.

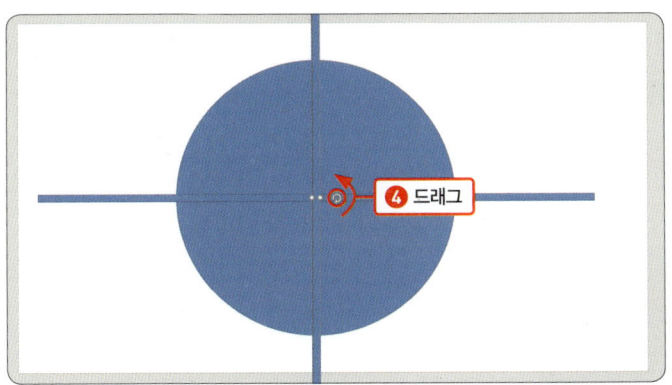

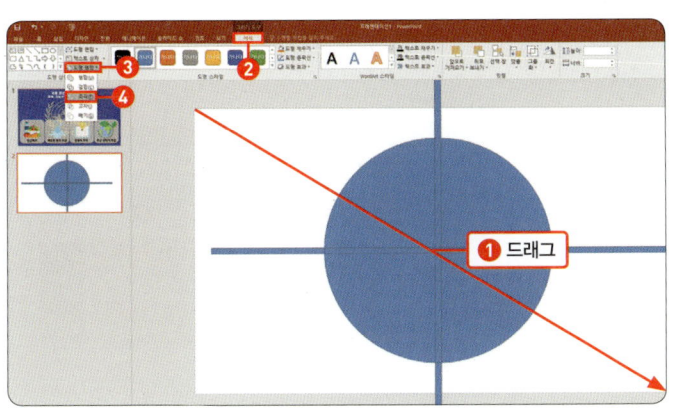

05 도형을 드래그해 전부 선택하고 [서식] 탭 - '도형 삽입' 그룹에서 [도형 병합] - [조각]을 선택해요.

193

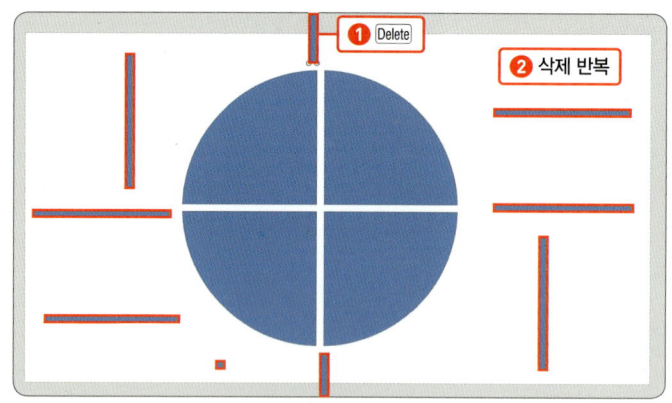

06 도형의 겹쳐진 부분이 따로따로 분리되었죠? 원을 가로지르는 직사각형을 선택하고 Delete 를 눌러 지워요.

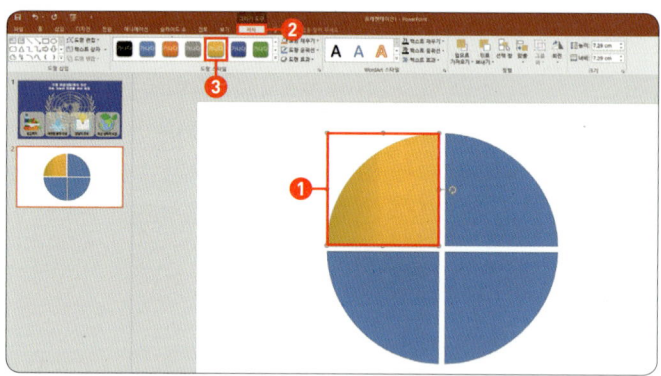

07 [서식] 탭의 '도형 스타일' 그룹에서 조각난 원의 색깔을 각각 다르게 변경해요.

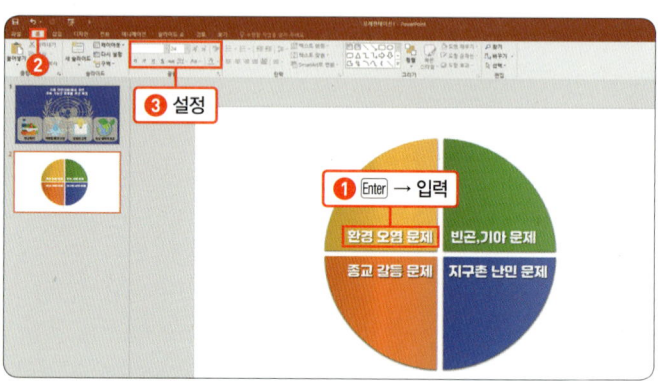

08 조각난 원을 선택하고 Enter 를 눌러 텍스트를 삽입해요. 그런 다음 [홈] 탭 - '글꼴' 그룹에서 텍스트의 크기와 색을 설정합니다.

> **잠깐만요** 만든 도형의 모양을 바꾸고 싶어요
>
> '도형 편집' 기능을 활용하면 모양을 쉽게 바꿀 수 있어요. [서식] 탭 - '도형 삽입' 그룹에서 [도형 편집] - [도형 모양 변경]에서 원하는 모양을 선택해요.
>
>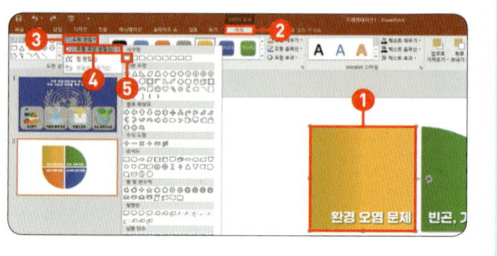

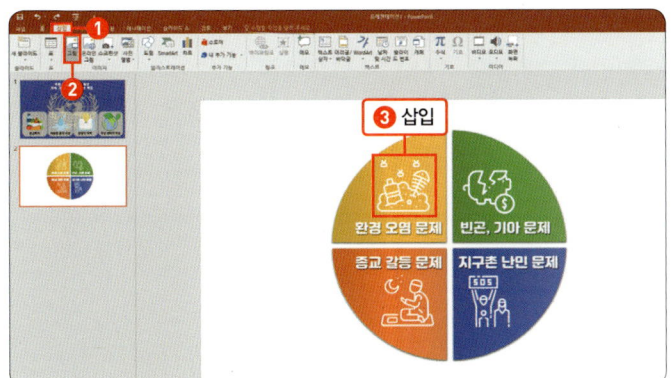

09 내용과 관련된 이미지를 넣어 볼까요? [삽입] 탭의 '이미지' 그룹에서 [그림]을 클릭해 그림을 불러오세요. 불러온 그림을 알맞은 크기로 변경하고 위치를 조절해요.

> **TipTalk** 검은색 일러스트를 흰색으로 수정하고 싶으면 '플래티콘' 웹 사이트(flaticon.com)의 '편집' 기능을 활용해 보세요. 다운로드하려는 그림을 클릭하고, 새 창이 나타나면 [edit icon]을 클릭해 테두리의 색깔을 흰색으로 설정하세요. 단, 그림의 테두리가 검은색으로 되어있는 그림을 선택해야 수월하게 바꿀 수 있어요.

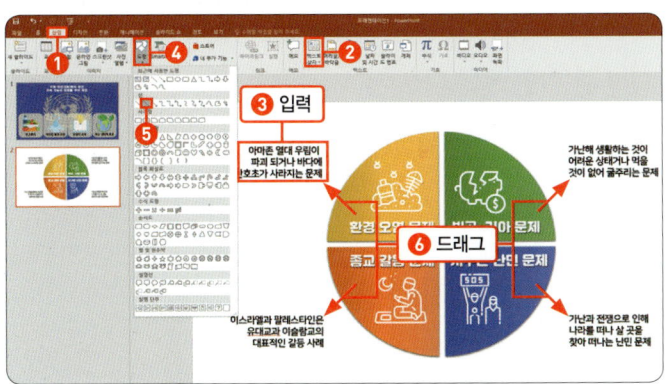

10 추가 설명을 덧붙여 볼게요. 텍스트 상자를 삽입해 필요한 내용을 입력합니다. 그런 다음 [삽입] 탭 - '일러스트레이션' 그룹에서 [도형]을 클릭해 화살표를 삽입해요.

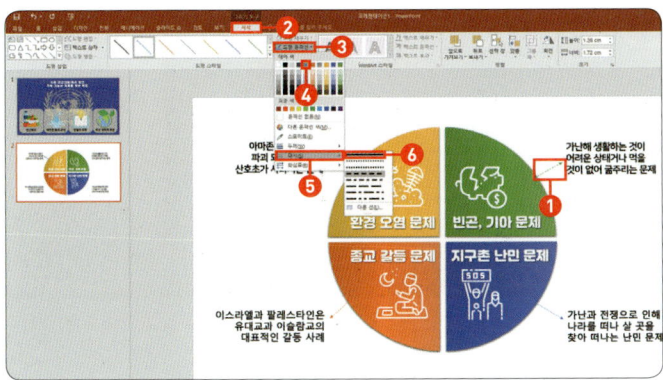

11 화살표를 선택하고 [서식] 탭 - '도형 스타일' 그룹에서 [도형 윤곽선]을 클릭하세요. [대시]를 클릭해 선 모양을 원하는 모양으로 변경하고 색도 바꿔 봅시다. 나머지 화살표의 스타일도 바꿔 주세요.

WEEK 16
파워포인트로 간단하게 영상을 만들어요!

★ 6학년-국어-영상 발표회 하기 | 완성파일 : 영상 만들기.pptx

많은 친구들이 유튜브에서 영상을 시청하는 것을 좋아할 거예요. 여러분도 유튜버가 되는 상상을 해 본 적 있나요? 유튜브에서 영상을 보는 것에 그치지 않고, 영상을 직접 만들어 자신의 채널에 업로드하는 사람들이 늘어나고 있어요.

그렇지만 아직도 많은 사람들이 영상 제작이 어려운 일이라고 생각해요. 영상을 만들기 위해 어려운 영상 제작 프로그램을 배워야 한다고 생각하거든요.

영상을 쉽게 만드는 방법은 없을까요? 우리가 배운 파워포인트를 활용해 간단한 영상을 제작할 수 있다는 사실! '전환' 기능을 이용해 화면에 효과를 넣고, '슬라이드 쇼 녹화' 기능을 활용해 내 목소리를 녹음하거나 얼굴을 녹화할 수 있어요. 그럼 지금까지 배웠던 기능을 활용해 쉽고 빠르게 영상을 만들어 볼까요?

미리보기 🔍

▲ 영상 강의

학습 목표
- 파워포인트를 활용해 영상을 만들 수 있어요.
- '슬라이드 쇼 녹화' 기능을 활용해 발표하는 내 목소리를 녹음하거나 얼굴을 녹화할 수 있어요.

 ## 영상 내용 정하기

어떤 영상을 만들고 싶나요? 무엇이든 좋아요. 만들고 싶은 영상의 주제나 내용을 생각하며 떠오르는 내용을 자유롭게 써 봅시다.

> < 영상으로 만들 주제나 내용 정하기 >
> 나의 꿈 - 이 꿈을 선택한 이유, 꿈을 이루기 위해 필요한 노력
> 나의 롤 모델 소개하기 - 태어난 곳, 특별한 사건, 닮고 싶은 이유
> 내가 가고 싶은 나라 - 관광 명소, 유명한 음식, 여행 코스, 필요한 비용

위에서 메모한 내용 중에서 영상으로 만들고 싶은 내용만 간추려요. 그리고 영상을 만들기 위해 필요한 그림이나 영상 자료 등을 생각해 적어 봅니다.

> ☆ 내가 가고 싶은 나라 - 스페인
> 스페인의 관광 명소 소개 (관련된 사진 자료 필요!)
> 구엘공원, 축구경기장, 투우, 스페인 해안가, 오랜된 건축물 소개 등

이렇게 정리한 내용을 바탕으로 장면의 순서를 생각해 봅니다. 그리고 필요한 그림을 검색해 다운로드한 후, 폴더를 만들어 영상 제작에 사용할 파일을 모아 놓습니다. 이렇게 한 폴더에 자료를 모아 두면 작업 시간이 훨씬 단축된답니다.

▲ 영상 제작에 사용할 그림 파일 모아 폴더 만들기

나만의 영상 만들기

STEP 01 쉽고 빠른 영상 만들기

'사진 앨범' 기능과 '전환' 기능을 활용하여 쉽고 빠르게 영상을 만들어 볼까요?

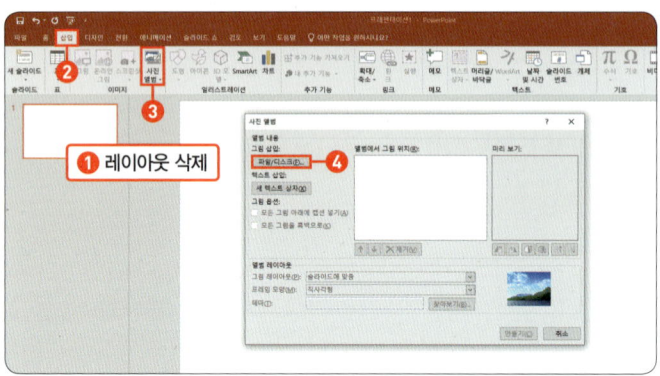

01 파워포인트를 실행하고 첫 슬라이드에 있는 기본 레이아웃 틀은 삭제합니다. 먼저 영상에 삽입될 사진을 불러올게요. [삽입] 탭의 '이미지' 그룹에서 [사진 앨범]을 클릭하고 대화상자가 나타나면 '그림 삽입'에서 [파일/디스크]를 클릭해요.

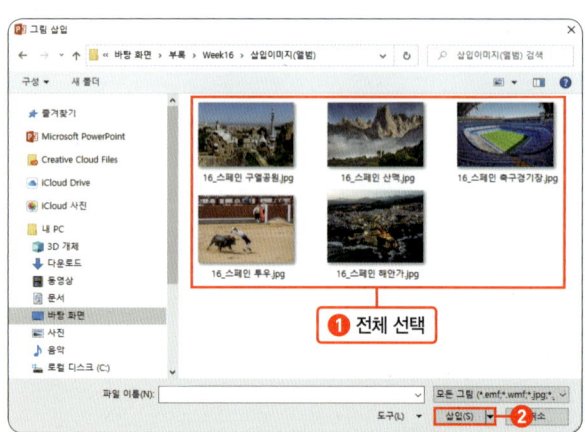

02 파일을 불러오는 대화상자가 나타나면 197쪽에서 정리해 두었던 폴더 안 그림 파일을 모두 선택하고 [삽입]을 클릭합니다.

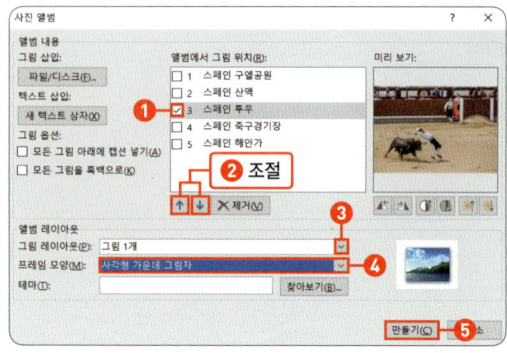

03 그림 앞의 체크박스를 선택하고 화살표 버튼을 클릭해 그림의 순서를 변경합니다.
'앨범 레이아웃'에서 '그림 레이아웃'을 '그림 1개'로 바꾼 후 '프레임 모양'을 마음에 드는 것으로 선택해요. [만들기]를 클릭하면 이 그림들로 구성된 슬라이드가 새롭게 만들어집니다.

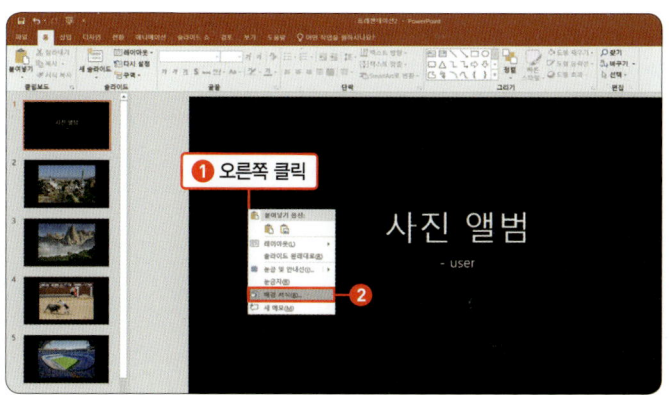

04 슬라이드 배경에 그라데이션을 넣어 꾸며 볼게요. 첫 번째 슬라이드의 배경을 마우스 오른쪽 버튼으로 클릭하고 [배경 서식]을 선택하세요.

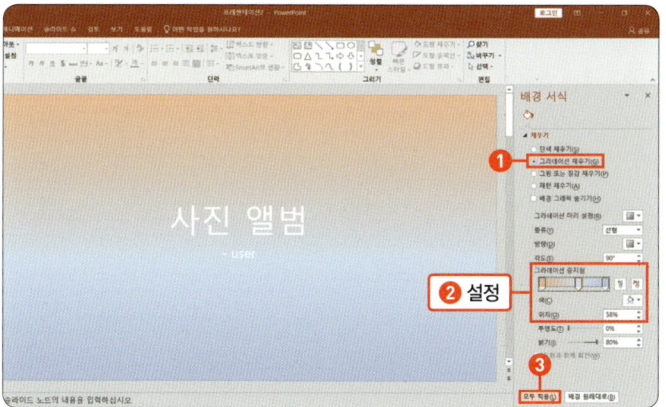

05 오른쪽 창이 나타나면 [그라데이션 채우기]를 선택하고 색이나 위치를 조절합니다. 그런 다음 [모두 적용]을 클릭해 모든 슬라이드에 배경을 적용해요.

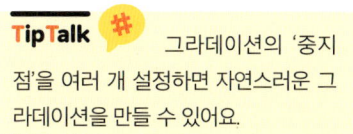

TipTalk 그라데이션의 '중지점'을 여러 개 설정하면 자연스러운 그라데이션을 만들 수 있어요.

06 첫 번째 슬라이드 제목을 영상의 주제에 알맞게 수정하고 글꼴이나 색깔도 변경하세요.

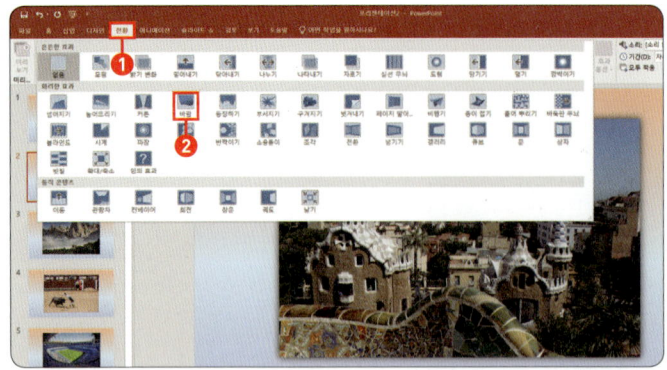

07 '전환' 효과를 넣어 볼게요. 두 번째 슬라이드로 이동하고 [전환] 탭 – '슬라이드 화면 전환' 그룹의 여러 가지 전환 효과 중 마음에 드는 것을 선택해요.

> **잠깐만요** 슬라이드 여러 개를 동시에 선택하고 싶어요
>
> 슬라이드의 개수가 많아 하나씩 전환 효과를 적용하기 어려운 경우, V를 누르고 왼쪽 슬라이드 축소판에서 첫 번째 슬라이드부터 마지막 슬라이드까지 선택해 보세요. 여러 개의 슬라이드를 한 번에 선택해 동일한 전환 효과를 한 번에 적용할 수 있습니다.

08 영상에 어울리는 음악을 넣어 볼게요. 먼저 '벤사운드(Bensound)'에서 배경 음악을 다운로드합니다. 웹 브라우저 주소창에 'bensound.com'을 입력해 사이트에 접속하고, 검색창에 검색어를 입력하거나 음악 카테고리를 클릭해 마음에 드는 음악을 찾아 봅시다. 음악을 골랐다면 [Download]를 클릭하고 새 창에서 [Download]를 한 번 더 클릭해 음악을 다운로드합니다.

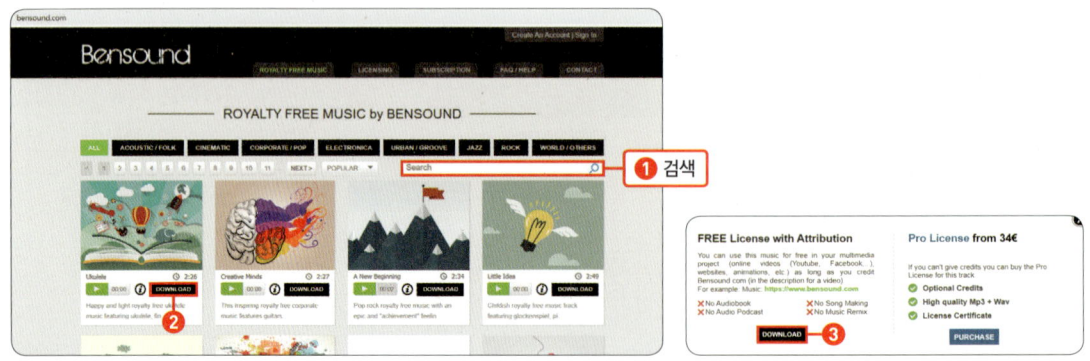

> **잠깐만요** 음악이나 효과음을 저작권 걱정 없이 무료로 다운로드하고 싶어요
>
> 유튜브 스튜디오의 '오디오 보관함'에서는 유튜브에서 제공하는 음악과 효과음 등을 다운로드할 수 있어요. 유튜브 메인 화면의 오른쪽 위 프로필 사진을 클릭하면 [유튜브 스튜디오]에 접속할 수 있습니다. 왼쪽에서 [오디오 보관함]을 클릭하고 원하는 음악을 다운로드해 보세요! 저작권 침해 우려 없이 사용할 수 있는 음원들이 많으니 영상을 제작할 때 유용하게 활용해 보세요.
>
>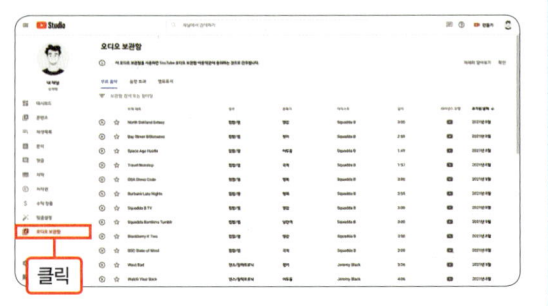

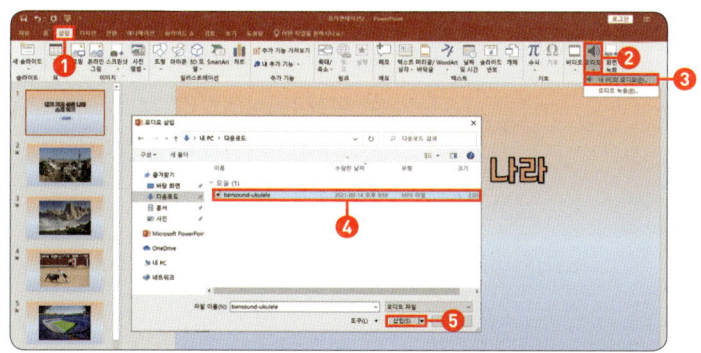

09 다운로드한 음악을 넣어 볼까요? [삽입] 탭 - '미디어' 그룹에서 [오디오]를 클릭해 [내 PC의 오디오]를 선택하면 '오디오 삽입' 대화상자에서 컴퓨터에 저장되어 있는 음악을 불러올 수 있어요.

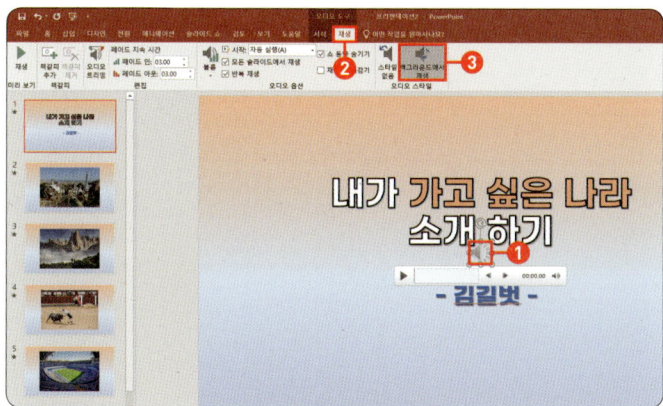

10 슬라이드에 스피커 모양의 아이콘(🔊)이 나타납니다. 슬라이드가 넘어가도 음악이 끝나지 않고 쭉 재생되게 하려면 🔊을 클릭하고 [재생] 탭 - '오디오 스타일' 그룹에서 [백그라운드에서 재생]을 클릭해요.

11 내용 슬라이드에 넣은 그림 아래에 설명을 덧붙여 볼까요?

> **TipTalk** 영상으로 내보내기 전, [슬라이드 쇼] 탭 - '슬라이드 쇼 시작' 그룹에서 [처음부터]를 클릭해 '전환' 효과와 '배경 음악'이 잘 적용되었는지 확인해요.

12 이제 영상으로 저장해 볼까요? [파일] 탭을 클릭하고 메뉴가 나타나면 왼쪽 [내보내기]를 클릭합니다. 그리고 [비디오 만들기]를 클릭해 [Full HD(1080p)], [기록된 시간 및 설명 사용]으로 선택한 후 [비디오 만들기]를 클릭하세요.

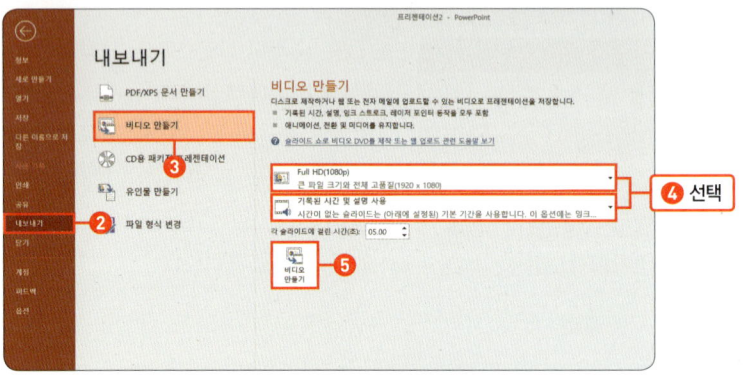

TipTalk '각 슬라이드에 걸린 시간'은 영상으로 내보냈을 때 한 슬라이드에 머무는 시간을 말합니다. 예를 들어 '5초'로 설정되어 있다면 한 슬라이드가 '5초' 정도 나왔다가 다음 슬라이드로 넘어갑니다.

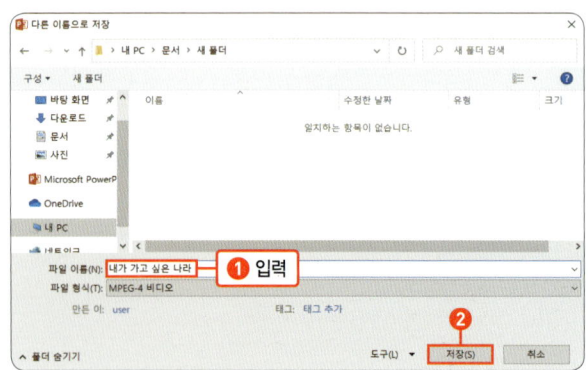

13 대화상자가 나타나면 저장할 위치를 지정하고 동영상 파일의 이름을 입력한 후 [저장]을 클릭하세요. 영상이 완성되었습니다!

STEP 02 응용 영상 만들기 – 비디오 삽입

이번에는 슬라이드에 동영상을 넣고 효과를 적용해 좀 더 생동감 있는 영상을 만들어 볼게요.

01 슬라이드에 비디오를 삽입하면 더 생동감 있는 영상을 만들 수 있겠죠? 먼저 '픽사베이'에서 슬라이드에 삽입할 비디오를 다운로드해 볼게요. 웹 브라우저에 접속해 주소창에 'pixabay.com'을 입력하고 Enter를 누르세요. 홈페이지 상단 메뉴 중 [비디오]를 클릭하고 검색창에 주제와 관련된 내용을 검색합니다. 마음에 드는 비디오를 클릭해 다운로드해요.

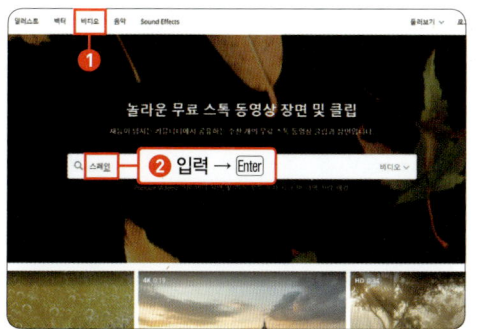
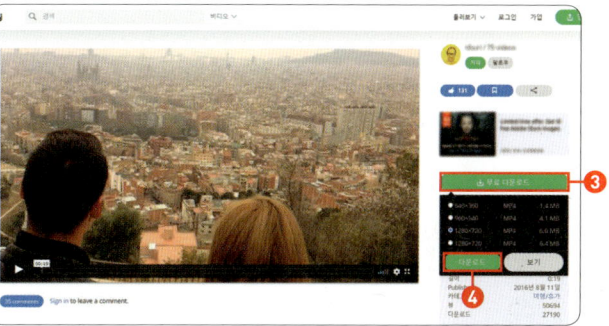

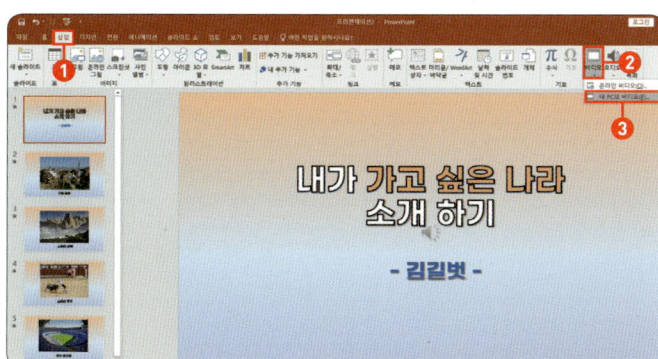

02 파워포인트로 돌아와 다운로드한 영상을 슬라이드에 넣어 볼까요? [삽입] 탭 – '미디어' 그룹에서 [비디오] – [내 PC의 비디오]를 클릭하면 컴퓨터에 저장된 비디오를 불러올 수 있어요.

03 비디오의 크기를 조절하고 싶다면 비디오를 선택하고 [서식] 탭 – '조정' 그룹에서 [디자인 다시 설정]을 선택해요. [디자인 및 크기 다시 설정]을 클릭하면 비디오의 크기가 슬라이드에 맞게 조절됩니다.

04 비디오의 길이를 조절해 볼게요. 비디오에서 필요 없는 부분을 잘라내기 위해 비디오를 선택하고, [재생] 탭 - '편집' 그룹에서 [비디오 트리밍]을 클릭해요.

05 대화상자가 나타나면 아래쪽 녹색, 빨간색 표시의 위치를 옮겨 영상의 길이를 조절해요. 녹색과 빨간색 표시는 각각 영상 시작과 끝 지점을 나타냅니다. 영상을 재생해 보며 길이를 조정하고 [확인]을 클릭하세요.

06 비디오를 마우스 오른쪽 버튼으로 클릭하고 [맨 뒤로 보내기] - [맨 뒤로 보내기]를 눌러 뒤에 가려진 글자가 보이도록 합니다.

07 비디오를 선택한 후 [애니메이션] 탭 - '애니메이션' 그룹에서 [재생] 효과를 선택해 슬라이드쇼가 시작되면 비디오가 재생되도록 설정해요.

> **TipTalk** 파워포인트 버전에 따라 [재생]이 [실행]으로 나타나 있기도 해요.

08 제목이 잘 보이도록 하고 싶어요. [삽입] 탭 - '일러스트레이션' 그룹에서 [도형] - [직사각형]을 클릭하고 슬라이드 전체를 덮는 직사각형을 만들어요.

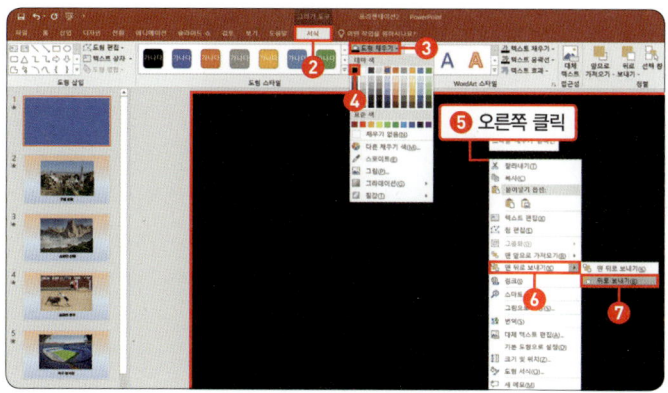

09 도형을 선택하고 [서식] 탭에서 도형을 검은색으로 바꿉니다. 그리고 글자가 보이도록 도형을 마우스 오른쪽 버튼으로 클릭해 [맨 뒤로 보내기] - [맨 뒤로 보내기]를 선택해요.

10 검은색 직사각형을 마우스 오른쪽 버튼으로 클릭해 [도형 서식]을 선택합니다. 오른쪽 창이 나타나면 [채우기]에서 '투명도'의 숫자를 높여 영상이 보이도록 해요. 그리고 글자의 색도 어울리게 수정해요.

STEP 03 응용 영상 만들기 – 녹화 기능 활용

마지막으로 컴퓨터의 카메라를 활용해 얼굴을 녹화하고 목소리를 녹음해 전문적인 영상을 만들어 볼까요?

01 이렇게 만든 슬라이드를 재생해 녹화하고 영상으로 저장해 볼게요. [슬라이드 쇼] 탭 - '설정' 그룹에서 [슬라이드 쇼 녹화]를 클릭해 [처음부터 녹화]를 선택해요. 슬라이드를 녹화하며 다양한 기능을 활용할 수 있는 새로운 창이 나타납니다.

 슬라이드 쇼 녹화 기능은 파워포인트 2007 버전 이상 또는 오피스365를 구독한 경우에만 사용 가능해요.

02 먼저 '펜' 기능 및 '형광펜' 기능을 활용해 중요한 부분에 밑줄을 긋거나 표시하면서 녹화를 할 수 있어요. '지우개' 기능을 활용하면 잘못 그린 펜이나 형광펜을 지울 수 있고요!

03 '녹음' 기능을 활용해 슬라이드를 설명하는 내 목소리를 녹음할 수 있고, '카메라' 기능을 활용하면 내 얼굴을 보여주며 원격 수업처럼 슬라이드의 내용을 설명할 수 있어요. 영상을 녹화할 준비가 되었다면 [녹음/녹화] 메뉴를 눌러 슬라이드 녹화를 시작해요.

04 슬라이드 녹화가 시작되면 내용을 설명하면서 화살표를 눌러 다음 슬라이드로 넘어갑니다.

05 슬라이드가 끝나면 슬라이드 쇼가 끝났다는 설명이 나타납니다. 마우스를 한 번 더 클릭하면 슬라이드 쇼 녹화를 마칠 수 있어요.

06 슬라이드로 돌아가면, 방금 '슬라이드 쇼 녹화'에서 넣었던 밑줄이나 영상, 음성이 남아 있어요.

07 슬라이드에서 크기나 위치 등을 수정할 수 있고, 필요하지 않은 부분은 지울 수도 있어요.

08 수정이 끝났다면 영상으로 저장해 볼까요? [파일] 탭을 클릭하고 [내보내기] - [비디오 만들기]를 클릭합니다. 그리고 [기록된 시간 및 설명 사용]으로 설정하고 [비디오 만들기]를 클릭합니다.

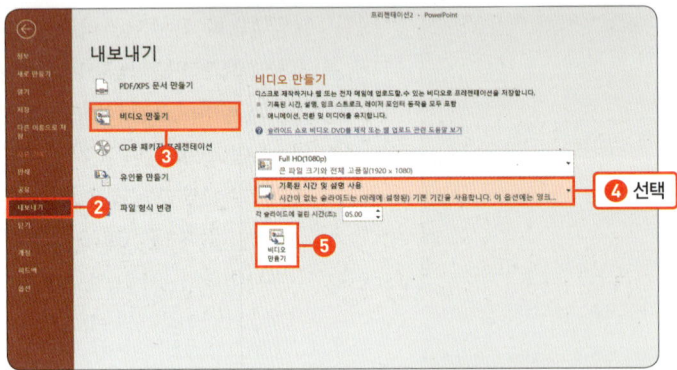

TipTalk [기록된 시간 및 설명 사용]으로 설정해야 슬라이드 쇼 녹화 때 넣었던 펜 효과와 녹화 영상을 함께 저장할 수 있어요.

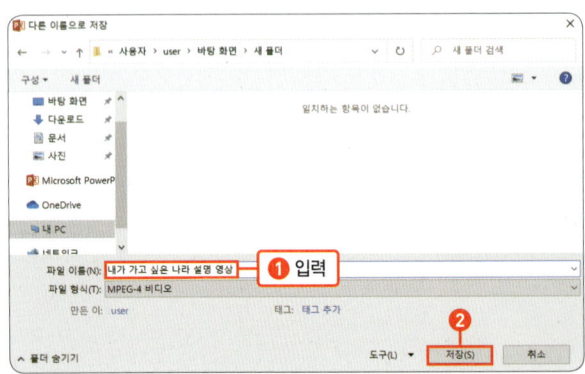

08 [비디오 만들기]를 클릭하면 대화상자가 나타납니다. 저장할 위치를 지정하고 동영상 파일의 이름을 입력한 후 [저장]을 클릭하세요. 영상이 완성되었습니다!

파워포인트
무작정 따라하기
완독 인증서

_____ 초등학교 ____ 반 ____ 번

이름 _____

위 학생은 <초등학생을 위한 파워포인트

무작정 따라하기>를 성실하게 이수하였기에

이 인증서를 수여합니다.

년   월   일

(주)도서출판 길벗